Topos-Taschenbücher
Band 36

Else Pelke

Der Lübecker Christenprozeß

Topos-Taschenbücher

Topos-Taschenbücher werden gemeinsam
vom Matthias-Grünewald-Verlag und Patmos-Verlag
herausgegeben.

© Matthias-Grünewald-Verlag Mainz
Alle Rechte vorbehalten. 1. Auflage 1974
Umschlaggestaltung Eschert & Bänder
Satz und Druck Clausen & Bosse, Leck/Schleswig
ISBN 3-7867-0490-2

Inhalt

Vorwort 7

Das Geschehen

Verhaftung 13
Gefangenschaft 18
Der Prozeß 36
Die Hinrichtung 54

Die Gestalten

Johannes Prassek 69
Eduard Müller 125
Hermann Lange 146
Karl Friedrich Stellbrink 165

Vorwort zur Taschenbuchausgabe

Dieses Buch beschreibt Extremerfahrungen. Da das Geschehen drei Jahrzehnte zurückliegt, ist es für die jüngere Generation Historie, mit der sie sich nicht immer bereitwillig beschäftigen mag. Das ist in gewisser Weise seltsam angesichts der Tatsache, daß in den verschiedensten Teilen der Welt solche Extremerfahrungen aktuellste Wirklichkeit sind. »Der Lübecker Christenprozeß« handelt von der Gewalt und ihren Opfern. Es ist auch in der Bundesrepublik kein überholtes Thema. Das Geschehen ist mit dokumentarischer Akribie aufgezeichnet, aber es ist auch versucht worden nachzuempfinden, wie Opfer der Gewalt sich fühlen, obwohl das Nichtopfer dies nur bis zu einem gewissen Grade kann.

Am 10. November 1943 wurden die Lübecker Kapläne Johannes Prassek, Eduard Müller, Hermann Lange und der evangelische Pastor Karl Friedrich Stellbrink gemeinsam hingerichtet, weil sie gegen die Unmenschlichkeiten des nationalsozialistischen Regimes protestiert hatten: durch offene Stellungnahmen auf der Kanzel und in Gemeindegremien, Verteilung von Flugschriften, Verkehr mit Juden und Zwangsarbeitern. Waren diese Männer Widerstandskämpfer? Hatten ihre subversiven Aktionen einen politischen Effekt? Sind ihre Leiden im Gefängnis zu vergleichen mit den Foltern vieler Opfer des Terrorismus vor und nach ihnen?

Vielleicht sind diese Fragen falsch gestellt. Die Lübecker Geistlichen gehörten keiner organisierten Untergrundbewegung an. Sie waren miteinander befreundet. Ihr Protest entsprang – außer bei Stellbrink – weniger einem ausgeprägt politischen als einem moralischen Bewußtsein und dem seelsorgerlichen Engagement. Ihre Agitationen mögen der heutigen jungen Generation vergleichsweise unbedeutend erscheinen. Die in einer Demokratie legitimen Mittel der Kritik, Aufklärung und Solidarisierung mit Diskriminierten sind jedoch in totalitären Systemen auch heute noch lebensgefährlich.

Sie waren keine Helden. Sie fühlten sich nicht einmal als christliche Bekenner. Sie litten bis zuletzt an dem Zweifel, ob ihr Handeln recht gewesen sei, zumal das Kirchenvolk bis hinauf in die

Hierarchie genauso unsicher war wie sie selbst. Die eingewurzelte deutsche Loyalität gegenüber der Obrigkeit riß einen tiefen Konflikt auf zwischen Gehorsam und Gewissen. Eigentlich hatten sie mehr Verwirrung gestiftet als Klarheit. Sie wurden gepeinigt von der Verantwortung für die achtzehn Laien, die ihnen ins Gefängnis folgen mußten, und der Vorstellung, wieviel Leid sie in den Familien verursacht hatten. Das war ihre größte Folter. Dazu kam die Einsamkeit der Gefängniszelle, die Degradierung, der körperliche, seelische und geistliche Hunger. Und die Todesangst. Wie groß mag die Versuchung gewesen sein, durch »Widerruf« einer Lage auszuweichen, in der, wie Brecht sagt, die Herzen stark sind, aber die Nerven schwach?

Es bleibt dies immer eine der unbegreiflichsten menschlichen Möglichkeiten: das Durchstehvermögen des Individuums, das, einmal bewußt mit der Unmenschlichkeit konfrontiert und dagegen aufbegehrend, nicht wieder hinter seine Erkenntnis zurück kann, auch nicht um den Preis des Lebens.

Es scheint, daß die 1961 in der ersten Auflage dieses Buches theologisch diskutierte Frage nach den Wesensmerkmalen des christlichen Martyriums und einem oekumenisch ausgeweiteten Heiligkeitsverständnis heute zurücktritt hinter dem, was Jean Améry »die Wesensbeschreibung der Opferexistenz« nennt. Was widerfährt einem Individuum, wenn es gewaltsam aus dem Kontext seines Lebens gerissen und in eine fragwürdige Sonderposition gestoßen wird, wie bewältigt es seine Identitätskrisen?

Es mag auch auf den Nichtchristen faszinierend wirken, welche Leuchtkraft diesen Lübecker Gewaltopfern die Todesgewißheit verlieh, in der sie als Glaubende eine unverletzliche Identität gewannen. Man mag einwenden, das Opfer des Lebens für eine Überzeugung sei keine spezifisch christliche Leistung. In der Tat gibt es viele eindrucksvolle Beispiele menschlicher Größe im Angesicht des Todes für eine Sache. Es gibt indessen auch ein Sterben, das nur noch Ende des Dahinvegetierens ist, weil Foltern dem Individuum sein Selbst raubten. Und so konzentriert sich die Betrachtung noch einmal mehr auf die bestürzende Tatsache, daß Menschen andere zu ihren Opfern machen. Das Mysterium des Glaubens erleuchtet diese Wirklichkeit nicht, es zeigt sie eher noch abgründiger. Nicht zuletzt deshalb hat der Glaubenstod eine ihm eigene Qualität.

Den Widerstand feiern hieße ihn verhindern, sagten junge Demonstranten 1968 bei einer Gedenkfeier für die Mitglieder der Weißen Rose. Es ist erst wenige Jahre her, daß in unseren Straßen die Gewalt eskalierte, und zwar auf beiden Seiten. Seitdem ist die Frage nach der Berechtigung von Gewalt in manchen Kreisen so sehr theoretisiert und intellektualisiert worden, daß der vitale Schrecken vor ihrer beunruhigenden Allgegenwärtigkeit bei vielen neutralisiert erscheint oder umschlägt in die Angst vor der Sanftmut, der konsequenten Gewaltlosigkeit. Gewalt kann jederzeit unvermutet wieder aufbrechen aus dem explosiven Gemisch von Überzeugungsstarre, Angst und Aggression. Jeder kann selbst besten Glaubens und im Rechtsbewußtsein zum Täter werden. Oder zum Opfer.

Man mag uns mit Recht nicht mehr für eine Nation verhinderter Faschisten oder Kalter Krieger halten. Wir sind gewiß nicht ohne Erfolge durch die Schule der Verständigung gegangen. Aber der Faschismus ist nicht nur ein politisches System, er ist, wie Th. W. Adorno mit seinen in den USA durchgeführten »Studien zum autoritären Charakter« nachwies, tief in bestimmten Persönlichkeitsstrukturen verwurzelt. Der Faschismus lebt weiter in den Formen von Autoritarismus, Diskriminierung und Aversion gegen Minderheiten, Intoleranz und Vorurteilen, schließlich auch in den Bestsellererfolgen des Polit-Horrors.

Ein Buch wie den »Lübecker Christenprozeß« zu veröffentlichen, hat eine eigentümliche Fragwürdigkeit. In einer spätkapitalistischen Gesellschaft, die selbst noch die gegen sie gerichteten revolutionären Impulse konsumiert und assimiliert, ist auch dieses Buch in Gefahr, durch literarische Verwertung den Stachel zu entschärfen. Wenn dennoch und erneut der Weg auf den Buchmarkt gewagt wird, so in der Hoffnung, es könnte zur Sensibilisierung beitragen für die offenen und verschleierten Formen von Machtmißbrauch, zur Sensibilisierung dafür, was es heißt, Opfer zu sein.

Der Glaube, daß der Opfertod ein Mysterium und das Blut der Martyrer ein Same sei, dispensiert den Christen nicht davon, menschliche Marter verhindern zu helfen. Das Christentum genießt dort noch Ansehen, wo es seinen evangelischen Auftrag, Anwalt von Opfern zu sein, konkretisiert. Es geht heute in allen Teilen der Welt um das Überleben, im ganzen wie für die vielen einzelnen. Es geht in unserer Industriekultur um das Überleben des Humanen. Es geht in den Kirchen um den Abbau mancher Machtstrukturen. Die Lübecker Blutzeugen konfrontieren uns auf ihre Weise mit der Frage, wie und wofür wir in Zukunft zu leben gedenken.   *E. Pelke*

Verhaftung

Eine der freiwilligen Religionsstunden bei Kaplan Prassek. Schüler und Schülerinnen sitzen in kleinem Kreis mit ihm zusammen auf seinem Studierzimmer. Sie spüren, daß der Kaplan heute von etwas Besonderem bewegt ist. Sie merken es an der Art, wie sich sein Blick immer wieder vom Buch hebt, nach draußen wandert und dann zurückkehrt und sich auf eines der jungen Gesichter vor ihm heftet. Auf einmal hält er in seiner Schriftbetrachtung inne. Es entsteht ein unvermitteltes Schweigen. Der Kaplan ist sehr ernst geworden, und doch ist es wie ein Leuchten in seinen Augen. »Ich muß euch etwas sagen. Pater N. ist verhaftet. Die Gestapo hat ihn geholt.« Und nach einer Pause: »Ich habe ihm die Nachricht gebracht. Ich wünschte, ihr hättet das miterlebt, wie er sich ohne das leiseste Zeichen von Erregung erhob und ganz ruhig sagte: ›Gut, ich komme, wo sind die Herren?‹ Dabei sah er mich einen Augenblick ruhig an und gab mir die Hand. Kinder, ihr ahnt nicht, was man in einem solchen Augenblick fühlt. Es ist Schauder und Freude zugleich, wenn Gott uns einen Blick in die Bedrängnisse der Welt und sein Gnadenwirken tun läßt. Und so viele wissen nicht, was mitten unter ihnen geschieht.«

Die Schüler sind betroffen. Sie fragen, wollen mehr wissen. Aber der Kaplan ist irgendwie abwesend. Und hat diesen merkwürdigen Ausdruck in den Augen.

Von da an haben die Predigten des jungen Kaplans von Herz-Jesu einen ganz bestimmten, einen neuen Ton. Offenbar hat sich Prassek für den Kampf entschieden. Mit zunehmender Deutlichkeit nennt er die Dinge beim Namen und nimmt Stellung zu den Machenschaften des Regimes. Kein Wunder, daß die Kirche an der Parade von Mal zu Mal voller wird. Es ist, als ob man durch diese Stimme hindurch die des »Löwen von Münster« vernähme. Prassek hat auf seinem Schreibtisch das Bild des Bischofs von Galen stehen. »Ein Freund«, antwortete er, als ihn einer danach fragte.

Einmal, nach einer solchen Predigt, wartet draußen vor der Kirche eine Gruppe von Pfarrangehörigen auf ihn. Als er herauskommt, heiter, gelassen, als habe er über den Frieden der Seele mit Gott gesprochen, umringen sie ihn erregt. »Herr Kaplan, wenn Sie so weitermachen, holt man Sie bald von der Kanzel herunter. Sie werden ins KZ kommen!« Prassek lacht. Dann wird er ernst. »Habe ich denn nicht die Wahrheit gesagt?« Und dann leise, wie zu sich selbst: »Wenn sie mich holen, tun sie nur das, worauf ich lange warte.«[1]

Am 3. August 1941 hielt der Bischof von Münster, Clemens August Graf von Galen, in der St. Lamberti-Kirche zu Münster seine berühmte Predigt über die Euthanasie, die Tötung »lebensunwerten Lebens«. Sie gehörte zum Zyklus jener drei Ansprachen, die weit über Deutschlands Grenzen hinaus Aufsehen erregt haben – und natürlich den erbitterten Haß derer, die es anging. Himmler und der »Reichskirchenminister« Kerrl forderten daraufhin, »daß in diesem Fall die einzigste Maßnahme, die propagandistisch und strafrechtlich ergriffen werden kann, durchgeführt wird, daß nämlich der Bischof von Münster erhängt wird«. Hitler und Goebbels dagegen fürchteten, daß man das Volk damit in den offenen Protest treiben würde.

Der Plan zum Prozeß gegen die Lübecker Geistlichen entstand zu einem Zeitpunkt, als die nationalsozialistischen Machthaber im Siegesrausch schwelgten. Frankreich, Holland, Belgien waren besetzt. Hitler hatte begonnen, England aus der Luft zu zermürben. Der Vorstoß auf dem Balkan war gelungen, Rußland in breitem Vorgehen angegriffen. Und nachdem ganz Europa von deutschen Armeen besetzt war, erfolgte die Kriegserklärung an die USA. Die »Sieger« traten mit der entsprechenden äußeren Sicherheit auf, die aber mehr Arroganz als wirkliche Überlegenheit war.

Der unwahrscheinliche Glanz ihrer Erfolge hat die Machthaber wohl nicht nur nicht versöhnlicher, sondern noch unbarmherziger gestimmt. Nachdem die äußeren Gegner so rasch »bezwungen« worden waren, hoffte man, nun auch den inneren Volksfeind Nr. 1, die christliche Religion, endgültig und für immer aus dem Wege räumen zu können. Am 6. Juni 1941 verfügte ein Geheimerlaß der Reichskanzlei an alle Gauleiter: »Niemals ... darf den Kirchen wieder Einfluß auf die Volksführung eingeräumt werden. Dieser muß endgültig und restlos gebrochen werden. Erst wenn dieses geschehen ist, hat die Staatsführung den vollen Einfluß auf die einzelnen Volksgenossen.« Aber die endgültige Abrechnung, vor allem mit dem »Löwen von Münster«, sollte bis nach Kriegsende aufgespart werden. Vorerst begnügte man sich damit, das kirchliche Leben auf ein Mindestmaß herabzudrücken und »Elemente«, die sich irgendwie exponierten, unschädlich zu machen.

Aber dann wendete sich das Blatt mit der Winterkatastrophe in Rußland 1942/43. 1942 war das Jahr der scharfen Spannungen im Hauptquartier und in der höheren Truppenführung. Demnach wurde auch der Ton in Sachen Kirche immer gereizter. Am 11. August 1942 äußerte Hitler bei einer Tischunterhaltung im Führerhauptquartier:

»Solange wir die Pfaffen dulden, geschieht uns das ganz recht. Aber diesen Kampf der deutschen Geschichte werde ich endgültig einmal für immer zum Austrag bringen ... Ich werde die Pfaffen die Staatsgewalt spüren lassen, daß sie nur so staunen. Ich schaue ihnen jetzt nur zu. Würde ich glauben, daß sie gefährlich werden, würde ich sie zusammenschießen«[2].

Die Predigt Galens in der Lambertikirche wurde indirekt zum Schicksal für Männer wie etwa den Berliner Dompropst Bernhard Lichtenberg, der in der Hedwigskathedrale öffentlich für die Juden und die KZ-Häftlinge betete und drei Tage vor der Hinrichtung der Lübecker Geistlichen auf dem Transport nach Dachau starb, nachdem er wegen »Kanzelmißbrauchs« und »Vergehens gegen das Heimtückegesetz« bereits zwei Jahre im Gefängnis verbracht hatte. »Hochverrat und Feindbegünstigung« lautete auch die Anklage gegen den Gründer der Una-Sancta-Bewegung, Max Josef Metzger, eine der namhaftesten Persönlichkeiten des christlichen Geisteslebens. Am 29. Juni 1943, wenige Tage nach dem Lübecker Prozeß, wurde er von der Gestapo verhaftet, am 14. Oktober fand seine Verurteilung statt und am 17. April 1944 starb Max Josef Metzger auf dem Schafott.

Weil er sich in seinen Predigten gegen die Verbrechen des Regimes gewandt hatte, kam Prälat Heinrich Feuerstein aus Magdeburg ins Konzentrationslager und starb dort am 2. August 1942. Mit einer Reihe katholischer Geistlicher und Laien aus dem norddeutschen Raum (Pommern) wurde im Februar 1943 Prälat Dr. Carl Lampert verhaftet und später hingerichtet. Zur gleichen Zeit tagte im Kölner Kettelerhaus der Kreis um Prälat Otto Müller, dem Persönlichkeiten wie Nikolaus Groß, Bernhard Letterhaus, Heinrich Körner, Jakob Kaiser und Elfriede Nebgen angehörten und der auch Verbindung zu den Vertretern militärischer und anderer katholisch-sozialer Widerstandsgruppen unterhielt, etwa mit dem Goerdeler-Kreis. Mit Pater Alfred Delp SJ, einer der markantesten Gestalten unter den Männern des 20. Juli, und Pater Laurentius Siemer OP besprach Otto Müller Fragen einer kommenden demokratischen Verfassung für Deutschland, wenn es von Hitler befreit sein würde. Otto Müller starb am 12. Oktober 1944 in der Haft. Pater Delp arbeitete seit 1942 im Kreisauer Kreis, zu dem Graf von Moltke und Oberst Stauffenberg gehörten, an der Vorbereitung eines neuen Deutschland. Pater Delp ist am 2. Februar 1945 wie so viele andere, die man im Zusammenhang mit dem Attentat verhaftet hatte, hingerichtet worden. Es war der gleiche Geist, der namhafte Vertreter beider Konfessionen zu gemeinsamem Wirken zusammenführte. Er machte den katholischen Politiker Josef Wirmer und den evangelischen Pfarrer Dietrich Bonhoeffer zu engen Verbündeten. Er führte Moltke und Stauffenberg zu dem Berliner Bischof Preysing und Goerdeler zu Preysing und Kardinal Faulhaber. Von den evangelischen Geistlichen, die gegen den Nationalsozialismus kämpften, wurde Pastor Schneider-Dikkenschied besonders als »Prediger von Buchenwald« bekannt, wo er jahrelang bis zum Tode seine Stimme erhob. Unter eigener Lebensgefahr weigerte sich Pastor Bodelschwingh als geistlicher Leiter der Anstalt Bethel, von der Euthanasie bedrohte Patienten herauszugeben. – Diese Schicksale ließen sich Seite um Seite forterzählen.

Während des Haftwinters der Lübecker Geistlichen tauchte mit der Stalingrad-Tragödie zum erstenmal die Vorstellung einer möglichen Niederlage auf. Die Machthaber wurden spürbar nervös, und um ihre wachsende Unsicherheit zu kompensieren, traten sie nach außen hin nun erst recht mit großer Geste auf.

Das Jahr 1943 stand im Zeichen einer ganzen Folge von militärischen Niederlagen.

Im Innern hatte die Gestapo alle Hände voll zu tun mit den Kritikern des Regimes. Heinrich Himmler gab am 14. Oktober 1943, also kurz vor der Hinrichtung der Lübecker Geistlichen, auf einer Befehlshabertagung in Bad Schachen folgendes Bild von der Stimmung innerhalb des deutschen Volkes, vom Blickwinkel der Sicherheitspolizei aus gesehen:

»Eine andere Frage ist die des Defaitismus, gerade in den gebildeten und wohlhabenden Schichten. Ich erinnere hier an die Zeit, wo zweifellos eine große Welle des Defaitismus durch Deutschland ging. Das war die Zeit, als die Nachricht kam: Der Duce ist abgesetzt, der Faschismus ist erledigt. Italien ist ausgefallen. Sie werden in der Zeitung gelesen haben, daß der Herr Regierungsrat Soundso[3], der Kellner X. oder der Fabrikbesitzer Y., die defaitistische Äußerungen getan haben, vom Volksgerichtshof zum Tode verurteilt wurden und daß das Urteil bereits vollstreckt sei. ... Was für eine Wirkung hat es, wenn so etwas gerade ein Mann sagt, bei dem man Bildung voraussetzt und von dem der kleine Mann im Volk die Führung erwartet? Wenn so jemand damit anfängt, beim friedlichen, braven deutschen Menschen Glauben, Vertrauen, Treue und Gehorsam zu zerstören, so ist der Schaden gar nicht abzusehen ... Wenn ein Mann in Stellung, in Amt und Würden und in einem gesetzten Lebensalter so handelt, dann fällt er gnadenlos dem Gesetz des Krieges zum Opfer, dann verliert er den Kopf. Und das wird bekannt gegeben, denn nur dadurch wird aus einem verfehlten Leben ein Nutzen für die Nation erstehen, daß tausend andere dumme Schwätzer belehrt werden. Deswegen bin ich immer dafür, daß wir hart und unbarmherzig strafen, wenn es notwendig ist ...«[4].

In dieser wachsenden Panikstimmung holte die Gestapo auch in Lübeck zum Schlag gegen die aktiven Kräfte des kirchlichen Lebens aus. Es war den Spitzeln nicht verborgen geblieben, daß die drei jungen Kapläne von Herz-Jesu mit Vorliebe »heiße Eisen« behandelten und sich sehr bereitwillig in heikle Diskussionen einließen. Zudem war ihre enge Verbindung mit der anderen Konfession verdächtig. Im Sommer 1941 schickte die Gestapo daher einen Spitzel in das Pfarrhaus an der Parade, der unter der Maske eines »Konvertiten« ein Jahr l ng Verdachtmaterial sammelte. Und dann war es schließlich sow it.

Am Morgen des 18. Mai 1942 kamen die Beamten der Geheimen Staatspolizei in das katholische Pfarrhaus von Herz-Jesu. Sie kehrten zwischen 9.30 und 12 Uhr in allen Räumen das Unterste nach oben und verhafteten anschließend Kaplan Prassek. Dieser war in seiner Stellung als erster Kaplan an der Kirche und auf Grund seiner persönlichen Anziehungskraft eine bekannte Gestalt in der Stadt. Vorwand seiner Verhaftung waren die Verbreitung der Galen-Predigten und die Gespräche in seinem Soldatenkreis.

Knapp sechs Wochen vorher, am 7. April, war der Pastor der Lutherkirche, Karl Friedrich Stellbrink, wegen einiger seiner Predigten, besonders der am Palmsonntag unmittelbar nach dem großen Fliegerangriff auf Lübeck, verhaftet worden. Das Hintereinander der Festnahme war nicht zufällig. Stellbrink stand mit der katholischen Geistlichkeit von Herz-Jesu in tätiger Verbindung. Er und Kaplan Prassek waren sich im Sommer 1941 bei einer Beerdigung auf dem Burgtorfriedhof begegnet und miteinander ins Gespräch gekommen. Das Ergebnis war, daß sie beschlossen, in dieser Zeit des Kampfes gegen alles was christlich war, brüderlich zusammenzustehen und über die konfessionelle Trennung hinweg dem gemeinsamen Gegner die Stirn zu bieten.

Am 15. Juni wurde auch Vikar Lange abgeholt. Ungefähr ein Jahr zuvor hatte bereits eine Haussuchung bei ihm stattgefunden. Lange arbeitete in der Jugend- und Männerseelsorge und hatte eifrig Schriftenmaterial verbreitet.

Am 22. Juni kam Adjunkt Müller an die Reihe. Er war einfach verdächtig, weil er »dazugehörte« und ebenfalls religiöse Gruppen leitete.

Außer den Geistlichen wurden noch 18 christliche Laien festgenommen und ins Untersuchungsgefängnis gebracht, unter ihnen als Hauptangeklagte der Gemeinderendant Adolf Ehrtmann und der alte Kirchenangestellte Robert Köster. Auch der Student Pfürtner, einer der Teilnehmer an Prasseks Soldatenrunden, war wegen einer Bemerkung über die Waffen-SS, die der »Konvertit« im Wortlaut festgehalten hatte, schwer belastet. Er und ein anderer Wehrmachtsangehöriger, den er aber vorher nicht gekannt hatte, wurden mit Prassek und Müller ins Lübecker Marstall-Gefängnis eingeliefert und blieben dort bis zuletzt ziemlich isoliert. Lange und Stellbrink sowie die übrigen Laien kamen ins Lauerhofgefängnis. Die Anklage lautete: Vorbereitung zum Hochverrat, landesverräterische Feindbegünstigung und Wehrkraftzersetzung.

Pastor Stellbrink, Kaplan Prassek und die Laien wurden überraschend festgenommen. Prassek war wohl innerlich darauf gefaßt, aber der Zeitpunkt war ihm ungewiß. Die Gestapo verhaftete ihn vom Frühstückstisch weg. Nachdem es ihn getroffen hatte, hielten sich auch Vikar Lange und Adjunkt Müller bereit. Müller erwog mit einem seiner jungen Freunde den Gedanken der Flucht, blieb dann aber in Lübeck. Die Laien wußten zuerst überhaupt nicht, was geschah. Noch in der Vorstellung befangen, sie müßten lediglich ein paar Aussagen auf dem Gestaposekretariat machen, sahen sie sich unversehens in den Lauerhof eingeliefert, kaum daß sie sich von ihren Familien verabschieden konnten. Einer der »Dabeigewesenen«, ein Mitglied des Müller-Kreises, gibt folgende Schilderung über den Ablauf seiner Verhaftung:

»Heftiges Klingeln jagt uns aus dem Bett. Es ist eine Packerin aus dem Betrieb, die mich warnen will, aber sie kommt zu spät. Sie hat das Haus noch nicht verlassen, und ich habe mich kaum besonnen, steht der Gestapobeamte schon an der Tür. Herrisch begehrt er Einlaß, indem er seine Marke vorzeigt, und beordert die Kinder ins Schlafzimmer, meine Frau in einen anderen Raum. Sofort beginnt er mit Fragen: ›Wo haben Sie die Hirtenbriefe?! Ich werde die Wohnung durchsuchen!‹ droht er, ohne eine Antwort abzuwarten. Ich erkläre ihm, daß ich keine Hirtenbriefe mehr besitze, es stehe ihm frei, seines Amtes zu walten. Jawohl, ich habe Hirtenbriefe gelesen, erkläre ich auf seine diesbezügliche Frage. Aber ich habe nichts darin gefunden, was ein solches Vorgehen rechtfertige.

Er fordert mich auf, ich solle mich fertig machen, das weitere müsse auf der Wache festgestellt werden. Er erlaubt mir nicht einmal, mich von meinen Kindern zu verabschieden. Meiner Frau sagt er, ich werde bald wiederkommen, ich hätte nur einige Fragen auf der Wache zu beantworten. Er zeigte übrigens weder einen schriftlichen Haftbefehl noch sonst ein Schriftstück vor.

Nachdem ich mich straßenfertig gemacht habe, folge ich ihm zur Wache in der Hansestraße. Unterwegs eröffnet er mir unter Hinweis auf seine Pistole, er werde bei dem geringsten Versuch, den ich unternähme, um zu fliehen, von seiner Schußwaffe Gebrauch machen.

Auf der Wache nimmt er mir alles ab, was ich bei mir habe, und führt mich in eine Zelle.

Es vergehen einige Stunden, und dann werde ich herausgeholt und in eine ›Grüne Minna‹ verfrachtet. Zu meinem Erstaunen treffe ich Glaubensbruder R. darin. Ehe sich aber mein Mund öffnen kann, schreit der Begleitbeamte mich an, daß jede Unterhaltung verboten sei. Unsere Fahrt endigt im Lauerhof-Gefängnis.

Ich muß die Zelle mit einem Bauern teilen, der das ›Verbrechen‹ der Schwarzschlachtung begangen hat. Zunächst bin ich vorsichtig mit ihm, denn der freundliche Beamte in der Aufnahme hat mir zugeflüstert: ›In diesem Haus wenig reden, am besten immer schweigen.‹ Das will ich beherzigen. Es ist allerdings nicht ganz leicht, denn mein Mitgefangener schimpft auf die Regierung in Worten, die ich nicht wiedergeben kann. Von ihm erfahre ich, daß Vikar Lange in der Zelle unter uns ist . . .«[5]

Während es in der Rechtspraxis demokratischer Staaten üblich ist, daß Untersuchungsgefangene durchaus »zivil« behandelt werden, sahen sich die Angehörigen des Lübecker Christenprozesses kategorisch unter die Sträflinge eingereiht und wie Verbrecher bewacht. Die Geistlichen und die »gefährlichsten« der Laien kamen in Einzelhaft.

Gefangenschaft

Wenn Angeklagter Pfürtner aus seinem Zellenfenster nach draußen schaute, verweilte sein Blick jedesmal auf einem Stück mittelalterlicher Architektur, einem gotischen Bogen, dessen maßvolle Schönheit seine Augen tröstete. Er wußte damals noch nicht, daß er seine Haft in den Mauern eines ehemaligen Dominikanerklosters verbrachte, das der heiligen Maria Magdalena geweiht war . . .

Der alte Kreuzgang, dessen Fenster den Blick in einen stillen kleinen Innenhof freigeben, hat beinahe noch seine frühere Beschaulichkeit. Die schmalen Bogengänge eröffnen dem Besucher beim Durchschreiten immer noch die reizvollsten und überraschendsten architektonischen Perspektiven. Und obwohl die mittlerweile ziemlich verwahrlosten gotischen Innenräume heute mit den Aktenschränken und Schreibtischen der Justiz vollgestellt sind, wirken sie irgendwie kostbar und ehrwürdig. An einer Wand im Treppenhaus entdeckt man ein kleines, noch gut erhaltenes Relief: Dominikus, wie er, nach der Legende, von Engeln gespeist wird.

Im Schwurgerichtssaal findet gerade eine Verhandlung statt. Es geht unpathetischer zu als damals. Kein Aufgebot an Wachleuten, keine Parteiuniformen. Keine propagandistische Hysterie. Der Saal ist allerdings noch genauso düster, erklärt man mir. In der Anklagebank steht ein ausgemergelter Mann. Dort also befanden sich Prassek und Müller, Lange und Stellbrink den Physiognomien der nationalsozialistischen »Volksrichter« gegenüber.

Danach ist der im Stil der Jahrhundertwende errichtete neuere Gebäudetrakt eine Enttäuschung. Rasch passiert man die düsteren, amtlichen Flure, um in den ersten Stock hinaufzusteigen. Hier liegen die Gefängniszellen. Ein kahler Steinkorridor empfängt uns, grau, kühl, hygienisch, eine Atmosphäre halb Hospital, halb Bunker. Zu beiden Seiten die Reihen halbhoher, massiver Eisentüren. Da ist Zelle 8, in der nach Angabe der Pfarrhaushälterin Adjunkt Müller gefangengehalten wurde; rechts daneben hat der Soldat Pfürtner gesessen und schräg gegenüber Kaplan Prassek.

Der Wärter schließt auf. Die Zelle ist leer. »Wir haben nur mehr vorübergehend einzelne Untersuchungsgefangene hier, wenn Verhandlung ist«, erklärt er. »Aber damals waren alle besetzt.« Der kahle Raum ist etwa 3 mal 4,5 Meter groß. Die Wände sind grauverputzt. Links befindet sich eine hochgeklappte Pritsche, gegenüber ein winziger roher Holztisch mit Schemel, darüber ein Hängeschränkchen für Eßnapf, Trinkbecher, Brotbrett und Besteck. Durch ein halbblindes Fenster nahe der Decke, das mit dicken Eisenstäben vergittert ist, fällt fahles Licht. Aus dem nackten Steinboden steigt Kühle auf. In der Luft hängt zäh der Geruch vom Abortkübel in der Ecke neben der Tür. »Hat sich etwas geändert hier seit damals?« – »Nein, es war alles genauso, wie Sie es jetzt sehen.«

Der Gefängnistag verlief in trister Eintönigkeit. In der Frühe um sechs schrillte eine elektrische Klingel. Das hieß unverzüglich aufstehen, sich waschen und anziehen. Die Kleider lagen die Nacht über, wegen Selbstmord- und Fluchtgefahr, auf dem Schemel vor der Tür. Während der Kalfaktor den Kübel zum Leeren fortbrachte, mußte der Gefangene sein Bett machen und die Zelle ausfegen. Darauf wurde das »Frühstück« verteilt: eine Schale dünner Ersatzkaffee und ein Stück trockenes Brot. Im übrigen bestand die Verpflegung aus Eintopfsuppe am Mittag und Brot oder Suppe am Abend. Der Kaloriengehalt der Gefängniskost war – drittes Kriegsjahr! – überaus gering.

Wer wollte, konnte im Werksaal oder auf seiner Zelle arbeiten: Besen binden, Werg zupfen oder Gurte weben. Eine Lübecker Familie bewahrt als kostbares Andenken von Kaplan Prassek einen Rosenkranz auf, den dieser aus Kordel und dem lederähnlichen Werkmaterial geknüpft hat.

Den Höhepunkt des Tages bildete die sogenannte »Freistunde«, 20 bis 30 Minuten Erholung draußen im Hof. Wenn man das von einer hohen Mauer umgebene Geviert betritt, das kaum mehr als 40 Meter im Quadrat mißt, hat man im Geiste gleich den ganzen Ablauf vor Augen: Wie sie einer nach dem andern unter strenger Bewachung hier herausgeführt wurden, um das zum Vegetieren erforderliche Mindestmaß an frischer Luft zu schöpfen. War die Zahl der ausgemergelten Gestalten voll, setzte die Kolonne sich auf einen Pfiff des Wachbeamten hin in Bewegung. Da schlurften sie stumm in ihren häßlichen, graublauen Drillichanzügen auf Holzpantinen einher, Prassek und Müller und die beiden Soldaten in einer Reihe mit Strafgefangenen. Es war dies vor allem zu Anfang die einzige Gelegenheit, bei der man sich sah. Wenn sie auch nicht miteinander sprechen durften, so konnten sie doch wenigstens einen Blick oder ein Lächeln austauschen. Wenig genug, aber unter solchen Umständen verändern sich die Maßstäbe. Im Lauerhof wurden Geistliche und Laien auch während der Erholung streng getrennt gehalten. Vikar Lange und Pastor Stellbrink mußten zeitweise ihre Runden im Hof jeder für sich allein absolvieren.

Der Erinnerungsbericht eines der mitgefangenen Laien zeichnet in etwa ein Stimmungsbild dieser ersten Zeit der Haft im Lauerhof.

»Wenn ich etwas erfahren habe, ist es das: In diesem Lebendig-Begrabensein in einer engen Zelle, ohne Laut, ohne Uhr, ohne Verbindung mit der Welt, eingeschlossen, ausgeschlossen aus dem Kreis der Lebenden, kommt der Mensch sich hart gestraft vor, und ich fing an zu begreifen, wie einer unter solchen Umständen mit der Zeit mürbe werden kann und lieber gesteht, vielleicht sogar etwas, was gar nicht gewesen ist, nur um dieser Eintönigkeit, dieser Enge zu entrinnen . . ., und sei es nur für die Dauer eines Verhörs. Wenn man aller Würde als Mensch beraubt ist, wenn man abends alles abgeben muß und nur das Hemd einem bleibt, da fragt man sich: Warum?! In solchen Augenblicken ist man geneigt, einen Strohhalm zu ergreifen, nur um mit einem gleichgesinnten Menschen Kontakt zu bekommen.

Als mein Zellengenosse an einem Abend wieder mit dem Angebot an mich herantrat, er wolle mich mit Vikar Lange in Verbindung bringen, sagte ich zu.

Er hatte schon vorgesorgt. Er hatte – was normalerweise beinahe unmöglich war – Bleistift, Papier und ein Band organisiert. Ich schrieb für Vikar Lange einen Gruß und ein paar Worte der Ermunterung auf und war gespannt, was vor sich gehen würde.

Mein Zellengenosse knüpfte das Zettelchen an das Band und stieg auf den Tisch, den er noch durch den Schemel erhöht hatte und ließ die Botschaft durchs Fenster pendeln. Vorher hatte er den Vikar durch Klopfzeichen am Abflußrohr des Abortes aufmerksam gemacht.

Ich mußte unterdessen achtgeben, daß uns der Wärter nicht überraschte, indem ich mich vor den Spion stellte. Der erste Versuch klappte nicht, weil der Außenposten gerade unten vorbeiging und uns bemerkte. Er trieb meinen Zellengenossen vom Fenster zurück. Aber Meldung machte er wider Erwarten keine.

So versuchten wir es an einem anderen Abend noch einmal. Und da gelang es. Vikar Lange schickte mir einen schönen Trostspruch aus der Bibel herauf, der mich sehr erfreute . . .«[1]

Es gibt wohl kein Bewachungssystem, wie streng es auch immer sein mag, das Menschen auf die Dauer daran hindern könnte, miteinander in Verbindung zu treten. Die »Katholiken« – wie sie bald allgemein genannt wurden – haben sich auch im Gefängnis über alle Isolierung und die Mauer von Mißtrauen und Schweigen hinweg als eine lebendige Gemeinde gefühlt. Noch nach Jahren ist bei den Davongekommenen dies besonders lebendig in Erinnerung, das Verbundensein im Glauben, die Freude über jede Gelegenheit, ein paar Worte miteinander wechseln zu können. Die Möglichkeiten zum Kontakt waren an sich gering, aber Entbehrung macht erfinderisch, und man hatte Zeit genug, allerhand Finten auszudenken.

Hin und wieder brachte der sogenannte Zufall eine überraschende Begegnung zustande. Es stimmt einen beinahe heiter, daß auch die konsequenteste tyrannische Methode sich offenbar als machtlos erweist gegenüber der ironischen Laune des »Schicksals«. Die folgende Begebenheit, die einer der Lauerhof-Häftlinge festgehalten hat, ist beinahe klassisch in ihrer ernsten Komik.

»Es war an einem Badetag. Sonst wurde immer darauf geachtet, daß wir nicht mit unseren Geistlichen zusammenkamen . . . Ich wurde heruntergeführt in den Keller zu den Duschräumen . . . Und wer steht da unter der Brause? Vikar Lange! Freudiges Erkennen, schnell ein paar Worte, ohne Rücksicht auf die anderen Gefangenen, meist Kriminelle, tröstende Worte von Lange. Er weiß schon, daß sein Leben verwirkt ist. Er sagt es so froh, als trete er bald eine schöne Reise an. Ich staune, kann es nicht fassen. Er legt mir die Hände auf meine nackten Schultern. Wir stehen beide nackt und bloß da, merken es nicht. Er sagt: ›Sie werden wieder in das Leben, in die Freiheit zurückkehren, ich gehe dorthin, von wo es kein Zurück mehr gibt. Seien Sie frohen Mutes...‹ Ehe ich noch recht begriffen habe, werden wir schon wieder getrennt«[2].

Vor allem war es die »Freistunde«, die bald als willkommene Gelegenheit ausgenutzt wurde, die wichtigsten Neuigkeiten an den Mann zu bringen, trotz Aufsichtsbeamten und Kettenhund. Die »Katholiken« müssen auf die Wachmannschaft wohl den Eindruck besonderer Tölpelhaftigkeit gemacht haben, weil es immer wieder passierte, daß einer von ihnen plötzlich über seine eigenen Beine stolperte und mit viel Aufwand der Länge nach hinfiel. Die Beamten ahnten nicht, daß dieses Manöver beabsichtigt war und dem Zwecke der Nachrichtenübermittlung diente. Während man sich nämlich ächzend erhob, konnte man seinem Vorder- oder Hintermann rasch etwas durch die Zähne zuzischen, etwa: »Onkel Wilhelm läßt grüßen« oder »Fritz kommt Sonntag«. »Onkel Wilhelm« war der Deckname für Bischof Wilhelm Berning von Osnabrück. Zu wissen, daß die kirchliche Hierarchie entgegen den verleumderischen Behauptungen der Gestapo positiv zu den Lübeckern stand, bedeutete für sie angesichts der damals so verwirrten öffentlichen Meinung unendlich viel[3]. Mit »Fritz« war Kaplan Westholt getarnt, der seit der Inhaftierung der Kapläne den Dienst an Herz-Jesu versah und denen im Lauerhof hin und wieder heimlich die Generalabsolution erteilen konnte. Meist brachte Frau Ehrtmann die Nachricht in die Besuchszelle mit, und sie wurde dann, wie beschrieben, in der Freistunde, bei Begegnungen im Arbeitssaal oder unter der Dusche systematisch verbreitet. Gute Dienste leisteten dabei auch vertrauenswürdige Kalfaktoren, die mit den »Politischen« gemeinsame Sache machten. Insofern war es günstig, daß von unseren Leuten selbst einige zu diesem Posten, der immerhin einige Bewegungsfreiheit gestattete, herangezogen wurden. Sie hatten es bald heraus, wie man einem Zelleninsassen etwas zuflüstern kann, ohne daß der Wachmann es merkt, beim Kaffeeeinschütten etwa oder beim Essenausteilen.

Am bezeichneten Sonntagnachmittag stand Adolf Ehrtmann dann an seinem Zellenfenster und beobachtete, wann Kaplan Westholt mit seinem Fahrrad ankam. Wenn es ging, rief er ihm ein paar Worte zu, etwa: »Ora pro nobis«, so daß auch der Kaplan sicher sein konnte, daß alle Bescheid wußten. Von Ehrtmann durch Klopfzeichen an der Heizungsröhre über den genauen Zeitpunkt unterrichtet, wann der Kaplan die Hand erhob, machten sich alle, die es anging, still bereit, die Nachlassung ihrer Sünden zu empfangen[4].

Im Herbst 1942 wurden verschiedene der im Lauerhof Inhaftierten eines Tages einer Baukolonne zugeteilt, die an der Moltkebrücke die Ausschachtungsarbeiten für eine Baracke der Gestapo auszuführen hatte. Nach Monaten strenger Isolierung kamen die Lübekker Christen nun erstmalig wieder mit der Außenwelt in Berührung. Und sie nutzten diese Gelegenheit gründlich aus.

Es dauerte nur wenige Tage, und schon begann durch die Initiative Ehrtmanns unter der Hand ein lebhafter Austausch. Schnell war die Verbindung mit den Ehefrauen hergestellt. Es mag dabei als besonders glücklicher Umstand gelten, daß die Wohnung des alten Kirchenangestellten Köster in unmittelbarer Nähe des Bauplatzes lag. Neben Kösters wohnte ein Fischer, mit dem man sich gut verstand. Von dessen Garten aus ließ sich unmittelbar die Abortbude der Arbeiter erreichen. Unsere Leute konnten sich nun jederzeit unter dem Vorwand, die Bude aufsuchen zu müssen, entfernen und am Gartenzaun heimlich ihre Familienangehörigen treffen. Auf diese Weise ist den Ausgehungerten manches Butterbrot und mancher Apfel zugesteckt worden. Noch heute heißen im Ehrtmannschen Familienkreis die herrlichen Äpfel, die im Garten um Michaelis reif werden, die »Gestapo-Äpfel«.

Aber nicht dieser leibliche Zubringerdienst war es, der den Beteiligten jene Zeit zu einem einzigartigen und unvergeßlichen Erlebnis werden ließ ...

Frau Ehrtmann erzählte der Verfasserin bei ihrem Besuch in Lübeck eine Geschichte, die es wohl wert ist, daß man sie festhält.

»Ich weiß nicht, wer von uns zuerst den Gedanken ausgesprochen hat. Bei einem unserer ›Rendezvous‹ hinter der bewußten Bude kam das Gespräch darauf, daß sie nun schon seit Monaten nicht mehr hatten kommunizieren können. Die Politischen durften ja nicht einmal am Gefängnisgottesdienst teilnehmen. Und plötzlich tauchte die Frage auf, ob man nicht, so wie Brot und Äpfel, auch *Hostien* ...

Ich sprach mit Kaplan Westholt darüber. Er war zunächst erschrocken. ›Wenn es herauskommt! Wir bringen den Dechanten in

Gefahr. Wie soll es überhaupt gehen? Mich kennt man doch zu gut.‹ ›Wenn *ich* sie mitnehme?‹ sagte ich. ›Hm, ich muß nachdenken‹, sagte er. Ich konnte ihn verstehen. Es war wirklich ein großes Wagnis. Es ging nicht einmal in erster Linie um uns, sondern um das Allerheiligste. Doch rang er sich schließlich zu dem Unternehmen durch. ›Aber bitte nur für Ihren Mann, hören Sie? Die Sache darf auf keinen Fall Kreise ziehen. Wir müssen es sogar ohne Wissen des Dechanten arrangieren, damit er, falls er verhört wird, mit gutem Gewissen sagen kann, er habe keine Ahnung gehabt.‹

Es war am Michaelsfest 1942, ich weiß es noch ganz genau. Kaplan Westholt hatte die Hostie für meinen Mann in einem Stück Weißbrot versteckt und Seidenpapier darumgewickelt. Es sah aus wie ein Stullenpaket. Ich kann nicht sagen, was wir empfanden, als mein Mann sozusagen aus meiner Hand die heilige Kommunion empfing. Niemals vorher und niemals mehr nachher habe ich es so deutlich vor Augen gehabt, daß Christus im wahrsten Sinne des Wortes unsere Speise, unser Trost und Leben ist, wie in dem Augenblick, als mein Mann das Brot, das zum Tabernakel geworden war, in seinen verarbeiteten Händen hielt und es vor meinen Augen aufaß, hungrig an Leib und Seele.

Das ging einige Male so. Und dann wollte er nicht mehr allein der Glückliche sein. ›Kannst du nicht auch für die anderen ...?‹ Wieder stürzte sich Kaplan Westholt in Konflikte. Aber am Ende sagte er auch dazu ja. Wir entwarfen nun einen Plan mit der Haushälterin. Fräulein Johanna konnte Weißbrot ohne Marken besorgen. Eines Tages, als der Dechant sich wie üblich zum Mittagsschlaf zurückgezogen hatte, gingen wir ans Werk. In einem günstigen Augenblick holte Kaplan Westholt aus der Kirche die große Hostie, die er am Morgen zusätzlich konsekriert hatte. Es war gar nicht so einfach, denn die gute Schwester, die den Sakristeidienst versah, pflegte die Oblaten genau zu zählen, weil sie rar waren, und die Meßdiener ...

Wir hatten unterdessen das Weißbrot in Würfel geschnitten, und während der Kaplan das Allerheiligste in sein Zimmer trug, gab Fräulein Johanna acht, daß kein Besucher zu ihm hinaufging. Der Kaplan zündete feierlich zwei Kerzen an und breitete das Korporale auf dem Tisch aus. Dann zerteilte er die Hostien und barg je eine Partikel in einem Würfel Weißbrot.

Mein Mann sah mich schon von weitem. Am Tage vorher war Kaplan Westholt am Bauplatz vorbeigefahren und hatte ihnen nochmal die Generalabsolution erteilt. Nun warteten sie voller Spannung. Wir trafen uns wie üblich am Garten des Fischers. Mein Mann schob das Päckchen rasch unter seine Jacke und ging wieder zurück. Ich sah ihn kurz darauf in der Bude verschwinden, in welcher die Zementsäcke aufbewahrt wurden. Er wollte das Brot dort an einer verabredeten Stelle niederlegen und die anderen durch Klopfzeichen an seinem Spaten aufmerksam machen, daß alles bereit sei. Tatsächlich hörte ich wenige Augenblicke später den metallischen Ton und beobachtete, wie einer nach dem andern sich aus der Gruppe der Arbeitenden herauslöste und die Baubude aufsuchte, die zum Heiligtum geworden war.

Nachdem die Aktion ein paarmal geglückt war, wurden wir immer mutiger. Schon bald gefiel mir die Papierhülle nicht mehr, und ich nahm statt dessen das weißseidene, gestickte Tauftuch meiner Kinder. (Es hat dann später eine Zeitlang vor der Urne von Hermann Lange in der Krypta gehangen.) Schließlich wurde mir auch der Transport in der Aktentasche fragwürdig, und Kaplan Westholt gab mir seine Burse. Einmal durfte ich sogar die goldene Krankenpatene mitnehmen, ich glaube, es war am Namenstag eines der Mitgefangenen. Ich trug das Allerheiligste jetzt auf der Brust, wie ein Priester.

Ja, und dann kam es schließlich dahin, daß wir es auch nicht mehr ertrugen, daß nur die draußen Arbeitenden in den Genuß des Sakramentes kamen. Aber wie bei der strengen Kontrolle Hostien ins Gefängnis hineinschaffen? Die Häftlinge mußten sich nämlich allabendlich bei ihrer Rückkehr einer hochnotpeinlichen Leibesvisitation unterziehen. Aber es *gab* eine Möglichkeit! Es war nämlich wegen der Diebstähle unter den hungrigen Gefangenen erlaubt, daß die Außenarbeiter ihre Brotration zum Bauplatz mitnahmen und auch wieder zurückbrachten. Mein Mann kam nun auf den Gedanken, in seinem Brotknust versteckt Hostien für die anderen einzuschmuggeln. Es gelang.

Aber am Ende muß die Gestapo doch ›Wind‹ bekommen haben. Eines Morgens sahen sich die Gefangenen von einem ganzen Aufgebot bis an die Zähne bewaffneter Wachleute umringt, die sie zum Arbeitsplatz begleiteten. Dort bezogen sie Posten rings um das Baugelände und ließen es keinen Moment mehr aus den Augen.

Sogar zur Toilette ging jedesmal ein Wachmann mit. Ich vergesse nie, wie bestürzt ich war, als ich die Misere entdeckte. Gerade für den Tag war nämlich wieder ein ›Versehgang‹ verabredet, und ich wußte, wie sehr sie alle warteten. Ich weiß nicht, wie lange ich in der Gegend umhergeirrt bin, um wider alle Hoffnung vielleicht doch noch einen Durchschlupf zu finden. Aber es war aussichtslos. Zudem mußte ich achtgeben, daß ich mich nicht verdächtig machte, der eine und andere Posten musterte mich schon kritisch, wie mir schien. Auf einmal sah ich, wie mein Mann mir ein Zeichen gab. Zuerst verstand ich ihn nicht. Dann aber begriff ich. Ich sollte am Wakenitzufer vorbei bis an die Stelle gehen, wo hinter einem Bretterstoß die Zementbude lag. Davor war eine Rosenhecke. Ich hatte das Brot mit dem kostbaren Inhalt unterwegs bereits vorsorglich in Papier gewickelt. Die Hecke hatte zum Glück unten ein Loch. Ich versuchte, das Päckchen hindurchzuschieben. Es ging. Ich wußte, mein Mann hatte mich währenddessen im Auge behalten. Rasch entfernte ich mich wieder und bezog in der Nähe einen Beobachterposten, um zu verfolgen, was geschehen würde, und um nötigenfalls das Allerheiligste retten zu können. Ich sah, wie mein Mann mit dem Polier verhandelte, der den ›Christen‹ wohlgesonnen war. Zudem schien die Wachmannschaft das scharfe Aufpassen inzwischen leid geworden zu sein, einige der Beamten waren aufgestanden und vertrieben sich die Zeit. Der Polier schnauzte meinen Mann nun in weithin hörbarem, bewußt barschem Tonfall an, er solle marsch, marsch, einen Sack Zement aus der Bude holen. Das ließ mein Mann sich natürlich nicht zweimal sagen. Er kam an, schwang sich mit einem Satz über den Bretterstoß und kniete bei dem Päckchen in der Hecke nieder. Aber es schien nicht weit genug vorgeschoben zu sein. Ich sah, wie er verzweifelt im Gebüsch wühlte und sich die Hände blutig riß. Aber dann hatte er es gepackt . . .«

Auch die Haushälterin von Herz-Jesu, Johanna Rechtien, hat sich in dieser Weise um die geistliche Tröstung der Gefangenen besonders verdient gemacht. Es war wirklich ein höchst wagemutiges Unternehmen, das unter Umständen den Kopf kosten konnte. Der Ablauf des Geschehens ist in gewissem Sinne erregend. Die Idee kam nämlich von Laien, und sie war in dieser Situation auch nur von Laien auszuführen. Und zwar waren es eben die Frauen, die in die Bresche gesprungen sind. Es verdient festgehalten zu werden, daß nicht etwa der Dechant auf den Gedanken gekommen ist, seinen Kaplänen im Gefängnis Oblaten und Wein zur Zelebration einzuschmuggeln, sondern die Haushälterin. Es scheint, daß sich hier auch im Religiösen der besondere weibliche Sensus für das »Lebens«notwendige zeigte.

Fräulein Johanna fiel es eines Tages ein, dem Wäschepaket, das sie »ihren« Kaplänen regelmäßig ins Gefängnis schickte, Hostien und ein Fläschchen mit Meßwein beizufügen. Es muß den Wachbeamten in beiden Gefängnissen zur Ehre angerechnet werden, daß sie, obwohl sie nicht katholisch waren, unter persönlicher Gefahr den unerlaubten Inhalt durchgehen ließen, nachdem man ihnen erklärt hatte, was er für den Priester bedeutete. Unvergleichliches Erlebnis, als die drei nach Monaten schmerzlicher Entbehrung zum erstenmal wieder die heilige Messe feiern durften, unter den kärglichsten Umständen zwar – morgens um fünf, bevor der Wärter kam und ohne jede Feierlichkeit –, aber was machte das schon aus?

Es ist uns ein Kassiber aus dem Marstall erhalten geblieben, mit dem Kaplan Prassek nach dem Empfang der ersten Sendung seinen Dank an die Haushälterin übermittelte. Er schreibt[5]:

»Wenn Sie wüßten, wie ich mich gefreut habe! Über die Nahrung, ja, aber erst über Hostien und Wein.

Ich habe geheult wie ein kleines Kind vor Freude. Jetzt feiere ich jeden Morgen hier das heilige Opfer, so einfach, wie es selbst in den Katakomben wohl nicht einfacher ging: ein Salznäpfchen ist der Kelch, ein Taschentuch das Korporale. Nur ein paar Tropfen Wein und ein kleines Stückchen Hostie, damit beides für viele Male reicht. Ich danke Ihnen, daß Sie den Mut hatten, an so etwas zu denken.

Ich werde Sie beim heiligen Opfer nicht vergessen. Wenn Sie mir nächstens Wäsche bringen, denken Sie dann wieder an so ein Fläschchen und einige Hostien? Die Flasche darf nicht größer sein, aber gut verschlossen. Und immer ganz frischen Wein nehmen; denn dieser saure hält sich nicht so lange wie der süße, den wir vor dem Kriege hatten. Und Schweigen!!!

Leben Sie wohl, vielleicht viel lange Jahre. Aber lassen Sie uns immer füreinander beten und opfern.

Ich grüße Sie herzlich

Ihr früherer Kaplan«

Auch im Lauerhof gelangten die Gaben an die richtige Adresse. Einer der mitgefangenen Laien, der zu der Zeit gerade Kalfaktor war, berichtet:

»Zuerst wußte der aufsichtführende Beamte nicht, was er machen sollte, aber nachdem ich ihn aufgeklärt hatte und noch ein (anderer) Schicksalsgenosse den Beamten darum bat, er möge die Dinge weiterleiten, kamen diese dann auch zum rechten Ort, zur Zelle des Vikars Lange. Er hat dann regelmäßig jeden Morgen in aller Heimlichkeit die heilige Messe gefeiert«[6].

Der Schreiber berichtet weiter, wie ihnen überhaupt der »gemeinsame Glaube« alles habe leichter erscheinen lassen.

»So manchen Abend wurden gemeinsam Marienlieder und andere Kirchenlieder gesungen, und am heiligen Weihnachtsfest haben wir bis spät in die Nacht hinein alles, was in diese Zeit paßte, gesungen. Bei meiner Arbeitsstätte hatte ich eine kleine Krippe aufgestellt, und in freien Stunden wurden an ihr Andachten gehalten. So manchen Sonntag habe ich mit mehreren Kameraden gemeinsam die Vesper beziehungsweise die Komplet gebetet, da es mir vergönnt war, ein deutsches Brevier im Gefängnis zu besitzen ... Ein Feiertag war es stets für uns, wenn es hieß, Kaplan Westholt kommt zur Generalabsolution. Auf Umwegen wurde es jedem bekannt, und am Sonntagnachmittag schaute jeder aus seinem kleinen Fenster ... Und *die* Freude, wenn heimlich die heilige Kommunion ins Gefängnis gebracht wurde, in Brot ›eingebacken‹, wie in der Urchristenzeit! Das waren die Stunden des Glücks und der Freude in einer Zeit und an einem Ort des Elends und der Verlassenheit«[7].

Ein anderer Mitgefangener drückt es ähnlich aus:

»Was sollte uns auch geschehen? Mochten unsere weltlichen Herrn sich noch so viele Schikanen ausdenken! Es gibt wirklich nichts, was der Mensch in solchen Augenblicken nicht ertragen könnte«[8].

Einige wenige Male ist es den Laien im Lauerhof gelungen, »versehentlich« zum Gefängnisgottesdienst zu gelangen. Ein Mitglied aus Müllers Gruppe schildert, wie er am zweiten Weihnachtsfeiertag sogar Vikar Lange in der Gruppe der zum Kirchgang angetretenen Sträflinge erblickte.

»Ich sah, wie sehr Lange sich freute. Wir konnten ein paar Worte darüber wechseln, was wir im Gottesdienst singen sollten. Aber als wir dann in die Kapelle hinuntergeführt wurden, fiel Lange auf und wurde zurückgehalten. Der Weihnachtsgottesdienst wurde von Dechant Bültel gehalten. Ich habe während der Feier mehr geheult als sonst etwas. Unsere gute Schwester Aloysia spielte das Harmonium, und auch sie weinte. Ich habe kaum jemals einen so ergreifenden Gottesdienst in meinem Leben mitgemacht«[9].

Wenige Wochen vor dem Prozeß, nach fast einjähriger Haft, wurden die Lübecker alle miteinander vorübergehend nach Hamburg verlegt. Es war dies eine der undurchsichtigen Maßnahmen der unberechenbaren Staatspolizei, die vielleicht den Zweck hatte, die Gefangenen zu beunruhigen; oder es war einfach eine Panne. P. Pfürtner hat den Ablauf des Transportes in seinen Tagebuchaufzeichnungen wie folgt festgehalten:

»Ich stand an meinem Zellenfenster, ein wenig erhöht auf dem Schemel, damit ich einen Blick nach draußen werfen konnte... Da, plötzlich, zu ganz unerwarteter Stunde, das bekannte Geklirr der sich im Schloß drehenden Schlüssel! Der Wärter öffnete und befahl mir: ›Fertigmachen zum Abtransport!‹ Auf meine Frage, wohin es gehe, antwortete er, er habe nicht die Erlaubnis, mir das mitzuteilen. Also kam ich in die Transportzelle, in der sich nur noch ein junger Holländer befand, und gemeinsam warteten wir der Dinge. Ich erinnere mich noch gut, wie mich nach kurzer Zeit bereits ein inneres Band der Brüderlichkeit mit meinem jungen Schicksalsgenossen verknüpfte, der fast noch ein Kind war mit seinen großen Augen und seinen Gebeten zur ›Mutter der Schmerzen‹. Als die Dunkelheit über die Stadt kam, begann der Abtransport mit unbekanntem Ziel. In rasender Fahrt ging es mit einem vergitterten Polizeiauto durch die ruinenhaften Straßen Lübecks, in denen es noch nach dem Rauch vom letzten Bombenangriff schmeckte. Wir kamen am Bahnhof an. Als ich ausstieg, sah ich von weitem die Gruppe, zu der ich als angeblicher politischer Hochverräter gehörte, bereits versammelt. Aus ihr ragte um Kopfeshöhe der lange Kaplan Prassek heraus. Auf den ersten Blick erkannte ich, daß er ein eigenartig aufgedunsenes Gesicht hatte. Sein schlechter Gesundheitszustand schien aber in keiner Weise seinen Humor verscheucht zu haben. Er nickte mir von fern zur Begrüßung mit seinem mächtigen Kopf zu. Die beiden anderen Kapläne waren ernst und still. Im Gänsemarsch rückten wir auf den Bahnsteig, durch ein förmliches Spalier von Menschen, die durch Blicke und Gesten der Anteilnahme unseren Gang verfolgten. Es waren viele

Angehörige der Häftlinge darunter, die illegal von unserem Abtransport unterrichtet worden waren, und ihre Männer und Söhne noch einmal sehen wollten«[10].

Die Gefangenen werden dann alle miteinander unter Bewachung in Waggons gesperrt und treffen gegen Mitternacht in Hamburg ein. Die Szene beim Ausladen ist einigermaßen aufschlußreich hinsichtlich der Meinung, die man dem Wachpersonal über die Mentalität der Lübecker Angeklagten suggeriert hatte. Während nämlich die Kriminellen, die gleichfalls nach Hamburg transportiert worden waren, nur unter starker Bewachung abgeführt wurden, stürzte sich die Polizei auf die Priester wie auf die wirklichen Verbrecher und legte ihnen sofort Handschellen an. Dasselbe geschah mit den anderen »Politischen«.

In der Hamburger Anstalt erfahren die Kapläne nach fast einjähriger Entbehrung zum erstenmal wieder geistlichen Beistand durch einen Mitbruder. Pfarrer Behnen, der damals den Seelsorgedienst im Untersuchungsgefängnis in Fuhlsbüttel und im Zuchthaus Holstenglacis versah, wo später die Hinrichtung stattfand, schildert seine erste Begegnung mit den Lübecker Kaplänen in bewegten Worten[11].

Es war am 17. April 1943. Behnen war noch bis spät abends im Untersuchungsgefängnis gewesen. Als er gerade nach Hause gehen wollte, sagte man ihm, es seien soeben drei katholische Priester eingeliefert worden, aber sie dürften nicht besucht werden. Doch Behnen ließ sich nicht abschrecken. »Auf Umwegen« suchte er unbemerkt die bezeichneten Zellen auf und zog seinen Amtsschlüssel. Die erste, die er öffnete, war die Zelle von Prassek. »Ich stand noch in der halbgeöffneten Tür, als der Kaplan mir entgegeneilte, in meine Arme fiel und, in Tränen ausbrechend, sagte: ›Benedictus, qui venit in nomine Domini!‹ . . .« Prassek sei von der Freude dieser unerwarteten Begegnung »wie trunken« gewesen. Auch Vikar Lange war selig über den Anblick eines Konfraters und gab seiner Dankbarkeit in Worten Ausdruck, die die ganze Qual einer lange gehegten Sehnsucht erahnen lassen. Und Müller: »Ein größeres Glück hätte der Himmel mir nicht bescheren können!« Alle drei baten, so schnell wie möglich die Sakramente empfangen zu dürfen.

Einige Wochen bleiben sie in Fuhlsbüttel, ohne daß etwas Bemerkenswertes mit ihnen geschieht. Ebenso überraschend werden sie dann eines Tages wieder nach Lübeck zurückgebracht. Gerade diese

Fahrt nun schenkt den Freunden ein köstliches Beisammensein, das ihnen in der Gespanntheit der Lage neuen seelischen Auftrieb gibt.

Die Hamburger Beamten wußten wohl nicht, was sie taten, als sie sämtliche Angehörige des Christenprozesses zum Abtransport in wenigen Autos zusammenpferchten. Sie hielten sich einfach an die allgemeine Order: Benzin sparen! So geschah das Widersinnige, daß die bisher mit soviel Aufwand voneinander getrennt gehaltenen »Politischen« sich unversehens in der Grünen Minna trafen. Sie waren sich so nahe, daß sie einander hätten umarmen können, wie P. Pfürtner schreibt. Zudem konnten sie sich völlig ungehindert unterhalten, denn der Wachmann vorne neben dem Fahrer verstand bei dem Motorenlärm kein Wort.

Aber von »Konspiration« war keine Rede. »Die meisten von uns hatten die Lage längst durchschaut und wußten, daß es gar nicht auf eine sachliche Verteidigung ankam. So blieb uns Zeit zu fast kindlicher Ausgelassenheit.« Der das berichtet, war damals ein junger Soldat von zwanzig Jahren; er kam wegen der Enge des Raumes just auf die Knie von Kaplan Prassek zu sitzen, ein Grund mehr zur Heiterkeit. Und doch vergaß niemand den äußersten Ernst der ganzen Situation. »Nach den ersten Sätzen bereits wurde offenbar, daß Kaplan Prassek mit Sicherheit auf seine Verurteilung zum Tode rechnete. Er war zu sehr Realist, als daß er seine Lage und die Bosheit seiner Gegner nicht richtig eingeschätzt hätte. Man hatte den Eindruck, als lebe er bereits in der unmittelbaren Erwartung dieses seines letzten Schrittes . . .«[12].

Der Soldat Pfürtner fühlte sich Prassek besonders verbunden, seit dieser ihm mit so großer Bereitwilligkeit des öfteren »privatim« über Tag die heilige Kommunion gereicht hatte, weil es wegen des Kasernendrills nur selten möglich war, in die Messe zu kommen. Einige Male hatte er auch an den Abenden teilgenommen, die Prassek in seiner Wohnung hielt. In gefahrvollen Zeiten verbinden sich gleichgesinnte Geister rasch und fest. Der junge Mensch auf Prasseks Knien ist glücklich, wieder einmal ein paar Worte mit dem priesterlichen Freund sprechen zu können. Er spürt dabei irgendwie schon, daß es ein Abschied ist. Er sucht nach einem Ausdruck für die Verbundenheit zwischen ihnen, die über den Tod hinausdauern soll, und es drängte sich ihm aus dem Herzen, halb Frage, halb Bitte: »Herr Kaplan, wenn Sie droben am Ziel sind, werden Sie uns doch nicht vergessen?« Und Prassek erwidert in seiner selbstverständlichen Art: »Sei gewiß, mein Lieber, ich verlasse euch nicht, ich werde jedem von euch Abend für Abend meinen priesterlichen Segen geben«[13].

Das waren die letzten Worte auf dieser Fahrt und für dieses Leben. Sie sahen sich nur noch ein paarmal aus der Ferne bei den gemeinsamen Rundgängen im Hof des Lübecker Gefängnisses. Am Ende aber sollte der junge Häftling dann noch ein besonderes Abschiedsgeschenk von Prassek erhalten...

Zur Erläuterung muß hier gesagt werden, daß Pfürtner erst seit kurzem in Lübeck und vor der Verhaftung über Prasseks Soldatenkreis hinaus kaum in der Gemeinde bekannt war. So ist es auch zu erklären, daß er bis zuletzt verhältnismäßig isoliert blieb. Besonders empfindlich war dabei die Entbehrung des geistlichen Trostes. »Es kamen die Zeiten der christlichen Hochfeste«, verzeichnet er in seinem Tagebuch. »Immer öfter meldete sich in mir der Wunsch, einmal wieder am ›Herrenmahl‹ teilnehmen und den heiligen Leib Christi empfangen zu dürfen... ›Sie gehören zu den hochgefährlichen politischen Gefangenen und unterstehen allein der Geheimen Staatspolizei, nicht uns. Wir haben keine Erlaubnis, Ihnen einen Priester kommen zu lassen‹, antwortete mir der alte Gefängniswärter auf meine Anfrage... ›Aber vielleicht versuchen Sie es einmal, reichen Sie ein Gesuch bei der Staatspolizei in Berlin ein. Die Bearbeitung dauert allerdings gewöhnlich sehr lange, und ob es genehmigt wird, ist eine andre Frage‹...«[14].

Monate vergingen wieder. Inzwischen wurde der Prozeßtermin festgesetzt. Man muß sich vor Augen halten, daß auch und gerade die beiden Wehrmachtsangehörigen mit dem Schlimmsten zu rechnen hatten. Die Vorstellung, möglicherweise ohne »Wegzehrung« den Gang zum Schafott tun zu müssen, gehört gewiß nicht zu den geringsten Beunruhigungen eines bewußten Christen.

Eine Woche vor der Verhandlung. Freistunde. Angeklagter Pfürtner stapft wie immer schweigend hinter den beiden Priestern einher, die mehrere Meter von ihm entfernt ihre Runden machen. Wie immer scheint es völlig unmöglich, auch nur ein Wort von ihnen zu empfangen. Am Ende würden sie jeder für sich wieder in die Einsamkeit zurückkehren und warten, warten. Zum Zeichen, daß es hier kein Pardon gibt, steht ein bewaffneter Beamter in der Mitte des Hofes, und am Ausgang reißt ein mächtiger Hund wütend an seiner Kette.

Aber am Ende der Erholungszeit, beim Hinaufgehen, geschieht es. An der Eingangstür zum Gefängnisgebäude entsteht ein unvorhergesehenes Gedränge. Der sonst so korrekte Wachmann hatte einen Moment nicht aufgepaßt. »In demselben Augenblick, ich war durch die Stockung ›zufällig‹ unmittelbar hinter Prassek gekommen, dreht dieser sich um und reicht mir ein kleines weißes Tüchlein. Er konnte, er brauchte mir nicht zu sagen, was es enthielt. Schnell barg ich die Gabe unter meinem Kittel, und als der Geber die Treppen zu seiner Zelle hinaufstieg, ließ er jemanden hinter sich zurück, der vor Erschütterung kaum seiner selbst mächtig war... Ich konnte nun bis zum Beginn der Verhandlung jeden Morgen in meiner Zelle heimlich kommunizieren. Immer nur ein winziges Stückchen brach ich von der Hostie, damit der kostbare Vorrat nur ja lange genug reiche. Den Rest nahm ich dann in der Brusttasche mit in den Gerichtssaal und verlebte so den Prozeß in der leibhaftigen Gegenwart Gottes«[15].

Als die Verfasserin in Lübeck bei der Familie Ehrtmann zu Gast war, zeigte Frau Ehrtmann ihr einen Briefumschlag, in dem Kaplan Prassek auch ihrem Mann in einem unbewachten Augenblick während der Verhandlung eine Hostie zugesteckt hatte, kurz vor der Urteilsverkündigung. Der Umschlag trägt von Prasseks Hand eine Bleistiftnotiz: »Ob das wohl meine letzte priesterliche Handlung war, daß ich Dir dieses gab? Dann leb wohl. Grüße Deine Familie und Pamora«[16].

Unter den Tagebuchaufzeichnungen von P. Pfürtner befindet sich der Bericht über einen merkwürdigen Besuch des Wachbeamten in seiner Zelle, kurz nachdem er die Hostie von Prassek empfangen hatte.

»An einem milden Abend sitze ich behaglich auf meinem Schemel, mit dem Rücken an die Wand gelehnt. Durch das düstere, verschmierte Fenster finden ein paar letzte Strahlen der Abendsonne ihren Weg und erhellen den Raum. Das geöffnete Oberlicht bringt einen warmen, angenehmen Luftzug herein und nimmt die etwas muffige Atmosphäre, die in dieser seltsamen... Zelle herrscht. Längst sind alle Schritte auf dem Gang verhallt, es ist die Zeit der wunderbaren großen Stille, die ich inzwischen so sehr lieben gelernt habe. Auf meinem Zellentisch liegt, in einem kleinen weißen Tüchlein eingehüllt, die kostbare Gabe des Lebensbrotes... Ich bin nicht sicher, wie lange ich in diesem Licht seines herrlichen Friedens verweilen durfte. Nur eines weiß ich, daß ich nicht viele Stunden eines solchen Glückes und solchen Glanzes in meinem vorangegangenen Leben erfahren hatte... Jedenfalls wurde plötzlich der Schlüssel in das Schloß meiner Zellentür gesteckt, ohne daß ich vorher hatte Schritte sich nahen hören, und in großer Heftigkeit öffnete sich die Stahlpforte. Etwas erschreckt sprang ich auf und wendete mich dem Eintretenden entgegen. Es war ein mir gut bekannter Wachmann...

›Was machen Sie da, warum liegen Sie noch nicht im Bett? Sie wissen doch, daß es Ruhezeit ist? Haben Sie etwas mit sich vor?‹

Auf seinem Gesicht lag eine eigenartige Spannung. Leichte Schweißperlen standen ihm auf der Stirn, von denen ich nicht wußte, ob sie von der abendlichen Sommerhitze oder von seiner Erregung kamen. Gern hätte ich seinen Blick vom Zellentisch abgelenkt. Aber es gelang nicht. Er blickte dauernd auf das Korporale, aber... sah er es wirklich nicht? Jedenfalls stellte er nicht die leiseste Frage danach, sondern fuhr fort: ›Ihr alle seid mir vollkommen unverständlich. Auch die anderen, besonders diese Priester nebenan. Ich laufe geängstigt durch die Gänge, fast täglich in Furcht. Was kann einem nicht alles geschehen, wenn man heute Gefängnisaufseher ist. Vielleicht entdecken sie doch einmal, daß man jemand eingelassen hat, der nicht hereindurfte. Und Sie, die vielleicht kurz... ja, kurz vor... man weiß ja nicht, wir wollen es ja nicht hoffen, aber es könnte doch sein... Sie sind alle so ruhig und behaupten, Sie freuten sich sogar noch an der Sonne! An der Sonne sich freuen, wenn man hier sitzt? Ich verstehe euch einfach nicht mehr. Ich verstehe diese Welt überhaupt nicht mehr. Warum hat man euch denn eingesperrt? Was habt ihr gemacht? Diese Geistlichen, was sind das für feine Menschen! Ich könnte bei denen die Zellentür über Nacht auflassen, ich bin sicher, sie würden am nächsten Morgen noch in der Zelle sein! Aber lassen wir das‹, fuhr er fort, ›denn ich bin ja nicht gekommen, um mit Ihnen lange meine Fragen zu besprechen, ich wollte Ihnen etwas ganz anderes sagen! Nur müssen Sie mir versprechen, niemandem darüber zu erzählen. Sie wissen, wir werden genauso überwacht wie andere draußen... Als ich gerade von daheim her zum Nachtdienst kam und hier am Untersuchungsgefängnis um die Ecke bog, kam mir eine ältere Frau entgegen, die mich nach Ihrem Namen fragte. Als ich ihr sagte, daß ich Sie kenne, merkte ich, wie schwer es ihr wurde, weiterzusprechen, bis sie mir schließlich gestand, daß sie Ihre Mutter sei und seit einiger Zeit um die Gebäude gestrichen wäre in der Hoffnung, Sie vielleicht doch an irgendeinem Fenster zu erblicken. Sie bat mich sehr, Ihnen eine Schnitte Brot mit hinaufzunehmen; aber Sie werden verstehen, daß ich so etwas nicht tun konnte. Dafür versprach ich ihr, Ihnen ihren Gruß zu bringen. ›Nur meinen Gruß zur Nacht und die Nachricht, daß ich Erlaubnis habe, ihn morgen zu besuchen...‹

Als mich am nächsten Morgen ein Beamter abholte, war ich nun gut auf das Wiedersehen vorbereitet, das nach sechs Monaten so undurchdringlicher Ereignisse uns zusammenführte...«[17].

Der Prozeß bringt das Ende der gemeinsamen Gefangenschaft. Der zäh dahinfließende Lauf der eintönigen Wochen und Monate mündet für die Geistlichen in der Katastrophe, die Laien kommen überraschend davon.

Der 22. Juni 1943 beginnt in strahlender Sommerlichkeit. Als gegen sechs in der Frühe die gewohnten Geräusche von klappernden Holzpantinen und klirrenden Schlüsseln laut werden, strömt es wie leise Erregung in die Zellen mit ein. P. Pfürtner erinnert sich sehr lebhaft aller Einzelheiten dieses bedeutsamen Tages. Wie der Kalfaktor an seine Tür kommt und ihm, während er umständlich den Kaffee in die Schale gießt, zuflüstert: »Heute geht's mit den drei Katholischen und Ehrtmann los, morgen kommt der Evangelische dran und übermorgen ihr!«

An diesem Tag ist das Bild im Hof verändert. Aus dem Kreis der zum Rundgang Angetretenen ragen drei schwarze Gestalten heraus: Prassek, Müller und Lange in ihrer Priesterkleidung, die sie zur Verhandlung angelegt haben. »Als ich auf den Platz trete, nicken wir uns wie stets zur Morgenbegrüßung freundlich zu. Die Gesichter der drei sind ruhig und gefaßt«[18].

Am Ende der Erholungszeit schauen sie sich der Reihe nach noch einmal an, die sich in der verschwiegenen Not und den sparsamen Freuden der Gefangenschaft wie Brüder nahegekommen waren.

Als am nächsten Tag der Wärter mit der Abendmahlzeit kommt, geht wieder ein Tuscheln von Zelle zu Zelle, erregt und entsetzt: »Todesurteil für alle vier Geistlichen, fünf Jahre Zuchthaus für Ehrtmann!«

»Ich habe meine Suppe lange auf dem Zellentisch stehengelassen«, schreibt Häftling Pfürtner. Während er versucht, den Schock zu überwinden, fällt in sein Grübeln hinein von draußen Prasseks Stimme, der in seine Zelle zurückgebracht wird. Während der Wärter aufschließt, kann jeder in der Umgebung hören, wie der Verurteilte seine Eindrücke aus der Verhandlung mit der ihm eigenen unpathetischen Art in dem Seufzer zusammenfaßt: »Gott sei Dank, daß dieser Quatsch vorbei ist!«[19].

Die Verurteilung geschah am Vorabend zu Prasseks Namenstag, dem Fest des heiligen Johannes des Täufers, der von einem Tyrannen ohne jede Rechtsgrundlage im Gefängnis enthauptet wurde.

Für die Laien, außer Adolf Ehrtmann, ist mit dem folgenden Tag die Mühsal beendet. Sie werden, da sie ihre geringen Strafen durch die Untersuchungshaft verbüßt haben, auf freien Fuß gesetzt. Lachend und weinend fallen sie einander nach der Urteilsverkündigung um den Hals.

Die Todeskandidaten sind noch im Gerichtssaal mit Handschellen gefesselt worden[20] und warten in ihren Zellen, die man bis auf die Bettstelle völlig entleert hat, auf den Abtransport nach Hamburg.

Frau Ehrtmann erinnert sich mit Schaudern des Anblicks, als sie am Tag nach dem Urteilsspruch noch einmal ins Gefängnis kam, um sich von ihrem Mann zu verabschieden, und sie fand vor den Türen der Kapläne bis zur Matratze hin das ganze bewegliche Zelleninventar aufgestellt. »Halten Sie Hausputz ... oder sind ›sie‹ schon fort zur Hinrichtung?« fragte sie angstvoll den Wärter. »Nein, sie sind noch drin. Es ist wegen der Selbstmordgefahr, wissen Sie, und damit sie nicht randalieren können. Vorschrift!«[21]

Der Prozeß

Beim Lübecker Christenprozeß ging es, wie bei anderen seiner Art im Deutschland der Hitlerzeit, nicht um sachliche Verhandlung echter Verbrechen, sondern um Provokation. Die ganze Abwicklung war ein abgekartetes Spiel, die Urteile standen von vornherein fest[1]. Die Geistlichen sollten »liquidiert« werden, sofern man sie nicht weltanschaulich umzustimmen vermochte. Die Verhaftung der Laien war nur Mittel zum Zweck. Man gedachte, diese harmlosen Leute durch entsprechende Bearbeitung zu irritieren und gegen ihre Priester auszuspielen. In jedem Fall würden sie einen heilsamen Schock aus dem Zusammenstoß mit der Staatsgewalt davontragen – und den Makel der Vorbestrafung, der einzelnen dann ja tatsächlich in ihrem Fortkommen hinderlich wurde. Eine Ausnahme bildete lediglich der Kirchenrendant Adolf Ehrtmann, der fast ebenso schwer belastet war wie die Geistlichen. Es war wohl lediglich die Tatsache, daß er kein Priester war, die ihn vor der Guillotine rettete[2].

Die härteste Probe für die angeklagten Katholiken war die Unsicherheit, wie man in den Kreisen der kirchlichen Hierarchie über ihr Verhalten dachte. Es muß zur Erklärung vielleicht bemerkt werden, daß die Verhafteten in der ersten Zeit völlig von der Außenwelt abgeschnitten waren und verleumderische Gerüchte, die zu ihnen hereindrangen, nicht nachkontrollieren konnten. Zudem war die öffentliche – und ihre eigene – Meinung durchaus nicht klar entschieden in der moralischen Bewertung eines Widerstandes gegen den Hitlerstaat. Möglicherweise hat die bischöfliche Behörde im Anfang auch wirklich kein klares Bild gewinnen können. Die Gestapo hat sich alle Mühe gemacht, die wahren Verhältnisse auf beiden Seiten durch Verleumdungen zu verschleiern. Die Kapläne haben unendlich unter der Vorstellung gelitten, der Bischof könnte sich von ihnen distanziert haben. »Stimmt es, daß der Bischof uns fallengelassen hat?« lautete wiederholt die Frage Prasseks an seine Besucher. Tatsache ist jedoch, daß Bischof Berning den Lübeckern mehrmals ins Gefängnis geschrieben und sich beim Ministerium in Berlin persönlich um eine Erleichterung ihrer Lage bemüht hat. Er hat sich auch für den evangelischen Pastor Stellbrink eingesetzt.

Einer der jungen Männer aus Langes Gruppe, der als Kalfaktor im Lauerhof-Gefängnis einige Bewegungsfreiheit genoß, verzeichnet in seinem Erinnerungsbericht ein Gespräch, das er in einem unbewachten Augenblick mit dem Vikar hatte. Lange erklärte ihm strahlend: »Was hat dich die Gestapo doch angelogen, daß sich unser Bischof von uns abgewendet hätte. Denn ich habe einen Brief von ihm bekommen, in dem er mir schreibt, daß er sich voll und ganz für uns alle einsetzt«[3]. Auch Prassek hat mit Bischof Berning korrespondiert. Am 5. April 1943, also etwa zwei Monate vor dem Prozeß, hat der Bischof sich noch mit Rechtsanwalt Dr. Westphal in Berlin getroffen, wie aus einem Brief hervorgeht[4].

Heute, aus der Distanz, ist es leicht, in Gedanken eindeutig Stellung zu beziehen. Aber damals war es für die Beteiligten durchaus mühsam, der Verwirrung und dem Zweifel zu wehren. Um so bemerkenswerter ist es, daß selbst die Jugendlichen, von denen keiner über zwanzig Jahre zählte, trotz mancher moralischer und physisch-psychischer Belastungen nicht an der Integrität ihrer Seelsorger irre wurden.

Dabei hatten auch sie an sich mit dem schlimmsten zu rechnen, denn der Volksgerichtshof war rigoros. Mehr als einmal wurden im Kreis der Laien Äußerungen wie diese laut: »Den Kopf können sie uns nehmen, das Leben nie!« Und: »Es geht nicht ums Davonkommen, sondern um die Wahrheit und Gerechtigkeit.«

Eines Tages traf die erste Kunde vom Stand des Prozesses ein und man überreichte den Lübeckern die Anklageschrift. Pfürtner hatte daraufhin mehrere Besprechungen mit seinem Rechtsanwalt Dr. Ihde, dem Vertreter einer zwar nicht religiös gebundenen, aber von einem tiefen Berufsethos getragenen älteren Juristengeneration. Ihde suchte seinen jungen Mandanten von der Ernsthaftigkeit der Lage zu überzeugen. »Bedenken Sie, daß Sie es mit dem Volksgericht zu tun haben, bei dem nichts unmöglich ist. Erst vor wenigen Tagen habe ich eine Französin vor diesem Forum verteidigt. Ich hatte gehofft, sie mit ein paar Monaten durchbringen zu können. Aber wissen Sie, was das Ergebnis war? Todesurteil! Geben Sie sich keinen Illusionen hin, Sie gehören immerhin zu der Gruppe, die unter der Anklage des Hochverrats steht!«

Man wundert sich nachträglich noch, daß selbst der Student Pfürtner so glimpflich davongekommen ist, da er als Mediziner etwaiger Beziehungen zur Schollgruppe verdächtig war. Und seine »defaitistische« Äußerung über die SS belastete ihn nicht wenig.

In der kurzen Zeitspanne von drei Tagen, am 22., 23. und 24. Juni 1943, wurde vom 2. Senat des Berliner Volksgerichtshofes, der zur Verhandlung eigens nach Lübeck gekommen war, der ganze Prozeß gegen die Geistlichen und die 18 Laien abgewickelt. Die Sitzungen fanden alle unter Ausschluß der Öffentlichkeit statt. Lediglich zur Urteilsverkündigung wurden einige Angehörige zugelassen. Am 22. Juni verhandelte man gegen die katholischen Kapläne, Adolf Ehrtmann und den siebzigjährigen Kirchenangestellten Robert Köster. (Köster ist kurz nach dem Prozeß gestorben. Nach dem Zeugnis seiner Mitgefangenen hat er während der Misere eine bewundernswert gelassene und geduldige Haltung bewiesen, obwohl er sogar von der Gestapo mißhandelt wurde[5].)

Der Tag verging mit der Vernehmung der katholischen Haupt-
angeklagten. Zeugen wurden keine herangezogen. Der Vormittag
des 23. Juni war den Verteidigern zur Vorbereitung der Plädoyers
überlassen. Währenddessen wickelte das Gericht in wenigen Stunden das gesamte Verfahren gegen Pfarrer Stellbrink ab, das mit
dem Todesurteil endigte. Die Nachmittagsstunden erbrachten das
gleiche Urteil über Prassek, Müller und Lange. Die Verteidigung
führte einen hingebungsvollen Kampf, aber die Sache war schon
am Anfang völlig verloren. Das Urteil stand, wie gesagt, fest. Das
Gericht hörte sich die Plädoyers mit unverhohlener Langeweile an.
Einige Richter schrieben während der sorgfältig ausgearbeiteten
Rede des Rechtsanwaltes Dix Postkarten! Dr. Dix brach daraufhin sein Plädoyer ab[6].

Am 24. Juni kamen die übrigen Laien an die Reihe. Außer Adolf
Ehrtmann, der wegen »Beihilfe zu landesverräterischer Feindbegünstigung und Rundfunkverbrechen« zu fünf Jahren Zuchthaus
verurteilt wurde, kamen die Laien als bloße »Verführte« mit Ge-
fängnisstrafen bis zu einem Jahr davon, die sie durch die Untersuchungshaft bereits verbüßt hatten.

Die Protokolle über den Prozeß sind nicht erhalten geblieben, so
daß wir uns den genauen Verlauf der Verhandlungen nicht vergegenwärtigen können. Die Gestapo war bestrebt, alles Material,
das Aufschluß über ihre Machenschaften geben konnte, den Augen
der Öffentlichkeit zu entziehen. Aber immerhin ist uns als wert-
volle Quelle die Urteilsschrift über die katholischen Kapläne, Ehrtmann und Köster überliefert. Dazu haben wir die Nachschrift
einer Ansprache des heute noch in Lübeck ansässigen Rechtsan-
walts Dr. Böttcher auf einer Gedenkfeier für die Lübecker Blutzeugen vom Jahre 1946, in welche er seinen Eindruck von der
Gerichtsverhandlung wiedergibt.

Der Lübecker Christenprozeß fällt in die Zeit der Hitlerherrschaft,
die bereits von einem katastrophalen Zerfall des Rechts und des
Rechtsgedankens gekennzeichnet ist. Recht ist, was dem Volke
nützt, verkündete der Nationalsozialismus. Die nationalsozialistische Rechtsauffassung war rassisch bestimmt. Recht im Sinne
einer absolut gültigen Gerechtigkeit gibt es daher nicht. Eine Rechts-
ordnung ist volksnah, soweit sie Ausdruck des völkischen Rechts-
empfindens ist. Zweck der nationalsozialistischen Rechtserneuerung
ist, das römische Recht durch ein deutsches Gemeinrecht zu ersetzen,

das in der Gemeinschaft des Volkes und seiner artgemäßen sittlichen Grundhaltung wurzelt[7]. Diese nebulosen Vorstellungen von einem »gereinigten«, »arteigenen«, »völkischen« Recht sollten über das Fehlen jeglicher zureichender Rechtsgrundlagen in den grotesken Schau- und Scheinprozessen des Volksgerichtshofes hinwegtäuschen, mit denen Hitler und seine Justiz es fertiggebracht haben, in wenigen Jahren das deutsche Volk seiner geistigen Elite zu berauben. In Wirklichkeit ist mit dem nationalsozialistischen »Recht« die nackte Willkür und das bare Unrecht kodifiziert und legalisiert worden. Ein Rechtsgelehrter wie Carl Schmitt, der die Röhm-Morde rechtlich sanktionierte, sprach Hitler die Fähigkeit zu, »kraft seines Führertums als oberster Gerichtsherr unmittelbar Recht zu schaffen«[8]. Die Willkür eines machtbesessenen und schließlich größenwahnsinnigen Diktators war damit zur letzten Grundlage der deutschen Rechtsprechung geworden. So war es möglich geworden, daß Leute wie die Lübecker des üblichen und allgemein anerkannten Rechts auf ein unparteiisches Verfahren entbehrten und in Verhandlungen, die jeder geordneten Rechtsprechung spotteten, zum Tode und anderen Strafen verurteilt wurden, die in keinem Verhältnis zu den begangenen Taten standen.

Zum hervorragenden Schauplatz der nationalsozialistischen Willkürjustiz wurde der bereits 1934 errichtete »Volksgerichtshof«, der in der Hauptsache die Hoch- und Landesverratssachen abzuurteilen hatte. Es liegt im Wesen des totalitären Staatsregimes, daß es die Zuständigkeit der ordentlichen Gerichte möglichst einzuschränken trachtet und bestimmte, »gemeinschädliche Verbrechen« außerordentlichen Gerichten, nämlich Sonder-, Schnell- und Volksgerichten überträgt, bei denen parteiabhängige Leute das »gesunde Volksempfinden« zu verkörpern haben. Ganz besonders verschärfte sich die Rechtsprechung in der Ära des Justizministers Georg Thierack, den Hitler im August 1942 berief, damit er jede richterliche Unabhängigkeit restlos beseitige. Ende 1942 wurde Thierack ermächtigt, widerspenstige Richter abzusetzen. Unter Thierack wuchs denn auch die Zahl der Todesurteile.

Nach einem Jahr Haft erschienen die Angeklagten zum erstenmal wieder in ihrer eigenen Kleidung, die ihr schlechtes Aussehen womöglich noch mehr hervorhob als der Sträflingsanzug. Zur festgesetzten Stunde wurden sie unter strenger Bewachung in den Gerichtssaal gebracht. Besonders Prassek ist bei der Überführung und während der Verhandlung auffallend ruhig und gefaßt. »Was können sie uns denn schon tun? Höchstens einen Kopf kürzer machen«, hatte er geäußert[9].

Die Richter erschienen alle in blutroter Robe mit gleichfarbigem Barett. Der Aufzug in dieser Kardinalsimitation muß etwas unwiderstehlich Komisches gehabt haben. Besonders die jugendlichen Angeklagten konnten sich trotz des Ernstes der ganzen Situation kaum das Lachen verbeißen[10].

Publikum gab es keines. Stattdessen hatten gedungene Claqueure aus Parteikreisen in Volksvertretung zu machen und an entsprechenden Stellen ihrer Entrüstung möglichst lauten Ausdruck zu geben. Vor allem oblag es ihnen, nachher die Öffentlichkeit propagandistisch zu beeinflussen, indem sie negativ gefärbte Einzelheiten aus der Verhandlung herumerzählten und so die Meinung erzeugten, es habe sich um einen ganz ordnungsgemäßen Prozeß gehandelt, mit echten Verbrechen und gerechtem Urteil.

Bei dem ganzen Verfahren vermied man mit größter Verschlagenheit bewußt jede eindeutige Stellungnahme zum Kirchenkampf und drehte immer wieder alles auf die »politische« Ebene ab. Gegenüber der Öffentlichkeit und ebenso auch in den eigenen Reihen mußte auf jeden Fall der Schein gewahrt bleiben, es handle sich um einen Prozeß gegen »Volksverbrecher«, nicht aber um ein Vorgehen gegen die Kirche. Denn der Nationalsozialismus betonte ja vor dem Volke eifrig, er lasse die religiöse Freiheit des Einzelnen unangetastet.

Prassek, Lange und Müller wurde zur Last gelegt, durch das Abhören deutschsprachiger Sendungen des feindlichen Rundfunks und die Verbreitung illegaler Nachrichten über die Machenschaften des NS-Regimes »die Feindpropaganda gefördert« zu haben. Sie wurden weiter beschuldigt, auf ihren Gruppenabenden »Hetze gegen den nationalsozialistischen Staat« betrieben, durch Verteilung verbotener Schriften »dem Kriegsfeind Vorschub geleistet« und »Vorbereitung zum Hochverrat« begangen zu haben. Prassek war darüber hinaus schwer durch sein Zusammenwirken mit Pastor Stellbrink belastet. Allen drei Kaplänen wurde überdies »Zersetzung der Wehrkraft« vorgeworfen[11].

Der Tatbestand war folgender: Prassek hörte seit 1940 einen englischen Geheimsender auf der Kurzwelle 31,6, der in der Nähe von London stationiert war und sich mit der Melodie ».. .Bis an dein

41

kühles Grab« und mit den Worten »Achtung, hier spricht der Chef!« meldete. Prassek hielt ihn aber für einen illegalen deutschen Sender. Seit dem Sommer 1941 beteiligten sich auch Vikar Lange und Adjunkt Müller an dem gefährlichen Unternehmen. Was die in der Anklage aufgeführte »Geheimorganisation« zum Sturz der Regierung anbelangt, so waren damit die Gruppenabende gemeint, welche die Kapläne regelmäßig in ihrer Wohnung oder im Gesellenhaus abhielten. Im Anschluß an die Behandlung religiöser Themen wurde besonders in Prasseks Soldatenkreis gern über aktuelle Probleme diskutiert, über die Methoden der nationalsozialistischen Kriegführung, die Ausschreitungen der Waffen-SS und die Möglichkeiten der Kriegsdienstverweigerung, Probleme, wie sie damals gerade die Besten der deutschen Jugend bewegten. Im Vordergrund stand dabei die moralische Bewertung der Euthanasie, die Tötung »unwerten Lebens« unter dem Aspekt der Volkswirtschaft, die den Inhalt des berühmten Fastenhirtenbriefes des Bischofs von Galen bildete. Auch in Langes Gruppen sind Tagesfragen zur Sprache gekommen: die Massenerschießungen in Polen, die schlechte Behandlung der Fremdarbeiter, die »Unfälle« von Udet und Mölders, die Führerrede, zu der Pacelli, damals noch Kardinalstaatssekretär, Stellung genommen hatte.

Des weiteren ging es bei der Anklage um die Verbreitung einiger Flugschriften, die Prassek und Lange vervielfältigt und an Interessenten verteilt hatten. Es handelte sich einmal um die »Programmpunkte der Nationalen Reichskirche Deutschlands«, den Plan zu einer kirchlichen Neugründung nach der Beseitigung des Christentums. Die zweite Schrift ist ein Auszug aus der Rede des Erzbischofs von Freiburg am Dreifaltigkeitssonntag 1941, als eine von deutscher Seite abgeworfene Bombe vor dem Münster krepierte und der Bischof der zur Feierstunde versammelten Freiburger Jugend zurief, diese Tat nicht als »Schreckschuß«, sondern als »Weckschuß« zu betrachten und für die Sache der Kirche bis zum letzten zu kämpfen. Die dritte Schrift ist ein Flugblatt mit der Überschrift: »Priester der Erzdiözese Posen« und enthält Mitteilungen über Zahl und Schicksal der katholischen Geistlichen des sogenannten Warthegaus nach der Vereinigung des Gebietes mit dem »Reich« und eine Aufstellung der Kirchen und Kapellen der Stadt Posen, die von der Gestapo gewaltsam geschlossen wurden. Die vierte Schrift stellt den Abdruck eines Erlasses des Bayerischen Staatsministeriums für Unterricht und Kultus vom 28. August 1941 über die Entfernung der Kruzifixe aus den Schulen dar. Es handelt sich um die im wesentlichen wortgetreue Wiedergabe eines an die Gauleiter der NSDAP in Bayern gerichteten vertraulichen Rundschreibens. Prassek verlas auf den Gruppenabenden zudem einen Aufsatz von Pfarrer Franz Moschner mit dem Titel »Scarabäus«, der sich gegen die von Reichsleiter Rosenberg herausgegebene Schrift »An die Dunkelmänner unserer Zeit« richtete.

Prassek hatte mit Hilfe seiner Schreibmaschine und eines geliehenen Vervielfältigungsapparates Abzüge von diesen Schriften hergestellt. Ein Lübecker Papiergroßhändler hatte dafür 4000 Blatt Papier gestiftet. Lange ließ ebenfalls Abzüge durch ein Mitglied seiner Gruppe machen. Die beiden Kapläne tauschten das Material untereinander aus und verbreiteten es im Kirchenvolk. Adjunkt Müller konnte im wesentlichen nur die Besprechung der Galen-Predigten nachgewiesen werden.

Mit den Galen-Predigten verhielt es sich folgendermaßen: In Langes Gruppe verkehrte unter anderem ein Feldwebel namens Matthias Köhler, der für den Vikar die Galen-Predigten im Wehrbezirkskommando abzog. Er wurde dabei erwischt und unter die Anklage gestellt, er habe von den Engländern abgeworfene Flugblätter vervielfältigt. Tatsächlich haben die Engländer Galen-Predigten über deutschem Gebiet abgeworfen, aber bei der von Köhler verwendeten Unterlage handelte es sich um einen deutschen Druck. Köhler sollte ursprünglich vor einem Sondergericht wegen Hochverrats abgeurteilt werden. Seinem Rechtsanwalt gelang es jedoch, den Bischof von Münster selbst zur Klärung des Tatbestandes heranzuziehen. Von Galen zeugte dafür, daß Köhler keine englischen Flugblätter verbreitet habe, und verlangte von der Gerichtsbehörde, daß, wenn jemand zur Verantwortung für seine Predigten gezogen würde, er, der Bischof selbst das zu sein habe und kein anderer. Daraufhin wurde Köhler freigesprochen. Der Einspruch Galens war der Grund, warum auch in späteren Verhandlungen ähnlicher Art die Verbreitung seiner Predigten nicht, wie ursprünglich geplant, von der Gestapo als ausschlaggebender Beweis für Hochverrat angeführt wurde. Im Lübecker Prozeß ist Prassek lediglich beschuldigt worden, einen »verleumderischen« Zusatz zur Galenpredigt gemacht zu haben.

Im Sommer 1941 war Kaplan Prassek zu Pastor Stellbrink in Beziehung getreten und mit ihm übereingekommen, daß sie regelmäßig Nachrichtenmaterial austauschen wollten. Im einzelnen beschlossen sie, sich gegenseitig zu informieren, anderen, die danach verlangten, Aufklärung zu geben und Schriften zu verbreiten. In der Folgezeit teilte Prassek Pastor Stellbrink den Inhalt von Meldungen mit, die er im Schwarzsender gehört hatte, und besprach mit ihm das Vorgehen der deutschen Staatsführung in den besetzten Ländern, die Auflösung von Klöstern und anderes. Prassek gab Stellbrink Abzüge von dem Nationalkirchenflugblatt, von der Rede des Freiburger Erzbischofs und dem »Scarabäus«-Aufsatz und erhielt von Stellbrink die Rede des evangelischen Landesbischofs Wurm über die Euthanasie. Stellbrink schickte die Galenpredigten seinem Neffen ins Feld. Die Gestapo fand den diesbezüglichen Briefwechsel bei der Haussuchung im Pfarrhaus.

»Die Angeklagten haben mit Ausnahme des Müller den geschilderten äußeren Sachverhalt im wesentlichen zugegeben, haben ihn allerdings in Einzelheiten einzuschränken versucht und behauptet, sie hätten manches nicht oder manches nicht in der Form gesagt, wie es in den polizeilichen Vernehmungsschriften niedergelegt worden sei. Diese Einwendungen sind durch die glaubwürdigen Zeugenaussagen des Kriminalrats J. und des Kriminalsekretärs D. widerlegt, denn die Zeugen haben bedenkenfrei bekundet, daß die Angeklagten in den wiederholten Vernehmungen, die in ruhiger Art und ohne Druck auf die Angeklagten durchgeführt worden seien, Gelegenheit zu ausführlicher Verteidigung gehabt und ihre Angaben in der Weise gemacht haben, wie sie niedergeschrieben worden sind. Durch die Aussagen der beiden Zeugen sind ferner die den Müller belastenden Angaben der Mitangeklagten im Vorverfahren bestätigt worden, die diese dem Sinne nach auch in der Hauptverhandlung teilweise aufrechterhalten haben. Damit ist auch das Vorbringen des Müller widerlegt, der seine Tat in ihrem äußeren Ablauf in wesentlichen Punkten bestritten hat.«

Über die Vernehmungen der jungen Priester durch ihre Widersacher sind keine Einzelheiten überliefert. Aber im ganzen gewinnt man den Eindruck, daß sie mit der Wahrheit nicht gegeizt hatten. Aus der Gedenkrede[12] des Verteidigers Dr. Böttcher klingt noch nach Jahren die überstandene Not durch, die er mit seinem Mandanten Prassek hatte, der eine kaum zu bändigende Bekennerleidenschaft an den Tag legte. Prassek hatte sich ursprünglich sogar selber verteidigen wollen, weil er so unbedingt von der Integrität seiner Handlungsweise durchdrungen und entschlossen war, dem Volksgericht offen die Meinung zu sagen.

»Ich habe besonders mit Prassek während der Untersuchungshaft erhebliche Kämpfe durchstehen müssen. Ich saß ihm als Verteidiger gegenüber, der innerlich verstand, was dieser junge Priester wollte. Aber ich mußte sein Ungestüm eindämmen, denn er hätte sonst im Feuereifer und in unkluger Offenheit nicht nur jede Verteidigung unmöglich gemacht, sondern auch den anderen nur geschadet. Dies darf nur so verstanden werden: Bei den Institutionen der hinter uns liegenden Zeit war jede offene Verteidigung von Übel. Das Parkett, auf dem man sich vor dem Sondergericht und beim Volksgerichtshof bewegte, war mehr als glitschig... Ich erinnere mich deutlich, wie der lange Prassek mit seinen großen Augen vor mir stand und sagte: ›Ich werde vor den Gerichtshof hintreten und erklären: Meine Herren, wenn Sie Mut haben und wenn Sie ehrlich sind, dann müssen Sie mich freisprechen. Und wenn Sie Feiglinge und jämmerlich sind, dann verurteilen Sie mich zum Tode!‹ Ich habe Prassek erwidert: ›Dann schlage ich Ihnen die Akten auf den Kopf und gehe aus dem Saal hinaus! Sie gefährden mit einem solchen Verhalten alle übrigen Mitangeklagten.‹ Nur aus dieser Erkenntnis heraus hat Prassek sich gemäßigt. Allerdings hat er trotzdem in aller Offenheit und als ganzer Mann sich bis zum Schluß zu dem bekannt, was seine Überzeugung war.«

»Durch das ganze Verfahren«, führte Dr. Böttcher weiter aus, »zieht sich wie ein roter Faden die Willkür des damals bestehenden Regimes. Es endete ohne Vorhandensein einer gesetzlichen Grundlage mit der Tötung der Geistlichen... Es hat sich bei ihnen niemals darum gehandelt, die bestehende Staatsform ändern zu wollen. Deshalb war die erhobene Anklage wegen versuchten Hochverrats – politisch gesehen – von vornherein haltlos. Wenn sie trotzdem erhoben und durchgeführt werden konnte, ist das nur aus der damaligen staatlichen Situation heraus zu verstehen. Wir haben uns heute – Gott sei Dank – von sehr vielen Anschauungen, die damals von den meisten Deutschen, das müssen wir leider sagen, kritiklos übernommen wurden, entfernt. Wenn wir uns zurückerinnern an die Vergangenheit, die eine Zeit der Gesetzlosigkeit gewesen ist, dann wird uns klar werden, daß jeder, der etwas unternahm, in diese Maschinerie hineingeraten mußte...

Bevor wir in die Hauptverhandlung gingen, war der Bischof von Osnabrück auf meinen Wunsch bei dem Vorsitzenden des Volksgerichtshofes, dem Vizepräsidenten Dr. Crohne, gewesen, dem minderwertigsten Richter, den ich bei meinen immerhin nicht wenigen Verteidigungen vor Sondergerichten kennengelernt habe! Der Bischof war zu diesem Richter gegangen, um sich zu erkundigen, wie die Sachen ständen. Dr. Crohne versicherte Dr. Berning, die Anklage wegen versuchten Hochverrats würde sich nicht aufrechterhalten lassen. Damit hatten wir Verteidiger uns denn beruhigt, und wir glaubten, als wir in die Verhandlung gingen, daß das Schlimmste jedenfalls nicht befürchtet zu werden brauchte. Aber schon in den ersten zehn Minuten wurden wir eines anderen belehrt. Es wurde uns klar, daß das Urteil bereits fertig war. Es bedurfte gar nicht mehr zweier Verhandlungstage. Neben der Anklage auf versuchten Hochverrat wurde auch die auf Feindbegünstigung, auf versuchten Landesverrat, Verstoß gegen das Heimtückegesetz und Wehrkraftzersetzung erhoben.

Die ganze Verhandlung wurde in einer Form geführt, die jedem anständigen Juristen die Schamröte ins Gesicht treiben mußte. Wenn wir trotzdem alles getan haben, um doch noch die Wahrheit zu ermitteln, so wußten wir doch leider nur zu genau, daß unser Beginnen von Anfang an aussichtslos war. Ich will Ihnen keine Einzelheiten schildern. Die ganze Abwicklung war so würdelos, daß es nicht mehr zu überbieten war.«

»Ich möchte noch erwähnen«, schloß Böttcher, »daß die Verteidigung bei Müller ganz ernsthaft überlegt hat, ob nicht überhaupt auf Freispruch plädiert werden sollte, denn Müller war so gut wie gar nicht belastet. Wenn ich es nicht getan habe, dann nur, um nicht die Opposition des Gerichtes herauszufordern. Wenn Müller freigesprochen worden wäre, so hätte die Gestapo ihn sofort wieder in Empfang genommen und erneut inhaftiert. Es war dann im Ergebnis das gleiche, ob ein Urteil formell auf eine Freiheitsstrafe erkannte. Müller ist wegen Wehrmachtzersetzung verurteilt worden, obgleich in seiner Männergruppe nicht ein einziger Soldat war, was auch ganz klar und deutlich und ohne jeden Zweifel vom Volksgerichtshof festgestellt worden ist. Für jeden, der an der Gerichtsverhandlung teilnahm, ergab sich das erschütternde Bild, daß auf der Anklagebank Männer saßen von hohem menschlichem Wert und von einem hohen Berufsethos getragen, die sich für das Recht einsetzten, daß aber ihnen gegenüber Männer als Richter saßen, deren Aufgabe es gewesen wäre, sich für eben dieses Recht einzusetzen, die aber in Wirklichkeit ein raffiniert untermauertes System der Ungerechtigkeit vertraten, ein System, an dem diese aufrechten Männer zwangsläufig zerbrechen mußten ...« Der wichtigste Gegenspieler im Lübecker Drama war Reichsanwalt Dr. Drullmann als Vertreter der Anklage. P. Pfürtner beschreibt ihn als einen Charakter typisch nationalsozialistischer Prägung, der seine Absichten mit harter, logischer Konsequenz zu verfolgen gewußt habe, ein zynischer, hellsichtiger, verschlagener Geist, redegewandt, mit überdurchschnittlicher Kombinationsfähigkeit begabt. Während Dr. Crohne in gewisser Weise bestechlich gewesen sei, habe Drullmann die Lage von Anfang an klar erkannt und sich sein Bild über die Gesinnung der Geistlichen gemacht. Er habe ebenso gewußt, was von den Laien zu halten war und sich durchaus keinen Illusionen über deren antinazistische Einstellung hingegeben.

»Die Angeklagten *Prassek, Lange* und *Müller* haben jeder Rundfunkverbrechen, landesverräterische Feindbegünstigung und Zersetzung der Wehrkraft begangen.

Sie haben, wie geschildert, absichtlich Nachrichten ausländischer Sender abgehört und Nachrichten ausländischer Sender, die geeignet sind, die Widerstandskraft des deutschen Volkes zu gefährden, vorsätzlich, nämlich insbesondere auf den Gruppenabenden, verbreitet.

Ferner haben sie durch die mündliche Hetzpropaganda auf den Gruppenabenden, die sie durch die Verteilung der genannten Schriften zum Zwecke der Verbreitung bei außerhalb des Besucherkreises stehenden Personen unterstützt haben, die Geschlossenheit der Heimatfront angegriffen und damit im totalen Krieg unternommen, dem Feinde Vorschub zu leisten. Sie haben mithin ein Verbrechen der landesverräterischen Feindbegünstigung nach § 91 b StGB verübt. Es mag zwar sein, daß einzelne der Äußerungen, die diese Angeklagten getan haben, wenn sie jede für sich gewürdigt werden, noch nicht den Tatbestand der landesverräterischen Feindbegünstigung erfüllen, doch ist das Tun dieser Angeklagten in dem natürlichen Zusammenhange zu betrachten, in dem es verwirklicht worden ist. Dann aber ergibt sich, daß diese Angeklagten in systematischer Hetze die Einheit des deutschen Volkes gefährdet haben und dadurch, was keiner weiteren Ausführung bedarf, auch den Feind des Reiches begünstigt haben.

Die genannten drei Angeklagten haben es ferner unternommen, die Manneszucht in der deutschen Wehrmacht zu untergraben, indem sie den Soldaten und denjenigen Besuchern ihrer Gruppenabende, die mit der Einberufung zur Wehrmacht zu rechnen haben, die genannten hetzerischen Äußerungen... vortrugen... Denn es kann keinem Zweifel unterstehen, daß derartige Äußerungen geeignet sind, die Kampfmoral von vornherein zu zerstören oder zu beeinträchtigen und damit die Manneszucht zu untergraben...

Der Angeklagte *Prassek* macht einen Unterschied zwischen Nationalsozialismus als Staatsform und Nationalsozialismus als Weltanschauung. Er ist nach seiner Behauptung nicht gegen den Nationalsozialismus als Staatsform eingestellt, steht allerdings auf dem Standpunkt, daß erst die Entwicklung zeigen müsse, ob der Nationalsozialismus für das deutsche Volk von Vorteil oder nachteilig sei. Er spricht sich gegen den Nationalsozialismus als Weltanschauung aus, soweit der Nationalsozialismus im Gegensatz zum Christentum stehe. Dies sei der Fall, insofern die nationalsozialistische Weltanschauung eine ›Nur-Diesseitsanschauung‹ sei, während die katholische Kirche eine ausgesprochene Jenseitsanschauung vertrete, dabei allerdings das Diesseits und das Jenseits miteinander verbinde. Er steht zum Beispiel auf seiten der Kirche in der Ablehnung des Sterilisationsgesetzes.

Der Angeklagte *Lange* hat über seine politische Einstellung angegeben, daß er während seines Studiums in Münster in den Jahren 1931 bis 1937 durch die Spannung, die seiner Auffassung nach damals zwischen Staat und Kirche bestanden habe, zu einer ›ablehnenden Haltung‹ gegen den Staat veranlaßt worden sei. Als er später während seiner Tätigkeit als Geistlicher von der Aufhebung katholischer Klöster hörte, will er in diesen Maßnahmen einen ›Angriff‹ des Staates gegen die Kirche erblickt und sich von da ab ›feindlich‹ gegen den nationalsozialistischen Staat eingestellt haben«[13].

Adjunkt Müller hat sich laut Urteilsschrift als »unpolitisch« bezeichnet. Das entspricht durchaus dem Wesensbild, das wir von ihm gewonnen haben. Gerade an seinem Schicksal erweist es sich ganz klar, daß der Lübecker Prozeß von vornherein auf den Justizmord abgestellt war. Müller ist selbst nach nationalsozialistischem Gesetz zu unrecht der Wehrkraftzersetzung beschuldigt worden. Er wurde buchstäblich »zur Gesellschaft« mit hingerichtet. In einer Unterredung, die der Verteidiger von Prassek und Müller (Böttcher) zwischen Verhandlung und Urteilsspruch mit dem Vizepräsidenten Dr. Crohne führte, antwortete Dr. Crohne auf Böttchers Vorhaltungen: »Ist ja ganz egal, alle Geistlichen sind Schufte und Hunde. Auch Müller wird mit dem Tode bestraft«[14].

Um zu begreifen, daß Leute wie die Lübecker auch ohne unmittelbare umstürzlerische Aktionen als die Todfeinde des Regimes angesehen wurden, zumal sie über ihre Feindschaft nicht schwiegen, muß man sich folgendes vor Augen halten: Im totalitären Staat genügt es nicht, daß jeder seine einfache Pflicht tut, ein ordentliches bürgerliches Leben führt und sich aller aggressiven Handlungen enthält, ein Diktator wie Hitler bedurfte zur vollen Verwirklichung seiner Weltanschauungspolitik, der »Gleichschaltung« auch im geistig-seelischen Bereich. Vollends bei der Anspannung, die sein »totaler« Krieg erforderte, brauchte es den inneren Schwung, die Initiative des einzelnen, den begeisterten Einsatzwillen bei jung und alt, kurz, jenes Zusätzliche, das nur aus dem Glauben an eine Sache kommen kann.

Aber gerade dieser Glaube hat bei zahllosen Deutschen gefehlt. Man traf in den Jahren vor der deutschen Niederlage bis in höhere Dienststellen hinein überall auf Menschen, die Hitlers Außenpolitik ablehnten, die sich über die Judenverschickungen erregten oder wegen der rücksichtslosen Maßnahmen Sauckels in Frankreich verzweifelten. Manche gaben, wie Pastor Stellbrink, offen zu, daß sie nur von einer deutschen Niederlage die Beseitigung des Regimes erwarteten. Andere waren innerlich zerrissen zwischen der Angst vor dieser Niederlage, deren Folgen sie ahnen mochten, und den Befürchtungen, mit denen sie einem nationalsozialistischen Europa entgegenblickten. Solche innerlich Widerstrebenden trieben keine Sabotage, das nicht. Viele von ihnen arbeiteten bis an die Grenze ihrer Leistungsfähigkeit, »aber in einer oftmals bitteren Resignation, die an die Früchte ihrer eigenen Arbeit keine Hoffnungen knüpfte«[15]. Es ist klar, daß dieser Mangel an Zustimmung ein spürbar hemmender Faktor gewesen ist. Und die Gestapo mag wirklich nur einen Bruchteil jener »Defaitisten« im Volk erfaßt haben. Hitler, der in Fragen der Gegnerschaft so hellsichtig war, hat die innere Emigration vielleicht um so mehr gehaßt, als er sie fühlen und nicht greifen konnte. Er ahnte ihr Ausmaß wohl, und daß es größer war, als man übersehen konnte.

Vom Standpunkt der Machthaber aus gesehen, besaß das Vorgehen gegen die Geistlichen eine innere Logik. Der Lübecker Christenprozeß ist wie andere seiner Art nur denkbar in einem Zeitalter, in dem Kriege nicht nur mit Soldaten und Feuerwaffen, sondern auch mit den Mitteln der propagandistischen Massenbeeinflussung gewonnen werden.

Die Propaganda muß zwei Bedingungen erfüllen: sie muß einen Instinkt haben für das, was man den Zug der Zeit nennt, und ihre Ziele und Methoden diesen erfühlten Strömungen so anpassen, daß die Allgemeinheit die Überzeugung erhält, hier werde für das gefochten, was alle wollen, und sie muß so viel suggestive Kraft besitzen, daß das Verkündete auf die Träger der Propaganda, also die Erfinder des Behaupteten, zurückwirkt und sie sich selber mit ihren eigenen Ideen überzeugen.

Hitler hatte sehr bald nach seinem Regierungsantritt den Posten eines Reichsministers für Volksaufklärung und Propaganda geschaffen und Dr. Goebbels damit betraut. Durch ihn begann Hitler die Gedanken und Vorstellungen des deutschen Volkes konkurrenzlos zu beherrschen. Wer fortan noch versuchte, andere Ansichten zu vertreten als die Regierung, mußte mit dem Schlimmsten rechnen. Hitler wußte, was es bedeutete, wenn das nationalsozialistische Zwangssystem vom Geistigen her durch das Einsickern der Wahrheit und die Erkenntnis des objektiven Sachverhalts und seiner Hintergründe durchlöchert und so der hypnotische Bann der Seelen gebrochen würde.

Ausdruck dieser Meinungsknechtschaft war vor allem die »Rundfunkverordnung«, die Hitler zur Sicherung seines Propagandamonopols ins Strafgesetzbuch einfügte (§ 2 StGB und die Verordnung über außerordentliche Rundfunkmaßnahmen vom September 1939, §§ 1, 2).

Zum Ärger ihrer Ankläger stellte es sich heraus, daß die Lübecker Geistlichen bei ihrem selbstvergessenen Einsatz in der Bombennacht zum Palmsonntag 1942 eigentlich recht volksfreundlich gehandelt hatten. Prassek hatte sogar einen Orden bekommen[16]. Was tun? Man mußte erklären, diese beiläufige Tat falle nicht ins Gewicht angesichts des Schadens, den sie mit ihrer »systematischen Hetze«, die sie nicht einmal nur als harmlose Privatpersonen, sondern als öffentliche Amtsträger und in unrechtmäßiger Cliquenbildung dem Wohl des ganzen Volkes zugefügt hätten. Um keinen Preis durfte in Erscheinung treten, daß der Konflikt zutiefst ein weltanschaulicher war und diese Vertreter einer Religion, welche die »natürliche« Feindin der nationalsozialistischen Ideologie war, wegen ihrer inneren Überzeugung und als Amtsträger der Kirche vor Gericht standen. Man mußte den Konflikt daher mit allen Mitteln »staatsmoralisch« umzudeuten versuchen. Denn es gab ja offiziell gar keinen Kirchenkampf. Es gehörte zur bewußten Taktik der Machthaber, sich entgegen allen nachweisbaren Maßnahmen gegen die Kirchen als religionsfreundlich zu produzieren. Das parteiamtliche Lippenbekenntnis lautete christlich. »Das Regime verfolgte eine ganz besonders perfide Taktik, indem es die Existenz eines kirchlichen Kampfes überhaupt leugnete«[17]. Wenn es also keine Christenverfolgung gab, durften die Lübecker auch nicht auf Grund eines aus dem Glauben begründeten Widerstandes verurteilt werden. Man setzt sich immer ins Unrecht, wenn man Martyrer schafft. Man mußte sie vielmehr zu Gesinnungslumpen stempeln, auf deren sittliche Korruptheit das »gesunde Volksempfinden« mit Entrüstung zu reagieren hatte. So wurden die Lübecker Glaubenszeugen systematisch zu Rabauken degradiert, die ihr ehrenwertes Amt zur Verführung der ihnen Anvertrauten mißbraucht und sich die Mißbilligung selbst ihrer kirchlichen Vorgesetzten zugezogen hätten.

»Die Angeklagten Prassek, Lange und Müller bestritten, sich schuldig gemacht zu haben, und machten geltend, sie hätten sich, ohne den nationalsozialistischen Staat anzugreifen, auf rein weltanschaulichem Boden bewegt und als katholische Priester nur die Angriffe auf ihre religiöse Überzeugung und auf die Rechte ihrer Kirche und deren Einrichtungen abgewehrt. Diese Verteidigung haben sie trotz ständiger Vorhaltungen aufrechterhalten und haben dabei auf die wiederholten Fragen, die der Aufklärung der inneren Tatseite gedient haben, nur ausweichende Antworten gegeben. Prassek und Lange haben andererseits unter Beweisantritt behauptet, sie hätten sich über das erforderliche Maß hinaus bei der Bergung von Hab und Gut bei dem Terrorangriff der englischen Luftwaffe auf Lübeck hervorgetan. Der Senat hat das als wahr unterstellt. Diese beiden Angeklagten machen weiterhin geltend, dieser Einsatz beweise, daß sie nicht staatsfeindlich eingestellt seien. Die Einlassung der Angeklagten Prassek, Lange und Müller ist widerlegt.

Der Senat hat zwar berücksichtigt, daß diese Angeklagten, wie sie geltend gemacht haben, sich als kirchentreue Katholiken und Geistliche durch die von staatlichen Stellen angeordnete und durchgeführte Auflösung von Klöstern und durch die Beseitigung kirchlicher oder Glaubenssymbole, zum Beispiel in den Schulen, getroffen gefühlt, dadurch die Ausübung ihrer konfessionellen Rechte bedroht und die Befriedigung ihrer religiösen Bedürfnisse als gefährdet angesehen haben, und daß sie sich darüber hinaus auch – ob mit Recht, sei dahingestellt – nach dem Beispiel kirchlicher Oberer für befugt und verpflichtet gehalten haben, solche von ihnen als unberechtigte Eingriffe empfundenen Maßnahmen abzuwehren. Was die Angeklagten getan haben, war aber gar keine Abwehr und auch kein Kampf gegen die ihnen fremd und abwegig erscheinende nationalsozialistische Weltanschauung, sondern beabsichtigte gehässige Hetze aus fanatischem Haß gegen den nationalsozialistischen Staat. Das zeigt allein schon der Inhalt der Äußerungen, die sie auf den Gruppenabenden getan haben, und auf die hiermit verwiesen wird. Die Angeklagten können sich also in Wirklichkeit nicht auf irgendwelche Beweggründe berufen, durch die ihre Tat menschlich und moralisch verständlich gemacht oder gar gerechtfertigt werden könnte. Die Angeklagten sind hartnäckige, fanatisierte und auch gänzlich unbelehrbare Hasser des nationalsozialistischen Staates ... Für solche Verbrecher am Volksganzen, wie die Angeklagten Prassek, Lange und Müller es sind, kann es ... nur die härteste Strafe geben, die das Gesetz zum Schutze des Volkes zuläßt, die Todesstrafe ... (§ 5 Abs. 1 KSStVO., § 73 StGB).

In ihrer Verblendung haben sie geglaubt, eine Kluft zwischen Staat und Volksgemeinschaft aufreißen zu können, um das Volk für ihren Kampf gegen die nationalsozialistische Führung und Regierung zu gewinnen. Der Staat ist aber heute im nationalsozialistischen Volksreiche nichts mehr vom Volke Verschiedenes und wird auch vom Volke selbst als kein besonderes Wesen, sondern als eine Form der Zusammenfassung aller Deutschen und als sichtbarer und repräsentativer Ausdruck der Gemeinschaft aller Volksgenossen empfunden. Wer den Staat angreift, kämpft damit unmittelbar gegen die geschlossene und einige Gemeinschaft der Deutschen. Die

Angeklagten haben dies nach ihrem Bildungsgrad auch erkannt und gewußt und sind nicht blind gegen die Gefahr gewesen, die ihre hetzerische Tätigkeit für die geschlossene Einheit des Volkes herbeiführen mußte. In immer wiederkehrenden Hetzereien... haben sie trotzdem unablässig und systematisch ihr volksverräterisches Wesen getrieben. Sie haben sich auch nicht etwa durch den Gedanken daran zurückhalten lassen, daß gerade sie als Priester, in denen die Gläubigen nicht nur in jenseitigen Dingen, sondern auch in irdischen Angelegenheiten Persönlichkeiten überlegenen und größeren Wissens und besserer Erfahrung und beispielgebende Vorbilder sehen, absolute Zurückhaltung hätten üben und alles ihnen Mögliche zur Aufrechterhaltung der inneren Haltung der Heimatfront hätten beitragen müssen. Sie haben sich nicht daran gekehrt, daß das böse Beispiel, das sie gaben, verderbliche Früchte zum Schaden der Fortführung des Schicksalskampfes des deutschen Volkes tragen mußte und daß die Saat, die sie hier ausstreuten, in schweren Stunden, die dem deutschen Volke unter Umständen in dem größten Kampf seiner Geschichte noch bevorstehen können, vernichtend aufgehen und die Widerstands- und Kampfmoral an der Front und in der Heimat zerstören muß. Sie waren sich nicht nur hierüber klar, sondern beabsichtigten auch, wie der Senat überzeugt ist, daß ihr verderblicher Einfluß, den sie auf die Teilnehmer an den Gruppenabenden ständig ausübten, auch auf die Bevölkerung übergreifen sollte. Sie haben auch in bewußter Gemeinschaftlichkeit miteinander gehandelt, denn es ist trotz ihres Bestrebens klar, daß sie sich über ihre Hetztätigkeit miteinander verständigt haben, was schon allein aus dem Austausch der genannten Hetzschriften hervorgeht...«[18].

Nachdem Drullmann die Todesstrafe für die Kapläne beantragt hatte, zog sich das Gericht »zur Beratung« zurück. Die Angeklagten – einschließlich Ehrtmann – verbrachten diese Zwischenzeit in so ausgelassener Fröhlichkeit, daß die Wachleute offensichtlich nicht mehr wußten, was sie denken sollten[19].

Die Geistlichen nahmen das Urteil aufrecht entgegen. Nach der Verhandlung begab sich Dr. Böttcher mit seinem Mitverteidiger Dr. Dix ins Untersuchungsgefängnis, um den Verurteilten noch einmal die Hand zu drücken.

»Wir glaubten, wir würden erschütterte Menschen vorfinden. Aber weit gefehlt! Als wir in das Untersuchungsgefängnis kamen, stand

Prassek auf dem Flur, in der einen Hand eine Tasse Kaffee, in der andern ein dickes Stück Brot. Er kaute auf beiden Backen. Als er mich sah, legte er beides weg, drückte mir die Hand und erzählte mir, daß sie gefesselt werden sollten«[20].

Prassek und Müller schrieben beide in ihr Neues Testament: »Sit nomen Domini benedictum – Heute wurde ich zum Tode verurteilt.« Für die Übereinstimmung fand sich bis jetzt keine Erklärung.

Die Hinrichtung

Wenige Tage nach der Verhandlung werden die Geistlichen in das Zuchthaus Hamburg-Holstenglacis abtransportiert, wo die Hinrichtung stattfinden soll. Sie wissen nicht wann, sie wissen nur: bald.

Sie sitzen in der Abteilung für Schwerverbrecher und warten aufs Sterben, abgesondert, streng bewacht, ausgeliefert an die Pein der Geräusche draußen vor der Tür, deren jedes bedeuten kann: Sie kommen, es ist soweit. Man fragt sich, wie Menschen diese Marter aushalten, Stunde um Stunde, einen ganzen Tag, die lange Nacht – viele Tage und Nächte. Dieses Sterben ohne Agonie.

Oder ist es bei ihnen anders? Prassek etwa, Prassek ist – glücklich! Glücklich? Ja, daß er sterben darf. Er hat nur die Angst, es könnte eine Wendung kommen. Er schreibt: »Ich sitze seit Tagen in Hamburg im Gefängnis und warte auf den Tod. Wann es wohl so weit ist? Hoffentlich wird das Urteil nicht rückgängig gemacht«[1]. Johannes Prassek ist in Erwartung der nahenden Vollendung erfüllt von einer Freude, die dem ekstatischen Glück gleicht, das er an seinem Weihetag empfand.

Ich bin so froh, ich könnte immer nur schreien vor Freude. Es geht heim, dahin, wohin ich mich seit Jahren gesehnt, wofür ich arbeitete und manchmal sogar Kleinigkeiten zu opfern versucht habe. Ich habe nur eine Sorge: Es könnte das Urteil vielleicht zurückgenommen werden. Die Enttäuschung wäre wohl fast zu groß. Aber wie Er will. –

Ich habe lange Zeit nicht mehr so ruhig und selig gelebt, vielleicht noch nie, wie jetzt. Und erst recht nicht so ruhig geschlafen, obwohl die ganze Nacht das elektrische Licht brennt.

Wie ist Gott so gut, daß er mir alle Furcht nimmt und die Freude und Sehnsucht schenkt. Es könnte ja auch ganz anders sein, besonders wenn ich an das denke, was an Sünde in meinem Leben steht. Aber Gott ist größer als die Sünde . . . und das ist gut . . .

Leben Sie wohl! Wenn der liebe Gott mich jetzt ruft – es ist so unbegreiflich, daß das Wunderbare möglich sein soll! –, dann sollen Sie nicht traurig sein oder sich verlassen fühlen; Sie nicht und all die andern auch nicht. Ich bin dann nicht fern von Euch, dann bin ich Euch allen viel näher, und wenn dann wieder Ihre dunklen Stunden kommen, dann werden wir miteinander sprechen, anders als früher, aber doch wirklich. Und ich werde Ihnen helfen, anders als früher, aber besser und sicherer. Mein Beten für Sie und alle hört drüben ja nicht auf, im Gegenteil, alles Störende und Ablenkende fällt dann fort, es wird alles leichtergehen.

Aber bitten Sie auch manchmal für mich? Zwar, ich weiß nicht, ob ich es darf, aber ich kann nicht glauben, daß ich drüben noch lange warten muß, bis ich zu Ihm darf. Wenn Er am Kreuze zu dem Verbrecher sagte: Heute noch wirst du bei mir sein! – obwohl der nur mit einem Wort gebeten hatte, warum soll dann nicht auch ich g l e i c h zu Ihm dürfen? Aber das wissen wir nicht. Und darum beten Sie auch mal für mich! Und wenn Sie das nicht können, dann danken Sie Ihm zusammen mit mir, für alles, was Er mir gegeben hat. Es ist die Unendlichkeit selbst, wer will genügend dafür danken? . . .

So, und nun: Leb wohl, mein Kind! Auf Wiedersehen in der Heimat! Bis dahin: Alles zu Seiner Ehre! Das Gute, aber auch das Düstere und Schwere. Alles ist Gnade, und darum Grund zur Freude!

> *Du Vater, Du rate!*
> *Lenke Du und wende!*
> *Herr, Dir in die Hände,*
> *Sei Anfang und Ende,*
> *Sei alles, ja alles gelegt!*

Ich segne Sie + + +

Ihr Joh. Prassek

Diese Zeilen sollten auf seltsame Weise und erst nach Jahren ihr Ziel erreichen (Vgl. Anm. 1). Es ist das letzte schriftliche Dokument, das der Nachwelt von Johannes Prassek überkommen ist.

Wenn man den Nachrichten glauben darf, die Gefängnispfarrer Behnen der Familie Lange übermittelte, so ist auch Hermann Lange heiter und gelöst. Behnen schreibt[2]:

Gute Familie Lange!

Ihren Sohn habe ich es lesen lassen. Er freute sich sehr. Es geht ihm gut. Er sagte mir soeben noch, er meine, Sie brauchten sich um ihn keine Sorge zu machen, aber er müsse besorgt sein um Sie. Er ist wirklich zufrieden. Seine Seele ist die Verwirklichung des »Magnifikat«. Er schreibt diese seine so überaus glückliche Seelenhaltung nicht sich selbst zu, sondern der Fürbitte der Lebenden und Verstorbenen, die seiner gedenken. Ich besuche ihn jeden Tag öfters. Also seien Sie ganz ruhig. Ich halte Sie stets auf dem Laufenden. Wenn Sie ihm gelegentlich wieder etwas schicken wollen, ist es gut. Von einem Besuch können Sie zunächst absehen. Es ist wohl zu empfehlen, daß Sie über die vielen Bemühungen des Bischofs in Ihren Briefen weniger schreiben. Sie werden mich wohl verstehen. Ihr Sohn läßt Sie herzlichst grüßen und Ihnen ebenso herzlichst danken für alles (auch für den schönen Kuchen).

Wir wollen füreinander beten!

Mit den innigsten Grüßen
Ihr B. Behnen, Pf.

Hermann Lange selbst schreibt etwa zur gleichen Zeit[3]:

Ich persönlich bin ganz ruhig und sehe fest dem Kommenden entgegen. Wenn man wirklich die ganze Hingabe an den Willen Gottes vollzogen hat, dann gibt das eine wunderbare Ruhe und das Bewußtsein unbedingter Geborgenheit ... Menschen sind doch nur Werkzeuge in Gottes Hand. Wenn Gott also meinen Tod will – es geschehe Sein Wille ...

Die gleiche freudige Tapferkeit klingt aus dem, was Eduard Müller drei Wochen nach der Verurteilung schreibt[4]:

... Und nun lesen Sie einmal ganz langsam die Stelle 2 Tim 4, 1–8! Das sollen meine Abschiedsworte sein! In heiliger Christusliebe grüße ich Sie alle und gebe allen aus tiefstem Priesterherzen meinen Segen. –

Noch eine Bitte: Vergeßt mich nicht, solange ich auf dieser Erde weile ... Vergeßt mich auch nicht, wenn der ewige Hohepriester mich heimgeholt hat; muß ich doch für viele Rechenschaft ab-

legen... Und nun wollen wir ein bereitwilliges, tapferes, wenn auch unter Tränen lächelndes »Fiat voluntas Tua« sprechen! Lebt wohl! Es ist ja nur ein vorübergehender Abschied. In der Liebe unseres großen Königs grüßt Sie alle in ewiger Liebe, Dankbarkeit und Treue

Ihr Eduard

Pastor Stellbrink ist im Gegensatz zu den katholischen Priestern in einer besonderen Situation, da er eine Familie hat und sein Schicksal immer auch im Hinblick auf die Menschen durchlebt, die ihm so eng verbunden sind. Im Angesichte des nahenden Todes tröstet er seine Frau, indem er sie auf die Unvergänglichkeit der Liebe hinweist.

Und nun sollte das alles vorbei sein? O nein, liebe Hildegard, die Treue steht zuerst, zuletzt im Himmel und auf Erden[5].

Und es klingt fast wie freudiges Gestammel:

O Ewigkeit, du schöne, mein Herz an dich gewöhne, mein Heim ist nicht in dieser Zeit. Wahrlich, keiner kann seine Lebensgrenze bestimmen. Gott aber sei Dank, daß unser Leben in seiner Hand stehen darf: Er hat's gesagt und darauf wagt mein Herz es froh und unverzagt und läßt sich gar nicht grauen! 1 Kor 15, 19 und Jo 2, 25.26...

Etwas später:

In deiner Hand steht meine Zeit, laß Du mich nur Barmherzigkeit vor Deinem Throne finden... Er hat noch niemals was versehn in Seinem Regiment. Nein, was Er tut und läßt geschehn, das nimmt ein gutes End![6].

Die Tage verrinnen und reihen sich zu Wochen. Zählebig wie sie ist, flammt die menschliche Hoffnung wieder auf. Der Bischof von Osnabrück ist sofort nach den Verhandlungen zum Reichsjustizminister gefahren, um den Aufschub der Urteilsvollstreckung zu beantragen und ein Gnadengesuch einzureichen. In einem Brief an die Familie von Vikar Lange schreibt Dr. Berning[7]:

Daß ich an dem Schicksal Ihres Sohnes Hermann den innigsten Anteil nehme, daß ich mit Ihnen alles durchleide, daß ich auch alles, was noch möglich ist, für ihn tue, das brauche ich Ihnen nicht besonders zu versichern. Auf mein am 27. Juni abgesandtes Gnadengesuch hatte ich bis jetzt noch keine Entscheidung erhalten. Ich schöpfe daraus riesige Hoffnung...

Fräulein Rechtien, die Haushälterin, durfte die Kapläne ein paarmal in Hamburg besuchen. Die Stimmung ist jedesmal ernst und doch gelöst. Besonders gern erinnert sie sich an das Zusammensein mit Prassek, der einen unverwüstlichen Humor zu besitzen scheint. Auch Dechant Bültel erhält einmal eine Besuchserlaubnis. Über das Wiedersehen mit ihrem Vorgesetzten sind die drei so glücklich, als wären sie begnadigt worden[8].

Das furchtbarste in jene Zeit fallende Ereignis ist der große, durch mehrere Nächte tobende Fliegerangriff auf Hamburg. Während in unmittelbarer Nähe die schweren Bomben niedergehen und die Wachleute im Keller sitzen, müssen die Gefangenen gefesselt in ihren Zellen bleiben, jeden Augenblick gewärtig, unter zusammenstürzenden Mauern begraben zu werden. Dieses Erlebnis muß wie die Vorwegnahme der Hinrichtung gewesen sein. Aber das Schicksal spart sie noch auf.

Als alles vorüber ist, trifft Pastor Eske, der evangelische Anstaltsgeistliche, seinen Mitbruder Stellbrink bleich, aber aufrecht in seiner Zelle an, wie er einen Psalm vor sich hinspricht, der die schützende Hand Gottes und das Vertrauen des Gerechten besingt...

Eines Tages überbringt Pfarrer Behnen eine glückliche Botschaft: Der Bischof will kommen! Tatsächlich erscheint Dr. Berning bald darauf im Gefängnis. Die Freude bei den Verurteilten ist unbeschreiblich. Der hohe Gast besucht jeden der drei in seiner Zelle. Pfarrer Behnen schildert diese Begegnung später in seiner Ansprache an Langes Grab, und aus seinen schlichten Worten klingt noch nachträglich die große Erschütterung durch:

... Es war angeordnet, daß der Bischof unter meiner Aufsicht in die Zellen hineingehen durfte, ich war darum dabei, und was ich da gesehen und erlebt habe, christliche Zuhörer, ich kann es nicht in Worte fassen. Es gibt so manches im Leben, wovon man meint, daß es unvergeßlich ist, und so auch dieses Erlebnis. Der Bischof weinte. Er weinte wohl, weil er mit einem so väterlichen und brüderlichen Herzen empfand und fühlte und litt mit den dreien ...[9]

Ein besonders wertvolles Zeugnis ist das eigenhändige Schreiben, das der verstorbene Bischof Berning nach seinem Besuch im Hamburger Gefängnis an Langes Eltern geschickt hat:[10]

Heute sende ich Ihnen die persönlichen Grüße Ihres Sohnes Hermann. Ich war gestern etwa 20 Minuten bei ihm in Hamburg. Das war für uns beide ein ergreifendes Erlebnis. Wie freute er sich, als ich mit Pf. B. in seine Zelle trat. Ich konnte ihm sagen, daß ich ihm volles Vertrauen entgegenbringe, daß ich seine gute Absicht durchaus verstanden habe. Ich habe ihm einige ermunternde Worte des Gottvertrauens in der vollen Hingabe an den ewigen Hohepriester Christus gesagt. Die drei empfangen jeden Morgen die heilige Kommunion durch Herrn Pf. B., der sich mit rührender Bruderliebe ihrer annimmt. Als ich Ihren Sohn fragte, ob er einen Wunsch habe, sagte er mir: »Ich bin wunschlos glücklich. Nie habe ich den Wert und die Gnade des Priestertums so erkannt wie jetzt, nie war ich meinem Heiland so innig verbunden wie in den letzten Wochen. Ich sehe mit ruhigem Gottvertrauen und mit voller Hingabe an Christus allem entgegen, was die Zukunft auch bringen mag. Grüßen Sie meine lieben Eltern. Ich bleibe ihnen im Gebet und in dankbarer Liebe verbunden!« Ich habe ihn dann gesegnet, auch im Namen seiner Eltern. Als ich ihm dann den Friedenskuß gab, wie einst bei seiner Priesterweihe, da überkam uns beide eine heilige Rührung.

Die Stunde, die ich bei meinen drei Priestersöhnen zubrachte, war eine der größten und ergreifendsten in meinem Bischofsleben. Die Stunde werde ich nie vergessen. Ich bete mit meinem ganzen Klerus weiter für die drei lieben Mitbrüder, ich bete auch für Sie, daß Sie so standhaft und gottergeben sein mögen wie Ihr Sohn.

Diese Mitteilung möge Ihnen ein kleiner Trost sein in Ihrem Leid.

> *Mit herzlichem Gruß*
> *Ihr ergebenster*
> *+ Wilhelm, Bischof von Osnabrück*

Es wird Herbst. Mitte Oktober besucht Fräulein Rechtien die Gefangenen noch einmal. Die Stimmung ist jetzt merklich gedrückt. Hat man sie vergessen, und werden sie für immer lebendig hier begraben sein?

Der 10. November 1943 graut herauf. Ein Tag wie gestern und morgen, ein öder Gefängnistag. Bis Mittag verrinnen die Stunden im gewohnten Gleichmaß. Da, um einhalb eins, Schritte, Schlüsselklirren ...

Sie müssen gerade mit dem Essen fertig gewesen sein, als die Beamten bei ihnen eintreten und ihnen dienstlich-kühl verkünden: Heute 18 Uhr Urteilsvollstreckung, Tod durch Enthauptung.

Die menschliche Kreatur bricht wie unter einem Schlag zusammen.

Aber dann kommt die Erhebung. Noch in den sparsamen und etwas klischeehaften Berichten des verstorbenen Gefängnispfarrers Behnen zeichnet sich die Erhabenheit des Sterbens dieser Männer ab. Er und Pastor Eske haben Erschütterung und Glanz der letzten Stunden mit den Lübecker Martyrern geteilt.

Nach der Vollstreckungs-Eröffnung ist Pfarrer Behnen zuerst zu Eduard Müller in die Zelle gegangen, weil er annahm, Müller, der am wenigsten »schuldig« war, würde am meisten leiden. Aber der Adjunkt hält sich tapfer. »Er kam mir ... verklärt und heiter entgegen. Gewiß, sein Antlitz war leichenblaß, und seine Arme und Knie zitterten, aber nur für kurze Zeit ...«[11] Der alte Priester nimmt den jungen schweigend in die Arme. Dann beten sie miteinander in Worten, so einfach und wesentlich, wie sie wohl nur das nahende Ende eingibt. Schließlich erhebt der Adjunkt sich und sagt: »So, nun bin ich gerüstet.« Von dem Augenblick an verläßt ihn die Ruhe und Heiterkeit nicht mehr.

Die Todeskandidaten dürfen noch einmal schreiben. Von diesen Briefen aus letzter Stunde haben aber nur wenige ihr Ziel erreicht.

Eduard Müllers letztes Gedenken gilt seinem Bischof, von dem er zum Priester geweiht wurde, mühselig erkämpftes und erlittenes und dann so freudig getragenes Amt zweier glücklicher Jahre. Er schreibt:

Hochwürdigster Herr!

Es ist mir eine Freude, in meiner letzten Stunde Ihnen noch einige Zeilen schreiben zu können. Von ganzem Herzen danke ich Ihnen zunächst für das große Geschenk, das Sie mir als Nachfolger der Apostel gegeben haben, als Sie mir die Hände auflegten und mich zum Priester Gottes weihten. Haben Sie Dank für dieses große, heilige Geschenk ...[12]

Dann verabschiedet er sich von seiner Lieblingsschwester im Kloster, der von Kind an sein Herz gehörte[13]:

Meine liebe, liebe Lisbeth!

Jetzt ist es soweit! In wenigen Stunden habe ich meinen Lebensweg vollendet. Der Herr über Leben und Tod, Christus, mein König, holt mich heim zu sich. Die letzten Zeilen von dieser Erde sollst Du haben. Was soll ich Dir noch sagen, da ich in wenigen Stunden vor Seinem Richterstuhl erscheinen muß?!

Vergiß mich nicht in Deinem Gebet, denn auch für alle mir einst

Anvertrauten muß ich Rechenschaft ablegen. Noch einmal, zum letzten Mal, grüße ich Dich aus innerstem Priesterherzen.

Grüße auch alle Deine lieben Mitschwestern. Ebenso bitte ich Dich, alle lieben Geschwister und Verwandten in meinem Namen zu grüßen, und schreibe allen, daß es mein innigster Wunsch ist, daß wir uns alle im Himmel wiedersehen.

Ich werde keinen oben vergessen, und vergesset auch mich nicht! Mögen sie doch alle den Weg zum Heiland zurückfinden!

Nun, meine liebe Schwester Lisbeth, lebe wohl. Gleich kommt noch einmal mein Heiland unter der Brotsgestalt zu mir, und dann darf ich Ihn, so hoffe ich, von Angesicht zu Angesicht schauen. –

Als kleines Andenken von Deinem Priesterbruder habe ich Dir meinen Rosenkranz zugedacht, der während meiner etwa einein-halbjährigen Gefangenschaft mein treuer Begleiter gewesen ist. –

Nun wollen wir den schweren Gang – der menschlichen Natur nach – gehen, und dann ist es aus mit Leid und Schmach, mit Kämpfen und Ringen.

Lisbeth, lebe wohl! Im Himmel sehen wir uns wieder.

Mein letztes Wort: »Christus, unserem König, ewige Treue!« –

Zum letzten Mal grüßt Dich in der Liebe Christi

Dein Priesterbruder
Eduard

Hermann Lange hatte an diesem Tag seinen Bruder erwartet. Nun kommt statt dessen der Tod. Pfarrer Behnen findet den Vikar in seiner Zelle am Tisch, den Kopf in die Hände gestützt. Als Lange den alten Gefängnisseelsorger erkennt, steht er auf und geht ihm entgegen, blaß und zitternd. Er bricht in Weinen aus. Behnen fängt ihn in seinen Armen auf. Sie beten. Hermann Lange faßt sich wieder und sagt das Wort, das wie ein Grundthema alle seine Briefe beherrscht: Der Wille Gottes geschehe. Pfarrer Behnen hat nicht viel Zeit, er muß an diesem Nachmittag noch sieben andere Verurteilte vorbereiten. Allein gelassen, schreibt Hermann Lange jenen herrlichen Abschiedsbrief an seine Familie, der in die Literatur der Nachkriegszeit eingehen und sogar einen Geist wie Thomas Mann zu bewundernden Worten bewegen sollte[14]:

Wenn Ihr diesen Brief in Händen haltet, weile ich nicht mehr unter den Lebenden! Das, was nun seit Monaten unsere Gedanken immer wieder beschäftigte und nicht mehr loslassen wollte, wird nun ein-

treten. Es tut mir äußerst leid, daß ich Paul, den ich heute ganz bestimmt erwartete, nun doch nicht mehr gesehen habe. Andererseits ist es ja wirklich schön, daß er gerade in diesen Tagen zu Hause ist, so könnt Ihr Euch doch gegenseitig trösten. Wenn Ihr mich fragt, wie mir zumute ist, kann ich Euch nur antworten: ich bin 1. froh bewegt, 2. voll großer Spannung!

Zu 1.: Für mich ist mit dem heutigen Tage alles Leid, aller Erdenjammer vorbei, und »Gott wird abwischen jede Träne von ihren Augen«. Welcher Trost, welch wunderbare Kraft geht doch aus vom Glauben an Christus, der uns im Tode voraufgegangen ist. An Ihn habe ich geglaubt, und gerade heute glaube ich fester an Ihn, und ich werde nicht zuschanden werden. Wie schon so oft möchte ich Euch auch jetzt noch einmal hinweisen auf Paulus. Schlagt doch die folgenden Stellen einmal auf: 1 Kor 15, 43 ff. 55! Röm 14, 8. Ach, schaut doch hin, wo immer Ihr wollt, überall begegnet uns der Jubel über die Gnade der Gotteskindschaft. Was kann einem Gotteskinde schon geschehen? Wovor wollt ich mich denn wohl fürchten? Im Gegenteil: »Freuet euch, nochmals sage ich euch, freuet euch!«

Und 2. Heute kommt die größte Stunde meines Lebens! Alles, was ich bis jetzt getan, erstrebt und gewirkt habe, es war letztlich doch alles hinbezogen auf jenes eine Ziel, dessen Band heute durchrissen wird. »Was kein Auge gesehen, was kein Ohr gehört hat und was in keines Menschen Herz gedrungen ist, hat Gott denen bereitet, die ihn lieben« (1 Kor 2, 9). Jetzt wird für mich der Glaube übergehen in Schauen, die Hoffnung in Besitz, und für immer werde ich Anteil haben an Dem, der die Liebe ist! Da sollte ich nicht voller Spannung sein? Wie mag alles sein? Das, worüber ich bisher predigen durfte, darf ich dann schauen! Da darf ich mich hinkuschen zu Füßen derer, die mir hier auf Erden Mutter und Führerin war! Und die hl. Theresia vom Kinde Jesu, meine besondere Freundin, nimmt mich dann an die Hand! Heute ist die große Heimkehr ins Vaterhaus, und da sollte ich nicht froh und voller Spannung sein? Und dann werde ich auch all die wiedersehen, die mir hier auf Erden lieb waren und nahestanden ...

Nun zu Euch! ... Ihr alle aber tut mir die größte Freude, wenn Ihr dieses Leid mannhaft und stark als ganze katholische Christen tragt. Tragt doch alles hin zu dem, der für uns gelitten hat und das schwerste Leid durchkostet hat. In Ihm können wir alles tragen.

Seht, die Bande der Liebe, die uns miteinander verbinden, werden mit dem Tode ja nicht durchschnitten. Ihr denkt an mich in Euren Gebeten und daß ich allzeit bei Euch sein werde, für den es jetzt keine zeitliche und räumliche Beschränkung mehr gibt, das ist ja klar! ... Ich habe von Anfang an alles in Gottes Hände gelegt. Wenn Er nun dieses Ende von mir fordert – gut, es geschehe Sein heiliger Wille. »Ganz der Wille Gottes! Wenn der Tag sich neigt, wenn des Lebens Sonne nur noch mattes Glänzen zeigt. Wenn sie, tiefer sinkend, nah dem Untergehn. Ganz der Wille Gottes soll auch dann geschehn! – Ganz der Wille Gottes! Ob nach kurzem Pfad. Ob nach langem Wandern, diese Stunde naht. Freunde oder Feinde mich dann sterben sehn. Ganz der Wille Gottes soll auch da geschehn.«
Noch einmal bitte ich Euch darum, geht Ihr Euren Weg in der Haltung, in der ich meinen gehe: Ruhig, stark und fest ... So, nun muß ich meine letzten Zeilen schreiben. Ich glaube, ich brauche Euch nicht um Verzeihung zu bitten für meine Schwachheiten und Fehler, Eures Verzeihens bin ich gewiß ... Ich umfange Euch alle noch einmal mit einem innigen Kuß der Liebe. Auf Wiedersehen oben beim Vater des Lichtes! Euer glücklicher

Hermann

Von Kaplan Prassek und Pastor Stellbrink blieb kein solcher Brief erhalten. Es ist anzunehmen, daß gerade diese beiden Männer am Ende noch einmal eindeutig Stellung bezogen und scharf mit dem Regime abrechneten. Ihre Abschiedszeilen haben die Zensur jedenfalls nicht bestanden. Der Verlust ist unersetzlich.

Auf dem Weg zu Prasseks Zelle ersteht in Gefängnispfarrer Behnen noch einmal das Bild dieses liebenswerten jungen Klerikers, der, innerlich vielleicht am heftigsten angefochten, sich doch treu blieb bis zuletzt. Wie manchesmal hat er die anderen durch seine ungebrochene Heiterkeit aufgerichtet! Obwohl – oder weil? – er ihrer aller Schicksal von Anfang an sah. »Es ist nicht notwendig, zu schildern, was wir im einzelnen miteinander erlebt haben«, berichtet Behnen. »Es waren auch hier Todesnöte zu überwinden ... Das war die Passio amara, das bittere Weh ... in ihren letzten Stunden des Lebens. Nach dieser ersten Begegnung ... kam die himmlische Ruhe. Da begann die Passio amara, das bittere Weh, sich in die Passio beata, in das beseligende Leiden und Sterben zu verwandeln... So haben wir die letzten Stunden vor ihrer Hinrichtung zusammen verbracht, mit solcher Innigkeit, solcher Brüderlichkeit, solcher Freude und Verklärung, daß die ganze Umgebung meinte..., die Zelle wäre in einen Himmel verwandelt worden. Dann kam der Augenblick, in dem sie zum letzten Male die heiligen Sakramente empfingen. Es waren heilige Augenblicke, wie es gewesen sein muß beim letzten Abendmahle... Unmittelbar vor dem Empfang der heiligen Sakramente sagte ich einem jeden von ihnen, er möge doch versuchen..., tief aus der Seele heraus mit allen Kräften des Geistes und der Seele, gemeinsam mit dem Heiland zu sagen: ›Vater, vergib ihnen, sie wußten nicht, was für ein Unrecht sie mir zufügten.‹ Alle drei haben es gebetet.«[15]

Pfarrer Behnen besuchte auch Pastor Stellbrink auf dessen Wunsch vor der Hinrichtung noch einmal. »Wir hatten uns oft begrüßt, besonders, als er die letzten Wochen vor seinem Tode mit Kaplan Lange in einer Zelle zusammen war... Er verabschiedete sich von mir mit den Worten: ›Herr Pfarrer, haben Sie Dank für alles Gute, das Sie mir erwiesen haben. Ich weiß, wie mächtig und gewaltig das Gebet eines katholischen Priesters ist, darum bitte ich Sie herzlichst, beten Sie für meine Frau und meine Kinder. Beten Sie für meine Frau, daß sie nicht zusammenbricht unter der Heimsuchung, die über sie gekommen ist, beten Sie doch vor allem, daß meine Frau und meine Kinder so leben, daß wir uns wiedersehen in der Anschauung Gottes, in die ich hoffe einzugehen‹«[16].

Kurz nach fünf kommt auch Rechtsanwalt Dr. Böttcher noch einmal ins Gefängnis, um sich von seinen Klienten zu verabschieden. »Ich war mir klar darüber, daß jedes Wort, das in dieser Lage gesagt würde, mehr oder weniger farblos sein mußte. Ich hatte aber doch das Bedürfnis, ihnen die Hand zu drücken und dabei zum Ausdruck zu bringen, wie traurig ich war, daß ich ihnen nicht besser hatte helfen können. Prassek mit seinen großen Augen kam mit offenen Armen auf mich zu und sagte: ›Ich danke Ihnen für all Ihre Liebe und Treue. Machen Sie sich nicht den kleinsten Vorwurf. So war es richtig, nur so! Grüßen Sie alle Lübecker Freunde!‹ Ich bin dann zu Müller gegangen. Er hat mir ebenfalls gedankt. ›So ist es gut, alles andere müssen wir dem Herrgott überlassen‹«[17].

Es ist das erstemal, daß in der Hamburger Anstalt Geistliche hingerichtet werden. So wird dieses Schauspiel vor allem von den kirchenfeindlichen Beamten mit Neugierde erwartet. Man ist gespannt, wie die Pfaffen, die auf der Kanzel so vortrefflich über den Tod zu reden wußten, wohl ihr eigenes letztes Stündlein bestehen würden[18].

Um sechs erscheint das erste Lichtzeichen. Fertigmachen zur Hinrichtung! Man schlitzt den Todeskandidaten das Hemd auf und zieht es ihnen über die Schultern herab. Die Arme werden auf dem Rücken festgebunden. Als erster muß Eduard Müller gehen. »Kaplan Müllers Augen sind ganz still und tief, als wir uns voneinander verabschieden«, schreibt Pastor Eske[19]. Zwischen zwei Beamten und gefolgt von Pfarrer Behnen, tritt Eduard Müller den Todesweg an. Die gefesselten Hände umklammern den Rosenkranz. Unterwegs betet der schlichte Priester: »Jesus, Maria und Josef, steht mir bei im letzten Todeskampfe, Jesus Maria und Josef, mit euch möge meine Seele in Frieden ruhen.« Unmittelbar vor der Tür zum Hinrichtungsraum lehnt er sich einen kleinen Augenblick gegen Behnens Schulter und sagt: »Herr Pfarrer, auf ein frohes Wiedersehen im Himmel!«[20]

Darauf wird Kaplan Prassek geholt. Er kniet vor dem Kruzifix. Ehe man ihn bindet, reicht er Behnen und Eske zum Abschied die Hände. »Er, der so gern lachte, hat jetzt das Leuchten einer anderen Welt in den Augen«[21]. Noch einmal läßt er sich das Kreuz reichen, um es inbrünstig zu küssen. Dann muß er gehen. Vor der Hinrichtungskammer rührt er Pfarrer Behnen mit dem Ellenbogen an und sagt: »Herr Pfarrer, nun Gott befohlen.« Dann ist im Angesichte des Todes nur noch selige Zuversicht in ihm. Er spricht von der Anschauung Gottes, vom glücklichen Wiedersehen und daß er unablässig für die Zurückbleibenden beten werde. Seine letzten Worte sind Grüße an alle Lübecker Freunde und das Versprechen, daß er an sie denken werde »in alle Ewigkeit«[22].

Vikar Lange hat während der letzten Wochen die Zelle mit Pastor Stellbrink geteilt. Als man ihn zur Hinrichtung fertigmacht, bittet er Pfarrer Behnen, den evangelischen Mitbruder zu grüßen. Nachdem er das Kreuz geküßt hat, läßt er sich von Behnen das Bild der heiligen Theresia aus seiner Zelle holen. Er schaut es an und fleht zu seiner Lieblingsheiligen um Kraft im Elend dieser letzten Minuten und um glückliche Aufnahme »ins himmlische Vaterhaus«. »Dann gingen wir Seite an Seite hin zur Richtstätte. Er betete zum Heiland und zur heiligen Theresia. Seine letzten Worte vor seinem Sterben, sein Gesicht fing dabei an zu leuchten und sich zu verklären, waren: ›Herr Pfarrer, auf ein frohes Wiedersehen im Himmel. Grüßen Sie meine lieben Lübecker und meine Landsleute in Leer!‹«[23]

Über das Sterben von Pastor Stellbrink haben wir den in seiner überzeugenden Menschlichkeit und inneren Dramatik besonders ergreifenden Augenzeugenbericht des evangelischen Gefängnispfarrers. Er möge die sparsameren Berichte über das Ende der Kapläne ergänzen und abrunden[24].

»In der Todeszelle sitzt Pastor Stellbrink am Tisch und erzählt mit glänzenden Augen von den schönen Jahren in Brasilien, von seiner Familie, von seiner Tätigkeit im geistlichen Amt. Es tut mir leid, ihn unterbrechen zu müssen. Leise frage ich ihn: ›Es ist soweit, sind Sie bereit, den letzten Gang anzutreten?‹ Mit einem festen ›Ja‹ antwortet er.

Wie wir uns vor einer Stunde im heiligen Abendmahl vereinigt haben, vereinigen wir uns nun in einem letzten gemeinsamen Gebet: ›Wenn müde unsre Füße, den letzten Weg zu gehn, mit Deiner Kraft uns grüße, laß Deine Klarheit sehn. Und wenn der Sinn verwirrt, das Herz so bang zerquält, gib Sehnsucht, die nicht irrt, gib Segen, der uns stählt. Wenn mir am allerbängsten wird um das Herze sein, so reiß mich aus den Ängsten kraft Deiner Angst und Pein.‹ Mit Jesu Kreuzeswort legen wir Seele und Leib in Gottes Hände: ›Vater, in Deine Hände empfehle ich meinen Geist!‹ Dann wird der Befehl durchgegeben: ›Fertigmachen zur Hinrichtung!‹ – Als die Hände auf dem Rücken gefesselt werden, steigt die Qual dieser letzten Demütigung in die Augen: ›Muß das sein? Wie ein Verbrecher gefesselt? Kann ich nicht wie ein freier Mann sterben?‹ Auch diese Qual wird überwunden, ohne Klage, stark und fest. Diese letzten Minuten des Wartens, angefüllt mit der furchtbarsten Not und Angst, lassen die Nerven zum Zerreißen gespannt sein. Endlos dehnen sie sich, diese Minuten! Pastor Stellbrink macht noch einige Schritte durch die Zelle – die letzten, die er aus freiem Willen tut. So ruhig er auch äußerlich erscheinen mag, im Innern erreicht die Erregung die Grenze. Worte werden stockend gesprochen, arme Worte, die das quälende Warten abkürzen sollen, Worte, hinter denen doch all die Not der Sorgen steht.

Dann bedankt sich Pastor Stellbrink für die Besuche in der Zelle. Zuletzt: ›Grüßen Sie meine Frau und die Kinder, sagen Sie ihnen meinen innigsten Dank für alle Liebe!‹ Es zuckt bei diesen Worten in seinem Gesicht – dies blasse zuckende Antlitz, in dem neben all der Qual die Kraft des Herzens und der seligen Christenhoffnung steht.

Die Hinrichtungen haben begonnen. Jedesmal, wenn das Fallbeil dumpf aufschlägt, zucken wir zusammen.

Nun werden in der Nebenzelle Schritte laut. Kaplan Lange wird abgeführt. Aufrecht geht er zwischen den Beamten – die Augen geschlossen. ›Du kannst durch des Todes Türen träumend führen und machst uns mit einmal frei!‹ Wieder schlägt das Fallbeil dumpf auf. Also ist Kaplan Lange erlöst. Und jetzt – ich muß in das Gesicht von Pastor Stellbrink schauen, auf den Hals – auf die Stelle – wo – in den nächsten Minuten...! Nein! Nicht denken – das Grauen schüttelt mich. Es ist gut, daß Pastor Stellbrink nicht weiß, wie ›es‹ vor sich geht.

Noch einmal reiche ich ihm die Hand, trotz der Fesselung auf dem Rücken fassen sich unsere Hände mit festem Druck, der mehr als Worte sagt.

Dann lege ich meine Hand auf seine entblößte Schulter; unsere Augen tauchen tief ineinander: ›Auf Wiedersehen – im Himmel!‹ Langsam wiederholt er diese Worte. Ein Licht blitzt auf – das Zeichen, daß jetzt Pastor Stellbrink den schweren letzten Gang antreten soll. Zu beiden Seiten die Beamten, langsam, mit schweren Füßen gehen wir den langen, düsteren Gang entlang. Unheimlich hallen unsere Schritte wider. Kein Wort der Klage, kein Seufzer, kein Stöhnen – Pastor Stellbrink ist völlig still und ruhig. An der Tür wendet er mir noch einmal sein Gesicht zu, in einem langen gequälten Blick grüßen seine Augen – zum letztenmal!

Da packen die Fäuste der Henkersknechte zu – das Fallbeil schlägt auf... Pastor Stellbrink ist heimgekehrt in die Heimat der Seelen droben im Licht.«

Auf dem Titelblatt von Kaplan Prasseks Neuem Testament steht das Wort: »Wer sterben kann, wer will den zwingen?« Es war wie ein Versprechen, das Prassek für sie alle niederschrieb. Das Versprechen ist gehalten worden. –

Drei Minuten sind die Freunde im Sterben voneinander getrennt gewesen. Die amtlichen Urkunden verzeichnen den genauen Zeitpunkt der Hinrichtungen: 18.20 Uhr ... 18.23 Uhr ... 18.26 Uhr ...[25] Ihr Blut ist buchstäblich ineinandergeflossen.

Da Hermann Lange und Karl Friedrich Stellbrink nahe Familien-
angehörige hatten, wurden ihre Gebeine dem Krematorium in
Hamburg-Ohlsdorf zugeleitet und dort eingeäschert. Daraus erklärt es sich, daß ihre Urnen erhalten sind. Die sterblichen Über-
reste von Johannes Prassek und Eduard Müller sind im Namen-
losen untergegangen. Ihre Leichen wurden verbrannt und die Asche
in alle Winde zerstreut[26].

Johannes Prassek

Erste Begegnungen

»Es war in den ersten Jahren des Krieges. Ich kehrte von der russischen Front heim. Abkommandierung zu einem Sonderlehrgang nach Lübeck. In der Diasporastadt angekommen, lenkte ich meine Schritte zum Marienkrankenhaus, in dem ich eine Kapelle wußte. Ich stand zu jener Zeit in einer entscheidenden persönlichen Auseinandersetzung und hatte in dieser großen, fremden Stadt nach einem Ort der Stille und des Alleinseins gefragt. Die Kapelle war leer. Ich saß im sanften Glanz des ewigen Lichtes, der wie ein feiner rötlicher Schleier über dem Raum lag. Aber nach einer Weile trat noch jemand ein. Es war eine sehr große Gestalt mit ruhigen Bewegungen. Der Mann schien mich nicht bemerkt zu haben, sonst wäre er wohl nicht bis so dicht an den Altar gegangen, um auf der Stufe gleich vor dem Tabernakel niederzuknien. Jetzt sah ich, daß es ein junger Priester war. Ich wollte wieder zu meinen Gedanken und Fragen zurückkehren, da erblickte ich sein Gesicht im Schein der Lampe, stutzte und wußte augenblicklich, ich müßte diesen Priester kennenlernen...«[1]

»Ich kam aus dem Internat zurück, wo man uns religiös ziemlich gedrillt hatte. Ich kam mit einem förmlichen innerlichen Aufseufzen: ›So, das wäre geschafft, jetzt wird die Freiheit genossen, an Religion nur noch das Unerläßliche!‹ Und dann begegnete ich Kaplan Prassek. Ich besuchte seine Glaubensstunden. Zuerst voll von Opposition. Und dann mit wachsender Anteilnahme. In dieser Zeit ist mir aufgegangen, was Religion in Wirklichkeit ist...«[2]

»Als ich Prassek zum erstenmal predigen hörte, stand es für mich fest, daß ich ihn näher kennenlernen müßte. Ich war seit meiner Entwicklungszeit innerlich stark auf der Suche. Ich beschäftigte mich leidenschaftlich mit den östlichen Religionen, vor allem mit dem Buddhismus. Ich war nicht leicht zufriedenzustellen und ließ mich niemals mit vordergründigen Auskünften abspeisen. Ich hatte alle die Jahre nach jemand gesucht, der bereit und fähig gewesen wäre, mein Denken und Wollen zu führen. Als ich Kaplan Prassek begegnete, wußte ich sofort: Das ist einer, der Antworten geben kann...«[3]

»Wenn ich gelernt habe, was Katholische Aktion ist, dann unter dem Einfluß von Kaplan Prassek, der mich zu meinen ersten Hauspflegen in die Lübecker Altstadt schickte und alles, was ich an Entsetzen und Erbarmen gleicherweise empfand, immer aufzufangen und zu lenken wußte. So ist er es gewesen, der den Grund für meinen heutigen Beruf (als Seelsorgehelferin) legte und dessen Sterben für das Reich Gottes mir eine lebenslange hohe Verpflichtung ist...«[4]

Begegnungen mit Johannes Prassek. Dieser junge Kaplan muß eine besondere Anziehungskraft besessen haben. Dabei sah er nicht einmal gut aus. Er wirkte ein wenig hager, und an seinem mächtigen Kopf saßen auffallend abstehende Ohren. Das Gesicht, das dem Betrachter aus dem Foto entgegenblickt, ist herb, eher unschön, fast zur Hälfte aus Stirn bestehend. Aber der Blick der weit auseinanderliegenden Augen darunter – grau mögen sie gewesen sein – ist wach, eindringlich und ungemein sprechend. Zwischen den starken Brauen deutet sich bei dem erst Dreißigjährigen bereits eine steile Falte an. In manchen Lübecker Häusern gibt es noch ein anderes Foto von Johannes Prassek, eine Aufnahme im Halbprofil. Er hält darauf den Kopf leicht gesenkt, der Blick ist unter schweren Lidern verborgen, und es liegt auf seinen Zügen ein Ausdruck völliger »Abwesenheit«. Beim Beschauen dieses Bildes weiß man, daß Johannes Prassek auf eine innerliche Weise dennoch schön gewesen ist.

Sohn eines Maurers

Johannes Prassek kommt aus einer Arbeiterfamilie. Er ist am 13. August 1911 in Hamburg als Sohn eines Maurers geboren. Seine Mutter stammt aus Mecklenburg. Sie starb bereits während der Seminarzeit. Es waren noch zwei andere Kinder da, ein Bruder und eine Schwester. Nach dem, was Johannes Prassek in einer ihm befreundeten Familie erzählt hat, war seine Mutter eine »nette, liebe Frau«[5]. Er bedeutete ihr einen starken Halt im Religiösen, denn sie war Konvertitin. Er litt an ihrem Verlust, obwohl man ihm äußerlich kaum anmerkte, wie sehr. Aber er hat ihren Tod bereits ganz aus dem Gedanken der Erlösung verstanden[6].

Auch mit seinem Bruder verband ihn ein herzliches Verhältnis. Aus der ferneren Verwandtschaft treten nur ein Onkel und eine Tante hervor, die Prassek in seinem Testament bedenkt, da sie ihm sein »ganzes Leben über ein treues und liebendes Interesse entgegengebracht haben«[7].

Prasseks Kindheit und Jugendzeit war im äußeren ziemlich glanzlos und von mancherlei Sorgen überschattet[8]. Aufgewachsen ist er in Hamburg-Brambek, wo er auch zur Schule ging. Er wurde weitgehend von den Grauen Schwestern erzogen, denen er, wie ebenfalls aus seinem Testament hervorgeht, bis zuletzt treu verbunden blieb. Der Umgang mit ihnen ist für seine religiöse Entwicklung offenbar sehr bedeutsam gewesen. Vor dem Abitur hat es auf dem Gymnasium Schwierigkeiten gegeben. Prassek soll angeblich Fronleichnam nicht zum Unterricht gekommen und dadurch in Ungnade gefallen sein. Man sagt, er sei sogar durchgefallen. Jedenfalls hat er die Reifeprüfung nicht auf seinem alten Gymnasium abgelegt, sondern auf dem Johanneum in Hamburg, zu dem er kurz vorher noch übergewechselt ist.

Die theologische Ausbildung erhielt Johannes Prassek an der philosophisch-theologischen Hochschule der Jesuiten St. Georgen in Frankfurt am Main und später auf der Universität Münster. Bei seinem Einzug ins Frankfurter Konvikt fiel er gleich »aus dem Rahmen«. Er trat bereits in der ersten Nacht die Füllung aus seinem Bett, und man mußte ihm wegen seiner Länge (er war 1,94 Meter groß!) eine Bettstelle nach Maß anfertigen lassen.

Die Studienzeit ist aus zweierlei Gründen für Prassek nicht ganz unproblematisch verlaufen. Da war einmal seine finanzielle Notlage. Das Studium wurde ihm zum Teil durch Zuwendungen des Hamburgischen Staates und des Bischöflichen Stuhles in Osnabrück ermöglicht[9]. Im übrigen verdiente er sich vor allem in Münster den Unterhalt durch Gelegenheitsarbeiten. Nicht selten hat er in dieser Zeit kaum das Notwendigste zum Leben gehabt. Prassek hat selbst Freunden gegenüber selten über seine Vergangenheit gesprochen, aber in einem seiner ersten Briefe aus dem Marstall-Gefängnis bemerkt er, die karge Gefängniskost liege kaum unter dem, was er während seiner Studienzeit gehabt habe. »Du weißt«, schreibt er, »das Leben ist niemals sanft mit mir umgegangen, es war immer ein Sich-durchringen-Müssen. Hier in Lübeck sah es so aus, als ob es zum erstenmal anders werden sollte ...«[10]

Wie aus dem Testament hervorgeht, hat seine Mutter verschiedentlich Darlehen für ihn aufgenommen, die von der Sterbeversicherung zurückgezahlt werden sollen: 3000 RM an eine Rentnerin, 100 RM an einen Pfarrer und 150 RM an einen Kolonialwarenhändler.

Die andere Schwierigkeit lag in Prasseks Wesen. Humorvoll bis zur Ausgelassenheit, mit Sinn und Begabung für das Komische, sehr eigenständig im Denken und Urteilen, rasch, vielleicht allzu rasch in der Meinungsäußerung, burschikos, sprudelnd von Einfällen und dabei kompromißlos im Grundsätzlichen, mag er begrenztere Naturen manchmal schockiert haben – aber ohne bewußte Absicht. Tatsächlich zog er sich wiederholt den Tadel seiner Umgebung zu. In den Berichten finden sich ein paar Bemerkungen, die Hans Prasseks Stellung unter den Seminaristen erkennen lassen: »Prassek war ein guter Kerl, aber er fiel immer wieder aus der Rolle mit seinen Dummheiten und Ausgelassenheiten. Wenn er zum Beispiel während der Vorlesung mit den Ohren wackelte, brachte er das ganze Kolleg zu schallendem Gelächter«, erzählt ein Jesuitenpater, der damals in St. Georgen dozierte. Ein Studienfreund Prasseks berichtet, wie dieser selbst von seinen Altersgenossen gelegentlich mißverstanden wurde, worunter er nicht wenig litt. Aber im ganzen scheint man dieses große enfant terrible doch recht gern gehabt zu haben. Hans Prassek war so etwas wie der maître de plaisir des Seminars, der mit viel Ideenreichtum gesellige Abende aufzog und die Dozenten glossierte.

Aber gegen Ende seiner Vorbereitungszeit kam es im Priesterseminar zu Osnabrück zu einer ernsteren Spannung zwischen ihm und den Vorgesetzten. Prassek und noch zwei andere wurden für ein halbes Jahr von der Weihe zurückgestellt. Es heißt, Prassek sei wiederholt in Opposition zu gewissen Andachtsformen getreten, wie sie im Seminar praktiziert wurden. Den unmittelbaren Anlaß habe eine Diskussion über das Bußsakrament gegeben, bei der Prassek sich gegen die Notwendigkeit der »Andachtsbeichte« ausgesprochen habe. Vermutlich trug zur Zurückstellung auch ein gewisser Studentenstreich bei, über den die Gemüter sich noch nicht beruhigt hatten und mit dem man Prassek in Verbindung brachte. In Wirklichkeit war er jedoch gar nicht daran beteiligt gewesen. Aber »auf Grund seines sonstigen, zum Schabernack angelegten Verhaltens wurde er als Täter verdächtigt«[11]. Bischof Keller, der damalige Regens des Osnabrücker Priesterseminars, antwortete auf die Frage, ob es sich bei Prassek um wesentliche Verstöße gegen die Seminarordnung gehandelt habe: Nein, es seien relativ kleine Dinge gewesen, ein wenig Widerspruch und Kritik. Seine schweigende und bescheidene Hinnahme der Verfügung habe gezeigt, daß er im ganzen durchaus die rechte innere Haltung besaß. »Und schließlich: Finis coronat opus!« meinte Bischof Keller[12]. Ein Studienfreund bestätigte ebenfalls, Prassek habe sein Mißgeschick ohne Ressentiment verkraftet. »Wir haben ihm nie angemerkt, daß er wegen der Zurückstellung gehadert hätte, obwohl er gewiß nicht leicht daran trug. Er hat sich nie darüber beklagt, dazu war er viel zu diskret.« Prassek war offenbar kein aufsässiger Charakter, er hat nie eigentlich in Opposition gemacht. Er zeigte sich auch später, wenn er hie und da aneckte, durchaus versöhnlich.

Was sonst noch an Erinnerung lebendig ist bei denen, die Johannes Prassek in seiner Jugend gekannt haben, trägt unverkennbar bereits die Züge des späteren, so sehr sympathischen Bildes. Prassek war ein Mensch des Kontaktes, gleicherweise fähig, Liebe dankend zu empfangen wie vorbehaltlos zu verschenken. Er war schon damals für seine spontane Hilfsbereitschaft bekannt. »Prassek war außerordentlich hilfsbereit«, versichert der Pfarrer, bei dem er als Junge regelmäßig ministrierte und bis in seine Studienzeit hinein einen großen Teil seiner Freizeit verbrachte. Mit Freuden flickte er zum Beispiel anderen Leuten die Fahrräder. Er war nämlich sehr geschickt. Mehr noch als durch solche Gesten, mag er durch die ganze Art, sich zu geben, auf die Menschen gewirkt haben. Sein Umgang mit den Schwestern und Zöglingen des Wilhelminenstiftes etwa war stets sehr offen, kameradschaftlich und herzlich. Er konnte sich von Herzen über die kleinsten Dinge freuen, er war überhaupt ein Mensch der offenen Freude und gewann dadurch überall Zuneigung. Er machte im ganzen den Eindruck einer glücklichen Natur.

Berufung zum Priester

Wann und durch wen Johannes Prassek seine Berufung zum Priestertum erkannte, läßt sich nicht genau sagen. Sicher ist, daß er sein Ziel klar verfolgte, über die wirtschaftliche Misere und sein Mißgeschick im Seminar hinweg.

Johannes Prassek hat sich in einer sehr persönlichen Weise mit seinem Amt auseinandergesetzt. Trotz der Schwierigkeiten erlebte er seine Studienzeit, besonders die beiden Jahre in Frankfurt, als »Hoch-Zeit«. In einem seiner Gefängnisbriefe schreibt er:

Es ist, glaube ich, kein Hochmut, wenn ich meine, daß ich seelisch hohe Zeiten erlebe, wie sie sich in meinem bisherigen Leben wohl nur während jener beiden seligen Jahre in St. Georgen, jener Zeit der ersten jungen Liebe, gefunden haben ...« [13]

An anderer Stelle kennzeichnet er diese Zeit »der Vorbereitung und Erwartung« als ein Dasein, »wo alles, auch das Bitterste, noch mit einem kleinen rosenroten Schimmer verklärt vor uns stand«, wo man sich allerdings in etwas »voreiliger und leichtsinniger Bereitschaft« auch nicht vorstellt, was man alles wird geben müssen.

Wir dachten so gern große Gedanken ... Und unter diesen großen Gedanken wurde auch das Kleinste und Beißendste in unserem Leben schön ...

Das freudige Geben erfolgte einfach aus dem Überfluß an Kräften, welche seine Natur ihm gegeben hatte.

Wir sind zum Platzen voll geworden bei dem immer näherkommenden und immer verheißungsvoller winkenden Ziele. Alles drängt jetzt mit einer ungestümen Gewalt zur Entspannung. Daher der große Schwung ... [14]

Am 13. März 1937 wird Prassek in Osnabrück zum Priester geweiht. Gefeiert wird in der Familie seines Studienfreundes, der erzählt: »Wir haben selten einen so glücklichen Menschen gesehen wie Prassek an jenem Tage, an dem er sein erstes heiliges Meßopfer feierte. Er packte meinen Vater um beide Schultern, schüttelte ihn und sagte mit seiner tiefen Baßstimme – ich höre sie noch: ›Onkel G., ich bin der glücklichste Mensch!‹« [15] Nachher aber äußerte der Neugeweihte in einem vertrauten Gespräch: »Nun bin ich Priester. Ich glaube, ich werde noch einmal viel leiden müssen« [16]. Gefühlsaufwallung eines Primizianten oder Vorahnung des zukünftigen Schicksals?

Seine erste Stelle bekommt Prassek in Wittenburg (Mecklenburg), »einem Ort hinter der Welt« [17]. Die Messe zelebriert er im Saal einer Kneipe, wo von dem zum Altar bestimmten Tisch vorher noch die Kringel des letzten Bierglases weggewischt werden müssen. Wie sehr entspricht die Armut des Anfangs der Entblößung am Ende, als ihm nichts mehr bleibt als der nackte Zellentisch!

Prassek hat gewußt, daß das Leben des Priesters ein spannungs-
reiches ist. Wenige Monate nach seiner Weihe schreibt er an einen
jungen Mitbruder einen Brief, der von der zweifachen Erfahrung
des neuen Lebens spricht, von der beseligenden und der schmerz-
haften:

*Wir wissen – oder ahnen es wenigstens –, was das alles für uns be-
deutet. Das Letzte, bis zu dem unser Wollen und Wünschen ging,
was wir in banger Erwartung von Gott uns erbettelt, aber die
Grenze, über die wir nun für eine Ewigkeit nicht mehr hinaus
dürfen. Zwischen diesen beiden wird unser Leben sich abspielen,
dieses Leben mit seinen Mannigfaltigkeiten und Gegensätzen und
scheinbaren Widersprüchen: Groß und klein, froh und bang, reich
und arm, hell und finster, selig und quälend, schwebend und lastend.
Jedes Menschenleben ist ja in etwa so: Doch das Leben des Priesters, der immer im Licht der Ewigkeit steht und daher Würde und
Bürde seines Amtes empfängt, muß das alles, vielleicht noch um
einiges stärker und in seinen Gegensätzen spürbar durchkosten*[18].

Prassek entwirft in dieser Situation wie in einer gedanklichen Vor-
ausschau seine Zukunft. Man staunt, mit welcher Nüchternheit der
Sechsundzwanzigjährige kurz nach seiner Weihe den inneren Rei-
fungsprozeß – und Leidensprozeß! – des Berufenen zeichnet, wie
bald seine Religiösität sich über den Rausch der »ersten jungen
Liebe« hinaus entwickelt hat zu einer stilleren Treue, die bereits
die ersten Bewährungsproben bestand. Der junge Priester erkennt:
Es bleibt nicht bei dem großen Schwung, der mehr auf natürlichem
Verlangen aufbaut, als daß er schon so unbedingt Ausfluß eines
festgegründeten Habitus wäre.

*Erst langsam, wenn das natürliche Drängen mehr und mehr nach-
läßt, unsere Bereitschaft sich aber nicht ändern darf, wenn das
wirkliche Arbeiten der Gnade einsetzt und vielleicht nur noch
letzte Kraft und Stütze ist, wir aber mit ihr gehen müssen, ja, dann
begreifen wir allmählich, da ändert sich das Gesicht der Dinge in
uns, der Menschen um uns, auch die Auffassung, die wir von uns
selber haben...*[19]

Schon hier, in den ersten Anfängen seiner priesterlichen Tätigkeit,
stellt er sich dem Geiste und der Bereitschaft nach auf einen schmerz-
lichen Weg ein. Es kommt in der Art, wie er sich über das Zusammenwirken der besitzergreifenden Liebe Gottes und der Folge-
willigkeit des Menschen äußert, eine durchaus nicht alltägliche

Auffassung vom geistlichen Leben zum Ausdruck. Prasseks Anschauung von Berufung bleibt nicht im Vordergründigen stecken, er trägt bereits das Wissen in sich, daß es bei den göttlichen Forderungen wahrhaftig ums Ganze geht und daß Totalität der Hingabe zu Kreuz und Leiden führt.

Nicht als lächle er nachträglich herablassend über die Periode des anfänglichen glückhaften Ungestüms. Er bekennt sich durchaus dazu, denn er kennt den Wert und die Notwendigkeit solcher Stützen. Aber schon schreitet er auf dem Weg voran. Es ist ein Weg der Entäußerung, und Prassek weiß das.

Was wir geben müssen, ist alles, auch das Letzte, auch die Freude am Gebendürfen. Und das ist mehr vielleicht, als wir selbst in den opferbereitesten Stunden der Vorbereitung ... uns vorgestellt haben. Auch das fordert die Berufung durch Gott von uns.

Doch er weiß auch das andere:

Sie fordert nicht allein von uns, sie beschenkt auch in dem Maße, wie sie nimmt, wenn wir den Mut – und die Gnade – haben, zu den Forderungen Gottes ja zu sagen auch da, wo sie Ernst und Wirklichkeit werden. Oder wird sie uns nicht gar in noch höherem Maße beschenken? Das weiß der Glaube und der Mensch, der diesen Glauben in sich trägt. Gott wird sich an Großmut nicht von uns übertreffen lassen. Der bloß natürliche Mensch, auch der in uns, sieht nur das Gebenmüssen. Wer aber viel liebt, der weiß auch, daß ihm viel gegeben wird[20].

1939 kommt Johannes Prassek als erster Kaplan an die Herz-Jesu-Kirche zu Lübeck.

Allen alles

Wenn man sich an dieser Stelle noch einmal die eingangs zitierten Erinnerungsbilder aus Prasseks Lübecker Zeit vergegenwärtigt und fragt, wie es kam, daß diesem Menschen schon nach kurzem Wirken ein förmlicher »Strom von Dankbarkeit und Liebe folgte«, so findet man den Nenner für sein Wesen und Tun im Ausspruch eines Mitbruders: »Johannes Prassek war schon als junger Priester, was der heilige Paulus fordert: Allen alles«[21].

Prassek war ein hochgemuter Charakter. Er gab sich gern ohne Vorbehalt. Er hatte ein großes Herz, für Gott ebenso wie für den Menschen.

Er hat sich anscheinend nie um eine pastorale Methode zu bemühen brauchen. Er wendete einfach »sich selbst« an, er hängte sein Wesen »an die Angel«, und schon eröffneten die Seelen sich ihm. Dabei findet man jedoch in keinem seiner Briefe, in keiner Äußerung von seiten anderer einen Anhaltspunkt für den etwaigen Verdacht, er habe die Menschen an *sich* fesseln wollen. Im Gegenteil, man gewinnt ganz den Eindruck, daß schon der junge Priester von einer starken seelsorglichen Passion getrieben ist. In dem Augenblick, wo einer ihm rat- oder hilfesuchend gegenübertritt oder er jemand in seinem Umkreis in Not weiß, fühlt er sich so sehr angesprochen, daß er in einem einzigen, einheitlichen Impuls sofort zur Verfügung ist. Manche – vor allem die Gestapo – haben ihm gerade diese Spontaneität falsch ausgelegt.

Prassek war zudem beweglich und anpassungsfähig. Er konnte sich auf Menschen verschiedenster Prägung einstellen. Man sagt ihm nach, er habe im Verkehr mit jung und alt, arm und reich, einfach und schwierig, stets den richtigen Ton getroffen. Das sei ihm schon in seinen ersten Seelsorgejahren zugute gekommen. »Er konnte Ordensfrauen hochgeistige Exerzitien halten und kam ebenso mit jeder Verkäuferin von Karstadt unmittelbar ins Gespräch«[22].

Man findet Kaplan Prassek auf der Fahrt mit jungen Menschen, als Unikum an geselligen Abenden, als Lehrer im Religionsunterricht. Er kennt die Eheprobleme der komplizierten Frau und kann sich mit der religiös abständigen Pennälerin über Literatur und Theater unterhalten. Er betreut Ausländer, besucht Alleinstehende, sorgt sich um alte Leute und pflegt freundschaftlichen Austausch mit dem evangelischen Mitbruder.

»Ein Hauptmerkmal seines Wesens war die Fähigkeit, um Menschen zu leiden«, erzählt jemand, in dessen Familie Prassek regelmäßig verkehrte. »Ich erinnere mich gut, daß er manchmal förmlich erschlagen zu uns kam, sich in den Sessel fallen ließ und in seiner burschikosen Art äußerte: ›Ich bin ganz zermantscht!‹ Dann wußten wir, ›die Seelsorge‹ bedrückte ihn wieder. Mehr als einmal habe ich dabei Tränen in seinen Augen gesehen«[23].

Es scheint, daß Johannes Prassek geradezu eine Vorliebe für Unglückliche, Unterdrückte, Problematische, mit dem Leben nicht Zurechtkommende gehabt hat, vielleicht weil er selber aus schwierigen Verhältnissen stammte. Die ehemalige Haushälterin von

Herz-Jesu stellt Kaplan Prassek folgendes Zeugnis aus: »Sein Verhalten war ohne Ansehen der Person jedem gegenüber gleich. Besonders aufmerksam nahm er sich der Menschen mit schwierigem Charakter an. Er trug persönlich an ihrem Schicksal, anfangs so sehr, daß er nach einer Art der Teilnahme suchen mußte, die zugleich Nähe und Abstand möglich machte. Andernfalls wäre er wohl an der Heftigkeit seines Mitleidens gescheitert«[24].

Zwei berufstätige Frauen in Lübeck, die damals aktiv im Gemeindeleben von Herz-Jesu gewirkt und guten Kontakt zum Pfarrhaus gehabt hatten, wissen aus der Erinnerung noch eine Menge Einzelheiten, besonders über Kaplan Prassek, die dem gezeichneten Bild manche farbige Züge hinzufügen.

»Man konnte ihm nicht widerstehen, er machte einen sozusagen weich, wenn einmal etwas nicht in Ordnung war. Er war öfter hier bei uns und benahm sich dann wie ein jüngerer Bruder, ohne jede Förmlichkeit. Und er packte gern mit an. Eines Tages traf er uns beim Einmachen. Sofort setzte er sich hin, verlangte ein Messer und gab sich ans Bohnenfitschen. Wir werden es auch nie vergessen, wie wir einmal zwanzig Mark im Briefkasten fanden, zu einer Zeit, als es uns finanziell sehr schlecht ging. Prassek half, wo er nur konnte. Er erfuhr es sicher, wenn man ihn brauchte. Und er hatte erstaunlich viel Verständnis und beinahe für alles einen Trost.« – »Weihnachten 1941 war es«, berichtet die andere, »ich stand zu der Zeit gerade in familiären Auseinandersetzungen. Ich konnte es nicht verhindern, daß mir am Heiligen Abend in der Kirche plötzlich die Tränen kamen. Abends um ein halb elf schellte es an unserer Tür und Prassek stand da. ›Was haben Sie?‹ fragte er statt einer Begrüßung.«

Die beiden Frauen berichten in diesem Zusammenhang auch, was Prassek damals alles für die polnischen Zwangsarbeiter tat[25], obwohl er sich damit in Lebensgefahr begab. »Er besorgte ihnen Fahrräder ohne Eisenschein, Lebensmittelmarken und Kleider, und wir mußten ihm dabei helfen. Einmal haben wir ihm einen schönen Mantel gegeben, für ihn selbst. Aber auch den bekamen die Polen. Man konnte ihm nichts schenken, er behielt es einfach nicht.«

Prassek konnte Polnisch. Wahrscheinlich hat er es eigens zu dem Zweck erlernt, um den Zwangsarbeitern die Beichte abnehmen zu können. Abends im Dunkeln ging er mit ihnen auf der verrufenen

Untertrave in Lübeck »spazieren«, den Mantelkragen hochgeschlagen, die Baskenmütze tief ins Gesicht gezogen. Bereits in seiner ersten Kaplanszeit in Wittenburg hat Prassek solche verbotene Ausländerseelsorge geübt, nämlich an den Ungarn. Er konnte auch etwas Ungarisch.

Besonders beliebt war Kaplan Prassek bei den Kranken. Er versah den Dienst im Marienkrankenhaus auf der Parade. Er entfaltete dabei ein großes Geschick. Durch seine humorvolle Art und seine unbefangene Menschlichkeit gewann er die Herzen von Katholiken und Nichtkatholiken. »Ich habe des öfteren erlebt, wie die Menschen, ganz gleich, welcher Konfession sie angehörten, auf ihn warteten und sich wie die Kinder freuten, wenn er erschien«[26]. Einmal besuchte er eine alte Frau, die im Streckverband liegen mußte. Sie erzählte ihm, sie habe zu Hause so ein schönes Radio und vermisse es sehr. Daraufhin ging Prassek in ihre Wohnung, holte den Apparat und brachte ihn der Alten eigenhändig ans Bett.

In jener schweren Bombennacht zum Palmsonntag 1942, als selbst die Polizisten und Luftschutzwarte nicht aus den Kellern zu bringen waren, hat Prassek die frischentbundenen Wöchnerinnen eine nach der anderen über die Straße in den Bunker getragen und so mancher das Leben gerettet. Die Haushälterin schildert, wie Prassek ebenfalls die Babys der Kinderklinik rettete. Anschließend fuhr er mit dem Auto durch das brennende Lübeck, um aus dem Feuer zu retten, was zu retten war. Schwarz von Rauch und Ruß im Gesicht hat man ihn mitten im Bombenhagel in den Stockwerken getroffener Häuser herumsteigen sehen. In einer verlassenen Wohnung fand er eine alte Frau, die völlig verstört in der Ecke kauerte. Er brachte sie gegen ihr heftiges Sträuben in Sicherheit.

Die Kapläne waren dabei gewesen, in der Kirche die Brandbomben zu löschen. Als Prassek aber bemerkte, was draußen vorging und wie der Angriff sich steigerte, rief er den beiden anderen zu: Kommt, laßt uns lieber die Menschen retten!«[27]

Die Kirche an der Parade blieb wie durch ein Wunder unversehrt.

Allen Augenzeugen voran gibt der (protestantische) Kommandeur der Luftschutzpolizei, der in jener schrecklichen Nacht vom 28. auf den 29. März im Schwerpunkt des Fliegerangriffs auf Lübeck eingesetzt war, einen Bericht über Prasseks Verhalten in der Katastrophennacht. Er schreibt in einem offiziellen Brief an das katholische Pfarramt von Herz-Jesu: »... Und ich möchte daher ... betonen, ... daß ich in dem hochw. Herrn Kaplan Prassek einen Mann kennengelernt habe, der in vorbildlicher Treue und Tapferkeit handelte in jener verhängnisvollen Nacht, wo ein sehr erheblicher Teil der Menschen, denen ich begegnete, völlig den Kopf verloren hatte und geradezu gelähmt war ... Ich habe nur ganz wenige Männer zu sehen bekommen, die so mutig und unerschrocken ihrer Pflicht genügt hätten, wie unser lieber Kaplan Prassek, der buchstäblich jeden Fußbreit Bodens gegen die Gewalt des Feuers verteidigte. Nachdem ... kam ich auch zu Ihrer Kirche. Da sah ich zunächst ein wahrhaftiges Wunder! Die ganze Innenstadt brannte lichterloh, vom alten Rathaus angefangen bis zu Ihrer Kirche, und diese Kirche stand wie eine Oase im Dunkeln, während ringsumher glutrot alles brannte. Das Flammenmeer war so gewaltig, daß es einen Feuersturm erzeugte, der so unerhört war, daß man sich teilweise kaum vorwärtsbewegen konnte. Die Kirche selbst war durch eine Sprengbombe und etwa zehn Brandbomben getroffen, doch die Sprengbombe am linken Seiteneingang der Kirche war geradezu abgerutscht an Ihrem Gotteshaus, und die Brandbomben waren alle so rechtzeitig gelöscht worden, daß sie kein größeres Unheil mehr anrichten konnten. Ich betrat das Gotteshaus, wo mir sofort der hochw. Herr Kaplan Prassek entgegentrat ...«[28]

Prassek bekam sogar einen Orden. Die Urkunden des Reichsluftschutzbundes sind erhalten.

Reichsluftschutzbund   Lübeck, den 13. Mai 1942
                                            Travemünder Allee 18

Herrn
Johannes Prassek
L ü b e c k

Für Ihren Einsatz in der Katastrophennacht sind Sie von der Ortsgruppe zur Verleihung des Luftschutz-Ehrenabzeichens beim Luftgaukommando XI vorgeschlagen. Die Verleihung soll nunmehr am Freitag, dem 15. Mai 1942, 17 Uhr, durch den Gruppenführer, Oberluftschutzführer Hasenohr, erfolgen.
Sie werden deshalb aufgefordert, sich um 16.30 Uhr, Travemünder

Allee 18, Ecke Curtiusstr., einzufinden. Sollten Sie verhindert sein, wollen Sie der OG sofort Nachricht zukommen lassen.

Heil Hitler!
Im Auftrage
gez. Unterschrift

Möglichst dunkler Anzug, Schirmmütze.

Reichsluftschutzbund
Körperschaft des öffentlichen Rechts
Gruppe X Nordmark

Herrn
Johannes Prassek
L ü b e c k

Im Namen des Führers und Reichskanzlers hat der Kommandierende General und Befehlshaber im Luftgau XI, General der Flieger W o l f f , Ihnen durch Verfügung vom 12. Mai 1942 in Anerkennung Ihrer Verdienste im Luftschutz
        das Luftschutz-Ehrenabzeichen zweiter Stufe
verliehen.

Hamburg, den 14. Mai 1942   Der stellv. Gruppenführer
                                            gez. Unterschrift
                    L. S.   Oberluftschutzführer

Zwei Wochen später ist der öffentlich Belobigte von derselben Staatsmacht wegen seiner angeblichen Volksfeindlichkeit verhaftet worden.

Im Kreis der Jugend

Zu Prasseks Aufgabenbereich in Lübeck gehörte vor allem auch der Religionsunterricht für die katholischen höheren Schüler und Schülerinnen. Es waren ihrer nur wenige in der Diasporastadt. Allwöchentlich kamen sie außerhalb der Schule einmal in seiner Wohnung zusammen.

»Die Voraussetzungen, die wir mitbrachten, waren nicht allzu günstig«, schreibt eins der jungen Mädchen in einem noch unveröffentlichten Erinnerungsbericht über Kaplan Prassek. »Schon die Schule schien uns Zwang genug und schlimmer der, der außer ihr herrschte; dagegen war der zur Religionsstunde so gering, daß er kaum noch als solcher bezeichnet werden konnte, und das wurde zu Beginn nicht etwa durch den eigenen Antrieb ausgeglichen. Ich weiß noch, wie skeptisch und kritikbereit wir in die erste Stunde gingen ...

Unser Lehrer schien indessen in allen unseren Eigenschaften nur das Gute zu sehen. Wie das verpflichtete! Er wies nie zurecht – obwohl wir es an Grund dazu nicht fehlen ließen. Vielmehr konnte er sich auf die Eigenheiten eines jeden Einzelnen von uns einstellen. Er war bereit, dem Humanisten, der kluge Einwände brachte, dialektisch zu begegnen, wie er es wünschte. Uns, die Zuhörer dieser Dialoge, überzeugte mehr als das Präzise in den Antworten die Art, mit der sie kamen: gelassen – wie tief aus der Mitte der großen Geheimnisse, als deren Verwalter er sprach ... Jansen, der leicht Abgelenkte, nahm sich, glaube ich, während der Stunde nur deshalb so zusammen, weil er vor und nachher genügend Gelegenheit hatte, seine vorrätigen Witze und komischen Einfälle abzureagieren, und das nicht etwa nur geduldet, sondern unter Beteiligung unseres Lehrers, bis wir anderen Tränen lachten ... Eine immer ein wenig Verzagte nahm die vorsichtig gegebenen Aufmunterungen dankbar an, wie der größte Frechdachs robuste Zurechtweisungen unter Lachen einsteckte.«

Und die Schreiberin erzählt weiter, wie »Jutta« wieder einmal fand: »Wir wollen heute keine Religionsstunde haben«, und das Buch des Kaplans versteckte. Wie diesem daraufhin die Hand zu einer Ohrfeige ausrutschte. Aber sofort danach tröstete er die Gemaßregelte mit einem belegten Brötchen – seltene Kostbarkeit damals! »Wir hatten uns von unserem Lachen noch nicht ganz erholt, Jutta verzehrte vergnügt ihre Beute, als Herr Kaplan sein Neues Testament aufschlug und in dem Augenblick ganz ›der Andere‹ war, jenseits unserer Ausgelassenheit, nicht mehr zu erreichen. Wir beteten. Dann hatte einer von uns einen Abschnitt zu lesen, worauf er ihn deutete ...«

»Während des Vortrages sah er fast nie auf«, fährt sie fort. »Dann war es, als hätte er alle seine bei uns so beliebten Eigenheiten und Lebhaftigkeiten in sich zurückgezogen, um ganz im Dienst des Inhaltes zu stehen, den er auslegte. Ich weiß, daß mir damals die Schwere des Wortes vom ›Stellvertreter‹ aufging. Obwohl er so stark auf seinen Vortrag konzentriert war, daß er, von einem Klin-

geln des Telefons im Satz unterbrochen, nach minutenlangem Gespräch die zweite Hälfte dieses Satzes zu Ende führte, konnte es uns manchmal in Erstaunen setzen, wie sehr er dabei auf Einzelne acht hatte. Einmal fragte er, ohne aufzusehen: ›Jansen, hast du dich bald genug über den afrikanischen Kriegsschauplatz orientiert?‹«

Daß Prassek absolut menschlich reagierte, zeigt eine andere nette kleine Geschichte. Prassek pflegte, wenn er nach Hause kam, sein Fahrrad einfach gegen die Mauer des Pfarrhauses zu lehnen. Einmal sah er vom Treppenhaus aus, wie ein Bursche sich heranmachte und das Rad stehlen wollte. Es war schließlich Kriegszeit. Prassek war mit ein paar Sätzen die Treppe hinunter, und nach einem kurzen Wettrennen erwischte er den Dieb und vermöbelte ihn auf offener Straße. Aber es paßte dann ganz zu ihm, daß er keine Anzeige machte.

Wir finden in dem Erinnerungsbericht der Religionsschülerin auch die für Prassek so charakteristischen Merkmale unaufdringlicher Güte und Besorgnis wieder. Zum Beispiel konnte es vorkommen, während er anscheinend ganz in die Auslegung eines Schrifttextes vertieft war, daß er auf einmal zwischen zwei Sätzen bemerkte: »Mädchen, du frierst ja. Ich stelle dir den elektrischen Heizofen unter den Tisch.«

An die Religionsstunden schloß sich bisweilen noch ein zwangloses Beisammensein mit Schallplattenmusik und Gesprächen an, zu dem auch die beiden anderen Kapläne gern erschienen. Nie vergaß Prassek dann, für das gute Nachhausekommen der jungen Mädchen zu sorgen. »Er besprach genau, wer mit wem nach Hause ging. Vorher hatte er bei ängstlichen Eltern angerufen. Einmal bei solch einer Gelegenheit fehlte für mich ein Heimbegleiter. Herr Kaplan, der am Telefon versprochen hatte, ich würde gebracht, sagte: ›Warte, ich hole meinen Mantel und liefere dich persönlich ab.‹ Ich erwiderte, weniger aus Ungezogenheit als aus Verlegenheit, daß ich schließlich kein Säugling mehr sei. Worauf er sich lächelnd verbeugte und keinen Einwand mehr machte. Später erfuhr ich durch Zufall, daß er auf dem Rad hinter mir hergefahren war und mich bis zur Haustür im Auge behalten hatte.«

Gerade in diesem aus Jungen und Mädchen gemischten Kreis wirkte sich die natürliche Unbefangenheit, die Prassek offenbar besaß, günstig aus. Die Religionsschülerin vermerkt, wie gut der Kaplan »schwierige« Themen zu behandeln gewußt habe, »in einfacher Klarheit, ohne daß auch das empfindlichste Gemüt verletzt wurde...« Prassek konnte jungenhaft-unbekümmert sein, aber Mädchen und Frauen gegenüber entwickelte er das ganze Zartgefühl, den seelischen Charme, die ritterliche Sorgsamkeit, wie sie Männern seiner Art oft eignen.

Als Beispiel des Prassekschen »Stils« mögen Auszüge eines Briefes angeführt sein, den er während der Haft an ein junges Mädchen im Arbeitsdienst schrieb:

Joh. Prassek   *Lübeck, den 21. II. 43*
Marstall-Gefängnis

+ *Meine liebe NN!*

Vier Monate sind es, meine ich, her, seit Du mir Deinen lieben Gruß aus Polenland schicktest! Muß ich mich entschuldigen, daß ich so lange schwieg? Ich vertraue auf Deine Güte und Barmherzigkeit. Du darfst aus meinem Säumen nicht schließen, daß er mir unwert gewesen sei, Dein Brief; im Gegenteil, wie, wenn ich so lange gebraucht hätte, um mit ihm fertig zu werden? Es stimmt das zwar nicht ganz, aber einfach war es darum doch nicht, fertig zu werden mit Deinen Grüßen vom See (Deinem See!), mit den Grüßen von der Freiheit und der Weite des Himmels und des Landes, mit den Grüßen vom letzten Scheiden des Herbstes, den die Marienfäden durchzogen, fertig zu werden auch endlich mit den Grüßen aus Deinem Innern, die mir schüchtern und in der Umschreibung durch andere Dinge Nachricht geben wollten von Deiner Seele. Vielleicht darf ich sagen, daß ich sie verstanden habe, und ich habe mich gefreut und habe Ihm gedankt für vieles, was sich darin fand. Wie oftmals habe ich mir sonntags Deinen Brief oder das Bild vom See genommen und mich hineingeträumt in alles, was Du mir schriebst. Ich konnte mir anhand der Gegenwart das alles ja so lebhaft vorstellen: Das Filigran Deiner Birken und Weiden und das Filigran, das freilich handfestere, meiner 10 Eisenstäbe hier vor dem Fenster, Dein großer unendlicher Himmel und die $^3/_4$ *qm, auf die mein Zellenfenster den Blick freigibt, der Duft Deines sterbenden Herbstes und der Duft eines unangenehmen Einrichtungsgegenstandes in meinem Appartement gaben genug Vergleichspunkte ab ...*

Daß es ... doch auf irgendeine Art immer wieder ging und es nie zu einem wirklichen Bruch mit Ihm kam, vielleicht tragen auch die Hände etwas Schuld daran, von denen Du schreibst, »daß sie nichts schufen, was nicht flehte«! Ich danke Dir dafür, NN. Vielleicht kannst Du Dir aus eigener Erfahrung auch eine Vorstellung davon machen, wie es trägt und beruhigt, wenn man weiß, daß irgendwo betende Hände Seine Gaben uns herunterlangen, um unsere leeren und kraftlos gewordenen Hände damit zu füllen. Ich tue es auch für Dich, und das ist eigentlich die Hauptsache, die ich Dir sagen wollte und weshalb ich Dir schreibe. Wie es in Dir aussieht, ob alles noch so ist, wie es früher einmal war, kann ich so genau nicht wissen, so genau war es aus Deinen Worten auch wohl nicht zu erkennen. Das ist auch so wesentlich jetzt nicht, weil zwischen uns ja doch eine schier unüberbrückbare Kluft besteht, die in Zukunft wohl immer größer wird, je mehr meine Verbindung zu den Menschen abreißen wird. So kann ich Dir doch nichts mehr sagen, schon jetzt habe ich nicht mehr genügend Einsicht, um Bündiges und Sicheres Dir zu sagen. Nur eben dieses, was Paulus einmal beim Abschied zu einer seiner Gemeinden sagte: »Ich überlasse Euch Gott und dem Wort Seiner Gnade ...«

Liebe NN! Vielleicht ist dieser erste auch der letzte Brief, den ich Dir schreibe ... Darf ich Dir danken für alle Freude, die Du mir bewußt und unbewußt gemacht hast? Auch für alle Sorgen in jenem Sinne, wie wir das einmal besprochen haben? Daß ich für Dich bete und Dich nie aus meinem Beten entlasse, weißt Du. Wirst auch Du mal daran denken? Welchen Weg ich noch gehen werde und muß, weiß ja nur Gott. Wirst Du mithelfen, daß er unter allen Umständen so gegangen wird, daß es keine Schande für Ihn wird? Ob wir uns wiedersehen hier? ...

In Deinem Brief von damals steht: »Ich könnte Ihnen ja soviel schreiben! – Und tue es demnächst.« Daß meine Antwort Voraussetzung sei, stand nicht dabei! Du darfst mir immer schreiben, ich werde mich immer freuen, ich kann nur nicht immer antworten.

Leb wohl, mein Kind, ich segne Dich und ich grüße Dich in der Liebe und Hoffnung Christi:

Dein

Joh. Prassek

G. schrieb mir:

> *Wind ist der Welle lieblicher Buhle,*
> *Wind mischt von Grund auf schäumende Wogen.*
> *Seele des Menschen, wie gleichst Du dem Wasser,*
> *Schicksal des Menschen, wie gleichst Du dem Wind.*

Dank für Deine Grüße und die Bilder vom See! Darf ich Dir die Madonna schicken, die monatelang auf meinem Tisch gestanden hat? Sie ist sicher nicht schön, aber – was ist hier schon schön? Sie bleibt darum doch »mächtig, uns aus Nöten und Gefahren zu erretten«.

Prassek konnte aber auch sehr eindringlich sprechen und schreiben, mit sanfter Entschiedenheit, wenn es galt, einen Menschen von labilem Zaudern zu befreien oder ihn vor dem Versinken in Trübsal zu bewahren. Es hieße überhaupt nur den einen Pol seines Wesens bezeichnen, wollte man lediglich von seiner vorbehaltlosen Hinneigung sprechen. Gewiß war Johannes Prassek das, was einer seiner Mitbrüder einen »guten Kerl« nannte. Aber er war es nicht in dem Sinne eines Mangels an Autorität. Er konnte letztlich »allen alles« nur sein, weil er unsentimental war und auch um die Notwendigkeit der Distanz wußte, in die er sich immer wieder zurücknahm. Sonst wäre er wohl nicht so ernst genommen worden. Es ist interessant, wie bereits die Religionsschülerin die beiden Pole in Prasseks Wesen erfaßt hat. Denn aus ihrer Schilderung schält sich ganz deutlich ein Bild heraus, das den jungen Kaplan im Kreise der Jugend nicht nur als burschikosen, unbekümmerten und allen vertrauten Gefährten zeigt, sondern ebenso als den überlegenen Menschenkenner und klugen Pädagogen.

Prassek war aufmerksam und überdachte auch die kleinen, alltäglichen Belange der ihm Anvertrauten, selbst noch im Gefängnis, aber er wurde bei aller Vertrautheit nie »alltäglich« oder privatgeschwätzig. Immer stand auch das Persönlichste und Konkreteste im Zusammenhang mit dem religiösen Hintergrund. Seine Sprache blieb bei aller Bezogenheit auf den Menschen und die Augenblickssituation transparent – geistlich.

Der Frauenseelsorger

Das Zeugnis einer Frau: »Ich war mit Kaplan Prassek durch die Jahre seiner Tätigkeit in Lübeck sehr gut bekannt. Zuerst sein

Beichtkind, entwickelte sich nach und nach ein herzlicher, auch menschlicher Kontakt, währenddem er sich unermüdlich um mich und meine Sorgen bemühte. Er ist häufig in unserer Familie zu Besuch gewesen. Er hat sich in gleich gütiger Weise meines Mannes und meiner Kinder angenommen. In der ganzen Entwicklung unserer persönlichen Beziehungen war er von Anfang bis Ende absolut und ganz Priester. Ich bin selten einem Mann begegnet, der mir eine so gleichbleibende Achtung eingeflößt hätte, obwohl Prassek um Jahre jünger war als mein Mann und ich«.

Und eine andere Aussage: »Prassek hatte eine besonders glückliche Hand in der Frauenseelsorge, weil er ein großes Einfühlungsvermögen besaß und bei aller Frische sehr behutsam sein konnte. Er war im Umgang mit dem anderen Geschlecht ungezwungen und herzlich, aber er konnte sehr kühl werden, wenn er auf der anderen Seite die geringste Zudringlichkeit spürte. Prassek wußte, daß man hie und da über ihn klatschte, eben wegen seines Einflusses auf Frauen. Er litt sehr darunter, aber er ließ sich niemals abhalten, seine seelsorglichen Ziele zu verfolgen. Er war so sehr vom Fluidum absoluter Sauberkeit umgeben, daß ich mir nicht vorstellen kann, es sei ihm schwer geworden, auch in seinem Innern eine gewisse Grenze einzuhalten. Er dachte offensichtlich gar nicht darüber nach, so sehr war er von seiner priesterlichen Mission erfüllt«[29].

Prassek hat tatsächlich gerade in den eigenen Reihen ziemlich viel Kritik erfahren[30], und man mag sich fragen, ob sie vielleicht berechtigt war. Immer wieder hat man ihm unkluges Verhalten und zu große Offenheit auf Kosten der priesterlichen Würde vorgeworfen. Und die geschmacklosen, verleumderischen Geschichten, welche die Gestapo systematisch unter der Bevölkerung verbreitete und im Prozeß gegen seine Standesehre auszuspielen suchte, waren, wenn inhaltlich auch gegenstandslos, so doch irgendwie durch Prasseks Verhalten verursacht.

Die Kritik kam vorwiegend – aber nicht nur – von älteren Mitbrüdern her. Sie mögen vielleicht einen Gefahrenpunkt in der Anlage Prasseks erkannt haben. Zu bedenken ist nur, wieweit sie Zugang gefunden haben zu jener neuen Art priesterlichen Umgangs, wie ihn von der Jugendbewegung geprägte Typen heutzutage pflegen. Die klerikale Distanz wird immer bereitwilliger zugunsten einer ursprünglicheren Menschenfreundlichkeit und Unbefangenheit zum Laien, auch zur Frau hin, aufgegeben. Gerade unsere Zeit hat einen besonderen Sinn für das Paradoxe im Erscheinungsbild des priesterlichen Menschen; man braucht nur einen Blick in die Literatur der letzten Jahrzehnte zu tun.

Pater Pfürtner, der Kaplan Prassek persönlich erlebt hat und der in seiner Stellung als Ordensmann sicherlich nicht als Verteidiger laxer klerikaler Umgangsformen angesprochen werden kann, schreibt in einem Zeitungsartikel über die Lübecker Geistlichen: »Man mag von menschlicher Seite gewünscht haben, er (Prassek) hätte mehr Klugheit walten lassen sollen. Das könnte für kleine Einzelhandlungen zutreffen. Die Grundlage seiner Lebenshaltung aber war von jener außerordentlichen ›Klugheit‹ gezeichnet, die Thomas von Aquin den höchsten Grad in ihrer Entfaltung nennt. Sie ist ›die Tugend der geläuterten Seele‹, die das Göttliche allein im Auge hat und oft rein menschliche Gesichtspunkte übersteigt«[31].

Zugegeben, daß Prassek hie und da wirklich ein wenig übers Ziel hinausgeschossen hat – er war ja noch jung –, aber dem Eindruck wird sich wohl niemand entziehen können, daß er »das Göttliche allein im Auge hatte«. Was speziell seinen Umgang mit Frauen angeht, so bezieht sich wahrscheinlich darauf die Äußerung des verstorbenen Osnabrücker Bischofs Berning, die er in einem Gespräch mit Pater Pfürtner machte. Bischof Berning sagte, er habe Prassek nach der Verurteilung unter vier Augen etwas gefragt, was ihm auf Grund des Geredes sorgenvoll auf dem Herzen gelegen habe. Aber Prassek habe sich »auch in diesem Punkt« als völlig integer erwiesen.

»Prassek war schon dem Aussehen nach alles andere als das Idealbild eines Klerikers«, schildert ihn ein Mitbruder. »Er war einfach nicht zu etikettieren.« Und ein anderer: »Kennzeichnend für ihn war der echte Kern, wenn auch die Form sich ziemlich eigen ausnahm. Er war kein Etikettenpriester, aber Gott sieht auf das Echte der Hingabe und läßt vielleicht selbst Ausgelassenheiten, sicher aber Humor zu. Prassek war kein Einheitstyp, kein Schablonenheiliger, sondern von sehr plastischer Eigenart. Er lebte aber zutiefst und spürbar aus priesterlicher Berufung.«

Es gibt in und um Lübeck eine Reihe von Menschen, die nachweislich durch Prasseks Einfluß zum Glauben zurückgekehrt oder doch zu einer vertiefteren Gottbegegnung gelangt sind. Und das nicht, obwohl, sondern weil Prassek so war. In einer befreundeten Familie hat Prassek einmal den Seufzer getan: »Schrecklich, daß man nicht mehr natürlich sein kann!«

Prassek als Freund

Besonders stark kommt die ganze Unmittelbarkeit, mit der er sich zu geben pflegte, in seinen Freundschaften zum Ausdruck.

Nun ist man versucht zu sagen, Johannes Prassek habe überhaupt *nur* freundschaftliche Beziehungen gehabt. Das heißt, sein Verständnis der Nächstenliebe als *amor amicitiae* drängte ihn zu einem wesenhaften Erfassen des anderen. Prassek war es sozusagen nicht möglich, die Liebe zum Mitmenschen in den Akten eines mehr oder weniger pflichtgemäßen und unbeteiligten Wohltuns zu absolvieren. Er liebte, wenn zwar jeden anders, so doch jeden möglichst ganz. Aber unter diesen persönlich-seelsorglichen Kontakten gab es doch einige, die den Namen Freundschaft, jener edlen und innigen Beziehung von Ich und Du, in einem besonderen Sinn verdienen, weil sie auch Prassek selbst unmittelbar bereicherten und beglückten.

Prassek hat von Jugend auf eine Reihe »Wahlverwandtschaften« gehabt: die Grauen Schwestern des Wilhelminenstiftes, das Pfarrhaus und das Kinderheim in Rahlstedt und die Familie seines Studienfreundes. Er ist diesem Menschenkreis bis zum Tode herzlich verbunden geblieben. Seine Begabung zur Kommunikation hat sich dann im Verlauf seiner seelsorglichen Tätigkeit noch entwickelt und verfeinert.

»Du mein Lieber!« redet er einen jungen Mitbruder in einem Primizglückwunsch an. Andere, spätere Freundesbriefe aus dem Gefängnis haben die gleiche Intimität der Ansprache und Anteilnahme. Eine starke, auch gefühlshafte Bindung lebt darin, die aber immer transparent bleibt. Stellenweise bricht ein fast leidenschaftliches Interesse am Ergehen des anderen durch, aber auch dieses ist religiös bezogen.

Prassek hat vielen Menschen »Heimat des Herzens« gegeben. Er hat auch selbst gern gesellige Stunden mit vertrauten Menschen verbracht, er ist mit ihnen ins Theater oder Konzert gegangen und hat Freude an einer kultivierten Atmosphäre gehabt. Das Wesentliche auch seiner persönlichsten Beziehungen gründete aber letztlich im Sakralen: im religiösen Austausch, in Beichtführung, im

gemeinsamen Beten und Opfern füreinander und für überpersön-
liche Anliegen. Es fand zwischen ihm und seinen Freunden sozusagen ein Austausch der Sorgen statt.

*Ich danke Dir für alles, vor allem, daß Du jetzt jeden Morgen,
wenn es Dir möglich ist, das Opfer für mich feierst. Du mußt nun
das heilige Opfer jeden Morgen für alle die Menschen aufopfern,
für die ich das sonst getan habe. Was ich Dir damit aufbürde, weiß
ich noch nicht, vielleicht wirst Du die Last Jahre und Jahrzehnte
zu tragen haben, aber ich mache es Dir wieder gut durch mein
tägliches Opfern und Beten für Dich ...*

So schreibt er in einem seiner Briefe aus dem Gefängnis[32]. Und in
einem anderen Freundesbrief:

*Das Wesentliche, in dessen Namen wir, Du und ich, zueinander ge-
funden hatten, Ihn, auf den wir beide gemeinsam zuzugehen uns
bemühen wollten, Ihn hat uns niemand genommen, und Ihn kann
uns auch niemand nehmen, wenn wir Ihn selber nur nicht lassen ...
Laß uns einander immer neu das sagen, daß wir füreinander sorgen wollen, damit uns dieses Erkennen, Kennen und Anerkennen
Gottes immer mehr zum Kernpunkt wird, um den wir unser Leben
kreisen lassen ...*[33]

In noch größerer Deutlichkeit kommt der geistliche Kern seiner
Freundschaftsbeziehungen in folgender Briefstelle zum Ausdruck:
*Das ist schließlich auch der letzte und vornehmste Sinn meiner
Sorge um Dich und meines Interesses an Dir. (Gemeint ist die
Sehnsucht nach dem vollendeten Leben in Gott. Die Verf.) Und
wenn ich Dir das in ganz hohem Maße erbetet und eropfert hätte,
dann könnte ich Deinetwegen beruhigt die Hände in den Schoß
legen ... Daß Er Dir Seine Liebe in ganz großer Fülle schenken
möge ... und dabei – ich komme wieder auf etwas, was ich früher
schon Dir habe sagen dürfen und müssen – dabei bin ich höchstens
zweit- oder dritt- oder auch erst viertrangig wichtig. Wichtig ist
dabei allein nur Gott und Deine Seele und Euer liebendes Sprechen
und Umgehen miteinander ... Ich kann dabeistehen ... Mein Beten
steht jeden Tag ganz stark bei Dir ...*[34]

Diese Zeilen sind bezeichnend für Prasseks Bestreben, »sich« ganz
zu schenken und sich gleichzeitig vergessen zu machen um der größeren, der übernatürlichen Freundschaft mit Gott willen. Nähe in
der Distanz, Distanz bei aller Nähe, das ist denen möglich, die
lieben und deshalb tun können, »was sie wollen«[35].

In welcher Tiefe von jeher die Beziehungen zum andern bei Prassek verankert sind und wie unausweichlich dabei das doppelte Wissen, daß Gott wohl verbindende, aber ebenso auch trennende Macht zwischen Mensch und Mensch ist, bezeugt ein Brief, den er kurz nach seiner eigenen Weihe an einen Primizianten schrieb. Es ist das früheste schriftliche Zeugnis, das wir von ihm besitzen. Es heißt darin:

Du willst Deinem Gott zur Verfügung stehen zugunsten eines Menschen, der Deiner Seele alles wert ist, wie Dein Leben und Deine Lebenserfüllung und Dein Lebensopfer ... Ein betendes Wort möchte sich mir aufdrängen: Gott möge Dich wirklich dafür brauchen und rufen. Möglich ist es ja. Es ist gewiß, daß einer des andern Last trage, einer des andern Schutzgeist sein kann, sei es durch unmittelbar seelische Einwirkung, sei es – und das ist die wichtigste Methode – auf dem Wege über Gott: Man füllt Gottes Hände mit überfließenden Vorräten von Liebe und Hingabe und lenkt betend diese Hände, daß sie sich segnend auf jenen Menschen legen. Ob Gott gerade Dich auf solche Weise in seine Hände nehmen will? Einstweilen ist es gewiß, daß auch schon Deine Bereitschaft nach seinem Geiste und Willen ist. Das Anerbieten einer heiligen Menschenliebe ist immer nach seinem Sinn, kommt seinen Absichten stets entgegen, ist wie ein unwiderstehlicher Ruf, der seine Berufung herbeiruft.

Da würde in der Tat Dein Leben eine Erfüllung erhalten, es würde aus aller Willkür und Enge und Zufälligkeit hinausgehoben in eine Notwendigkeit und Weite, die schrankenlos ist. Es würde durchwärmt von einer großen Liebe und könnte sich in dieser Liebe auswirken, wenn auch nur aus der Ferne und im opfernden Verzicht auf fühlbare Nähe, aber auch dieses Opfer ist süß und stark und fruchtbar, weil es die allernächste Nähe gibt, die allerengste Verbundenheit, die möglich ist, die Nähe in Gott, der alle Liebenden verbindet, indem er zwischen sie tritt, und der sie zugleich trennt, indem er sie in seine Unendlichkeit aufnimmt ...[36]

Es scheint, daß Johannes Prassek mit seiner großen wissenden Menschenliebe und der Unbefangenheit eines Kindes zu jener Art höherer Weisheit begabt war, die engere Gemüter leicht in Verlegenheit bringt, weil es ihnen fremd ist, daß Lauterkeit des Herzens eine besondere Nähe zu allem Geschaffenen möglich macht. Prassek hat gewußt, daß der Gottmensch zwar der Höchste und

Heiligste, aber zugleich auch der sich ganz Mitteilende und Zugänglichste ist, und er hat seine Christusnachfolge in eben diesem Sinne verstanden. Der französische Dominikaner Raymond L. Bruckberger sagt einmal: »Im Christentum ist man rein nur durch die Nähe zu Gott, dem unmittelbaren Urgrund allen Seins. Das wahre Mittel, die Geschöpfe anzusprechen, sie im Tiefsten anzurühren, ist, sie in Gott zu lieben. Niemand ist den Geschöpfen näher als der Heilige. In seiner Reinheit und in seiner Liebe zu Gott, die über alles ging, war Franziskus von Assisi allen Geschöpfen nahe... Es ist eines der großartigsten Kennzeichen des Christentums, anstelle der Angst die Liebe gesetzt zu haben. Damit wird ›rein sein‹ ein anderes Wort für ›nahe sein‹«[37].

In einem der wenigen Briefe Prasseks, die wir aus der Zeit vor seiner Verhaftung haben, schreibt er:

Was Dominikus bewußt und absichtlich getan hat, das hat Franziskus auf seine Weise mit dem sicheren Instinkt des liebenden und von Mitleid bewegten Gotteskindes getan: Sich selbst und seine Jünger in die Welt zu senden wie Lämmer unter die Wölfe, um diese Wölfe zu besänftigen durch die Übergewalt ihrer Liebe und ihres liebenden Dienstes. Der Zweckgedanke war in ihm der erhabene und für liebende Gemüter überaus naheliegende Gedanke, über sich selbst und das eigene Leben hinaus zu wirken in einem selbstlosen Dienst an allem, was Bruder und Schwester heißt (vgl. Anm. 36).

Prassek und die Welt

Prasseks gesamte Lebens- und Welteinstellung ist gekennzeichnet durch Bejahung, Offenheit, Freisein von Ängstlichkeit. Prassek hat eine spontane Sympathie für alles Seiende gehabt. Dazu verhalfen ihm ein ausgeprägtes Wertgefühl und eine verborgene künstlerische Anlage, die ihn, wenn nicht zur eigenen Formgestaltung, so doch zu einem intensiven Begegnen und Nacherleben befähigte. Seine Briefe haben in ihrer Aussageweise etwas, das über den rationalen Gedankengang, die Mitteilung, die seelsorgliche Bemühung hinaus auch das ästhetische Empfinden anspricht. Die Diktion der Gefängnisbriefe zwar ist nicht immer gültig und geht nicht immer am Sentiment vorbei – sie wurden geschrieben von einem körperlich und seelisch Geschwächten –, aber sie ist eigenwillig und bewegt.

Prassek hatte die Begabung, sich der »Harmonie des Augenblicks« zu überlassen. Der Augenblick »konnte ihn so stark erfüllen, daß sein verhaltener Jubel unweigerlich auf den überging, der dabei sein durfte und der dann, alles Schwere (weshalb er vielleicht kam) vergessend, bereit war, sich zu lösen, zu freuen – und somit offen zu sein für Gott«[38].

»An einem Sommertag, an dem gerade die Sonne aufgegangen war und Nebel noch über den Wiesen lag, stieg er vom Rad und sagte: ›Jetzt kann einem Grieg mit seiner Musik durch den Kopf gehen.‹ Ein anderes Mal, als wir mit dem Rad am Brodtener Ufer fuhren, wo links die See grün mit weißen Schaumköpfen schimmerte und rechts ein schmetterlingsüberflogenes Kornfeld leuchtete, rief er tief Atem holend aus: ›Mein Gott, womit haben wir das alles verdient!‹ . . . Diese erfüllten Feieraugenblicke waren an nichts gebunden. Sie kamen wie Freunde oder wie Geschenke, wenn man in der Sonne am Strand lag und ›langsam vernegerte‹, oder, dem Staub der Stadt entflohen, sich in die Wellen der Ostsee stürzte. Er war ein hervorragender Schwimmer, und sein Kraulstil schwer erreichbar. Er tauchte wie ein Fisch und konnte das Element so von Herzen genießen. ›Menschenskind, das ist ja zum Verrücktwerden schön!‹ mochte er dann sagen«[39].

In diesen Zusammenhang gehört vielleicht auch seine Liebe zu Lübeck, der »Stadt der goldenen Türme« mit ihren Kirchen und Kunstwerken, ihrer Musik, ihren Giebelfronten, dem ernsten und gleichwohl phantasiebegabten nordischen Menschenschlag.

Prassek hatte auch selber eine gute Stimme, er sang gern zur Gitarre, und unter seinem Nachlaß befanden sich zwei Blockflöten.

»›Wir müssen Ihm sehr danken!‹ sagte er oft, er, der nur das Gute in den Menschen sah und dessen Weisheit war: *Ama et fac quod vis.* Diese Gedankenreihe gehört eng zu der Erinnerung, daß er uns das Lied lehrte: ›Mein Gott, wie schön ist deine Welt‹, in dem es einmal heißt: ›Der liebe Mensch mit Blut und Geist, der seinen Schöpfer lobt und preist, weil es ihm wohlgefällt.‹ . . . Als ich ihn persönlich näher kennenlernte, merkte ich, daß das überhaupt seine wesentliche Einstellung zur ›Welt‹ war: Jubel und Dank – denn alles wurde ihm zum Geschenk. Die Welt schien vor der bezwingenden Eindeutigkeit, mit der er sie ergriff und bejahte, den Charakter der ›Versuchung‹ zu verlieren, den sie für manche Christen (auf Grund falscher Erziehung) oft hat. Nicht, daß er sich in Problemstellungen darüber geäußert hätte, aber aus Schritt und Blick und all seinem Tun strahlte die große und gute Einheit von Gottes schöner Welt. Nur einmal sprach er darüber: ›Wir brauchen uns nicht ängstlich zu verkriechen, als hätte Gott uns überall nur Fallstricke zur Sünde gelegt. Er ist doch unser guter Vater. Warum auch hätte er die Welt so schön gemacht, wenn nicht für seine liebsten Kinder!‹«

Hier muß man allerdings fragen, ob die Schreiberin – es handelt sich um die Religionsschülerin – nicht einfach damals noch zu jung war für jene andere Wahrheit: daß durch alles Geschaffene der erbsündliche »Riß« geht und auf dem Grunde der Dinge *auch* die Traurigkeit, ja, die Versuchung liegt. Es ist kaum anzunehmen, daß Prassek nach seiner Anlage und Herkunft nicht ebenso auch um die dunklen Lebenswirklichkeiten gewußt hat.

Lieben und Leiden

Tatsächlich war die »glückliche Natur« nur die eine Ansicht seines Wesens. Er schreibt einmal selber:

Gott weiß, es gibt Stunden in jedes Menschen Leben, wo auch kein Funke von jener Liebe mehr in uns zu spüren ist, wo auch nicht der Hauch einer idealen Gesinnung uns zum Geben bereit machen will, wo uns nur noch treiben kann das Verschmähte: ›Do ut des‹. Ja, bisweilen selbst das nicht mehr, sondern nur noch die Angst vor dem Richter[40].

Auf dem Hintergrunde dieser ernsten, wissenden und illusionslosen Auffassung vom Dasein gewinnt Prasseks Erscheinungsbild seine Tiefe und erst die rechte Überzeugungskraft. Die mitreißende Menschlichkeit und offensichtliche Lebensfreude sind alles andere als Harmlosigkeit und Mangel an Vorstellungskraft.

Übrigens hatte Prassek ein chronisches Magenleiden. Wer ihn gut kannte, konnte des öfteren beobachten, wie er unter der Einwirkung heftiger Schmerzen auf der Kanzel stand.

Prasseks Leben hat also durchaus seine Mitgift an Mühsal, Schmerzen und Spannungen gehabt. Es waren unauffällige Leiden, er hat niemals Aufhebens davon gemacht. Nur in seinem Brief an den Bischof aus dem Gefängnis kommt einmal in einem Nebensatz, fast unbeabsichtigt, zum Ausdruck, welche Last ihm das Priestersein manchmal war, »wenn die Beschwerden der Krankheit oder der Müdigkeit drückten...«[41]

Prassek hat von Anfang an nicht das Kreuz aus seinem Dasein ausgeklammert. Er hat gewußt, daß das Kreuz gerade für den Priester Lebenselement ist.

Wenn wir das wissen, und nicht nur so nebenbei, in der Theorie, sondern es lebendig und tief, als uns persönlich... betreffend wissen, dann erst hat unser Leben seinen rechten Sinn, jenen Sinn, den wir nach Seinem Willen unserm Leben von vornherein hatten geben sollen. Dann erst sind wir Priester, deren Teilnahme am Kelche des Herrn nicht nur äußeres Tun und Symbol sein darf, sondern innerstes eigenes Erleben sein muß. Und darum möchte ich Dir heute das schlichte Kreuz auf den Tisch legen. Du hast es in der Zeit Deines Wartens auf diesen Tag (der Priesterweihe. Die Verf.) schon oftmals lieben oder auch ›achten‹ gelernt. So habe ich auch immer das einfache Holzkreuz, das in Frankfurt in Deiner Stube hing, das Du Dir vielleicht selber gemacht hattest und von dem Du mir nicht sagen wolltest, was es für Dich bedeutete, gedeutet[42].

Und es klingt wie ein Vorentwurf seines eigenen zukünftigen Schicksals, wenn er fortfährt:

Du wirst es später noch viel kälter und nüchterner und noch viel kantiger, ohne alle Gloriole, wieder und wieder auf Dich nehmen, jeden Tag...

Der Schreiber wußte damals noch nicht, daß er seine Worte später im öden Gleichmaß der Gefängnistage und den Schrecknissen des Wartens auf den Tod selber würde einlösen müssen.

Johannes Prassek erweist sich in seiner persönlichen Religiosität hier schon als einer jener Menschen, die bei aller geistigen Wachheit und Kritikfähigkeit gerade auch in ihrer Beziehung zu Gott zu unbedingter Hingabe bereit sind, zur Treue um jeden Preis. Nachdem sie das Göttliche einmal schmeckten, werden sie von einem lebenslangen Hunger danach getrieben. Ihre religiösen Erfahrungen und Anrufe prägen ihr gesamtes Lebensgefühl, »das Heilige« wird ihnen zur Existenzfrage.

Man kann sich auch bei Johannes Prassek schlechterdings nicht vorstellen, was er ohne seinen Gott geworden wäre. Seine naturgegebene Anlage zur Partnerschaft hat erst im Austausch mit dem höchsten Du seine eigentliche Vollendung erfahren.

Er hat Gott von ganzem Herzen geliebt. Dabei umgreift seine

Gottesvorstellung beide Mysterien, das *tremendum* ebenso wie das *fascinosum*. Gewiß hat er Gott als die große Beseligung in seinem Dasein erfahren, als den vertrauten Gefährten, der Geborgenheit gibt. Aber schon in den beiden frühen Primizbriefen klingt auch das Wissen um die andere Wirklichkeit an. Im Gefängnis überwiegt dann die Erfahrung, daß Gott »der ganz Andre« ist, der Unbegreifliche, Fremde, der Verborgene, der sich dem Zugriff des menschlichen Verstehenwollens immer wieder entzieht. Er ist ein Gott, der in gewissen Stunden nur erlitten, ertragen werden kann, der seinen Geschöpfen bisweilen sogar eine geradezu erstickende Angst einflößt. Die eine Seite von Prasseks Religiosität war die Liebe, das Hingerissensein, die ekstatische Freude an Seiner Herrlichkeit. Die andere aber war die »Furcht Gottes«, die ja ebenso eine Tugend ist, eine der sieben Gaben des Heiligen Geistes, um die der Christ beten soll.

Prassek war bei aller Unmittelbarkeit und Frische ein ausgesprochen verinnerlichter Mensch. Die Pfarrhaushälterin bezeichnet ihn als einen Mann »von großer seelischer Tiefe«, die nach außen hin nicht unbedingt jedem sichtbar geworden sei. Der Kaplan habe auch außerhalb der Gottesdienste oft die Kirche aufgesucht, fast jeden Mittag sei er nach dem Essen zu einer kleinen *Adoratio* vor den Tabernakel gegangen.

Wenige Tage vor der Verhaftung hat Kaplan Prassek sich in einem Brief an einen jungen Menschen zur Möglichkeit eines verinnerlichten Lebens mitten im Getriebe der Alltagswelt geäußert.

»Schlimm finde ich, daß man nie allein ist« schreibst Du. Ist es auch. Ich kenne das von früher her und auch jetzt, wie man sich manchmal vor anderen verrammelt und tut, als wäre man gar nicht da. Man braucht diese Minuten, wo man sich loslösen kann aus den anderen und hineinsinken in sich selber. Aber ist es so nötig, daß wir darum auch äußerlich allein sind? Wenn wir genügend Tiefe haben, dann werden wir auch im größten Trubel von außen her, auch bei der größten Geschäftigkeit nach außen hin, im Innern die Ruhe und Abgeschlossenheit erhalten können, wohin nur wir selber und außer uns nur noch Einer dringen kann. Und da ruhen wir, bis dann Er selber als die ewige Unruhe in uns uns wieder herausreißt aus der Totenstille des habsüchtigen Ich, um uns zu den Menschen zu führen, für die wir da sind nach Seinem Willen. Ist nicht auch das etwas, was uns beglücken kann, daß wir in ge-

rade diesen Unannehmlichkeiten haargenau nur unter Seinem Wil-
len stehen und daß sie nur soweit reichen, wie Er es zuläßt ... Die
Lächerlichkeiten des Lebens und seine profansten Seiten werden
dadurch in eine höhere Ebene gehoben, alles orientiert sich an
dieser einen, immer gleichbleibenden Linie: Sein Wille und dessen
Erfüllung. Alles, was sich uns sonst noch als wichtig aufdrän-
gen möchte, verschwindet dahinter, wird abgemessen und ein-
geordnet nach der größeren oder geringeren Nähe, die es zu dieser
Linie hat. Hier haben wir so ein Ordnungs- und Läuterungs-
mittel ... Haben wir Zeit, hiervon etwas verlorengehen zu lassen?
Findest Du nicht auch, daß so ein Tag doch viele viele Minuten hat
und daß man in diese Minuten sehr viel hineinpfropfen kann,
wenn man sie wirklich ausnützt?[43]

Corpus Christi mysticum

»Einen tiefen Eindruck empfing man immer wieder, wenn man
Kaplan Prassek am Altar erlebte. Er war sehr gesammelt bei der
heiligen Handlung«[44].
»›Wir *lesen* keine Messe, wir *feiern* sie‹, verbesserte er einmal einen
von uns, und wenn man ihn am Altar sah, fand man die Bestäti-
gung. Als ich Kaplan Prassek zum erstenmal zelebrieren sah, fiel
mir das Wort ein, das ich einmal von einem Benediktinerpater
gehört hatte: ›Liturgie ist ein heiliges Spiel vor Gott‹«[45].
Prassek kommt aus der katholischen Jugendbewegung und der
Zeit der liturgischen Erneuerung. Daß er jene kritische Äußerung
zur »Andachtsbeichte« gemacht haben soll, läßt immerhin ver-
muten, daß er lebhaft an den Bemühungen seiner Generation um
eine Verwesentlichung des Glaubenslebens teilgenommen hat. Sein
jugendlicher Radikalismus mag sich im Verlaufe der seelsorglichen
Praxis zu einer weisen Mäßigung und erfahrenen Einsicht abge-
klärt haben, wie sein gelegentlicher, brieflich erteilter Rat, doch
»öfter« beichten zu gehen, beweist. Aber er hat das Bußsakrament
immer sehr ernst genommen, auch dessen subjektive Seite, die man
gemeinhin mit »Seelenführung« bezeichnet. Prassek war ein be-
gehrter Beichtvater, und er hat den obligatorischen Zuspruch in
all seinen Möglichkeiten zum individuellen Beraten, Helfen, Führen und Wiederaufrichten ausgenützt. Allerdings hat er auch immer
wieder danach getrachtet, sich im letzten überflüssig zu machen.

Daß Prassek wirklich stark aus dem Sakramentalen gelebt hat, zeigt die überströmende Freude am Weihetag und mehr noch der Tränenausbruch im Gefängnis, als er das erste Mal nach langen Monaten schmerzlich empfundener Entbehrung wieder die Eucharistie feiern darf. Auch sonst spricht sich in der Begegnung etwa mit Gefängnispfarrer Behnen und in den Gedankengängen seiner Briefe stark das in unserer Zeit wieder neuerwachte Verbundenheitsgefühl mit dem Geheimnis des *Corpus Christi* aus.

In diese Linie gehört es, daß Prassek seine Gemeinde wie auch seine Diaspora-Diözese niemals als bloß formale Gebilde betrachtet hat, sondern als lebendige Organe im Verband der *Ecclesia;* dem entsprach seine Treue zu dem »Boden«, der ihn trug und nährte und für den er sich mühte wie ein williger Knecht. Seine letzten Worte sind Grüße an die geliebten Lübecker und das Versprechen, daß er an die Seinen denken werde in alle Ewigkeit[46].

So war auch sein Verhältnis zu Lange und Müller ausgesprochen mitbrüderlich, ja, freundschaftlich. Trotz seiner äußeren und vielleicht mehr noch inneren Überlegenheit hat Prassek nie auf seinem Vorrang als erster Kaplan von Herz-Jesu bestanden. Noch heute gilt das Einverständnis zwischen den dreien als sprichwörtlich. Die Haushälterin bezeugt, die Kapläne hätten ein überaus harmonisches Zusammenleben geführt. Ihre seelsorgliche Arbeit hatte den Charakter eines *team-work,* und auch ihre Freizeit verbrachten sie gern miteinander, zu Hause in einer improvisierten Geselligkeit oder durch den gemeinsamen Besuch von Theater, Konzert und Kino.

Mitglieder der damaligen Jugendgruppen äußerten verschiedentlich, das Pfarrhaus von Lübeck habe ihnen sehr Entscheidendes auf den Weg ins Leben mitgegeben. »Die Kapläne waren fröhlich, gesellig, weltoffen und hilfsbereit. Wir gingen für sie durchs Feuer. Das Haus Parade 4 war überhaupt unser ›Ort‹. Man war dort auch außerhalb der religiösen Abende willkommen, und es ging ganz unkonventionell zu. Treffpunkt war die Küche. Fräulein Johanna war großzügig und ließ uns gewähren. Man lehnte an der Schrankkante und besprach die neuesten Nachrichten. Manchmal kam dann einer von den dreien herunter, angezogen von den Stimmen. Wenn man nach längerer Abwesenheit von Lübeck nach Hause zurückkam, führte einer der ersten Wege bestimmt zum Pfarrhaus. Wir sagten daheim einfach: ›Ich geh zur Parade!‹ Dann war alles in Ordnung. ›Die Parade‹ war auch für unsere Eltern ein Begriff.«

Zehn Stäbe vor dem Himmel

Prassek war ein begabter Prediger, temperamentvoll, von großer Ausdrucksfähigkeit, mit einer gewissen Lust an »eindeutigen Formulierungen«. Die alte Operationsschwester im Marienkrankenhaus in Lübeck kann sich noch erinnern: »Prassek konnte ja so gut predigen!« Andere berichten, wie sehr beeindruckt sie damals waren, als er den ersten Gottesdienst und die erste Predigt in Herz-Jesu hielt. Eines seiner Beichtkinder, ein anspruchsvolles, kritisches Gemüt, bekennt: »Prassek hat für mich eine große geistige Anziehungskraft besessen, die eigentlich niemals nachgelassen hat. Ich ließ mir kaum eine Predigt von ihm entgehen, so daß er darüber etwas belustigt war und meinte, ich solle doch nicht meine Zeit so verschwenden. Ich weiß, daß er auch auf andere, einfache Menschen diese Wirkung gehabt hat. Seine Ansprachen waren von einer seltenen Lebendigkeit, Unmittelbarkeit und religiösen Tiefe.«
Eben diese Begabung ist ihm dann zum Verhängnis geworden. Jemand, in dessen Familie Kaplan Prassek regelmäßig verkehrte, berichtet: »Ich habe oft um Prassek große Sorgen gehabt. Einmal war ich in einer Predigt, die er vor dem VDA (Verein der Auslandsdeutschen) hielt. Dabei kritisierte er sehr offen und scharf die Vertreter des NS-Regimes. Als ich nach der Predigt zu ihm ging und ihm Vorhaltungen machte, er werde sich dadurch zu stark gefährden, antwortete er mir: ›Wir Priester wenigstens müssen den Mut haben, die Wahrheit zu sagen. Sonst glauben die Leute, das alles wäre in Ordnung. Was können sie mir schon tun?‹
Im März 1937 ist Johannes Prassek geweiht worden. Im Mai 1942 wurde er verhaftet. Nach fünf Jahren mußte er also seine öffentliche Tätigkeit abbrechen. Anderthalb Jahre hat er im Gefängnis zugebracht. Diese Zeitspanne macht also ungefähr ein Viertel seines Priesterlebens aus. Das ist viel. Die innere Bedeutsamkeit dieses leidvollen und erkenntnisreichen Abschnitts mochte für ihn selbst und seinen Umkreis jedoch weit größer sein als das zeitliche Maß. Der eigentliche Wert der letzten achtzehn Monate seines Lebens kann nur erahnt werden; er reicht unmittelbar in das Geheimnis der göttlichen »Rechenkunst« hinein.

Mit der Verhaftung werden die Geistlichen von einem Tag auf den anderen von allem abgeschnitten, was ihnen bisher Lebenselement war: von den Menschen, der Seelsorge, den Sakramenten, den Mitbrüdern, Freunden, von geliebten Dingen und Gewohnheiten. Was in den ersten beiden Monaten, während denen keine Nachricht aus dem Gefängnis herausdrang, in ihnen vorgegangen ist, wird wohl für immer verborgen bleiben. Immerhin geben Prasseks Briefe einige Auskünfte. (Die Briefe Langes an seine Familie enthalten nur gelegentliche Andeutungen, sie sind im ganzen aber in der Wiedergabe psychischer Erfahrungen undifferenziert. Da es Langes Hauptbestreben ist, die Eltern zu beruhigen und zu trösten, haben seine Briefe mehr den Charakter religiöser Anmutungen. Eduard Müller geht fast gar nicht auf seine Person ein, von Pastor Stellbrink sind nur vereinzelte Zeilen erhalten.)

Nach acht Wochen erhalten Prasseks Bekannte den ersten Brief aus dem Gefängnis. Er klingt zuversichtlich. Man fragt sich, ob diese Gelassenheit echt ist oder ob er die Freunde nur beruhigen will. Vielleicht hat er den ersten Abschnitt der Gefangenschaft tatsächlich ganz gut bewältigt. Er konnte physisch und psychisch aus eigenen Kraftreserven schöpfen. Seine Ergebenheit ist möglicherweise nicht ganz frei von Resignation. Die Erfahrung mit dem »Konvertiten«, der sich als Verräter entpuppte, hat Prassek in seinem gesamten Lebensgefühl stark getroffen. Überhaupt werden die Spannungen der letzten Wochen vor der Verhaftung ihn mehr aufgeregt haben, als er zugab. Zum erstenmal in seinem Seelsorgerdasein ist ihm die Last der priesterlichen Verantwortung genommen. Das ist eine ganz neue Erfahrung. Es scheint, daß er zunächst eine Art Erleichterung darüber empfindet. Er schreibt:

Vor allem habe ich Ruhe vor den Menschen, und das ist für mich im Augenblick das Beste, was ich mir wünsche. Ich habe nach dem, was ich in diesen Tagen von den Menschen erlebte, besonders von einem, den ich geliebt habe wie einen Bruder, für den ich alle erdenkliche Mühe und Sorgfalt ein Jahr lang aufgewendet habe und der mich dann verraten hat, genug. Ein solcher Mensch zerschlägt allen Mut und Idealismus. Sollte ich jemals in meinem Leben noch wieder ein freier Mensch sein dürfen, nach dem heutigen Stand meiner inneren Verfassung werde ich nicht wieder in die Seelsorge gehen, selbst wenn ich dürfte. Was ich tue, weiß ich noch nicht, Gott wird auch das schon lenken[47].

Aber schon bald beginnt das öde Gleichmaß der Tage und Nächte zu peinigen:

Früher habe ich Ihm jeden Abend gedankt für den Tag, den er mir zu leben geschenkt hatte. Augenblicklich bin ich nicht wieder so weit. Ich danke Ihm statt dessen für jeden Tag, der vorüber ist. Allerdings auch für jede lange, lange Nacht, die vorüber ist . . .[48]

Welche Summe von Erlittenem läßt dieses demütige Geständnis erahnen! Dabei muß man sich vergegenwärtigen, daß die Gefangenschaft, je länger sie andauerte, um so schwerer wurde. Bei dem ganz und gar ungewissen Ausgang der Affäre konnte sich das Gesetz der Gewöhnung kaum geltend machen. Der Verschleiß an physischen und psychischen Energien war groß, vor allem im ersten halben Jahr. Die Kräfte wurden schwächer, und in genau umgekehrtem Verhältnis dazu steigerte sich die Sensibilität. Die kaum unterbrochene Stille und Einsamkeit, die daraus folgende Konzentration auf das eigene Innere können den Menschen so verändern und verfeinern, daß er zu ungeahnten subtilen Erlebnissen fähig wird. Schmerzliche und freudige Vorkommnisse gewinnen eine unverhältnismäßige Bedeutsamkeit und haben langanhaltende Erregung zur Folge. So schreibt Prassek:

Daß Freude so groß sein und so erregend schwächen kann, daß man sich hernach erholen muß (förmlich erholen), habe ich in dieser Stärke erst hier kennengelernt . . .[49]

Das ist jedesmal ein aufregendes Ereignis, wenn so ein Brief oder gar Besuch kommt, das klingt tagelang nach, so daß man mit den Gedanken nicht mehr davon loskommt . . .[50]

Johannes Prassek erwähnt die leiblichen Entbehrungen der Gefangenschaft zu Anfang nur nebenbei. Nicht lange, und sie bringen ihn an den Rand der Verzweiflung. Seine Seele nimmt bald auch alte und neue Sorgen um andere verwandelt wieder auf. Gerade seiner leidensfähigen, vielschichtigen und anfälligen Natur ist kaum etwas erspart geblieben. Dabei ist schwer zu entscheiden, was ihm im Laufe der Zeit ärger zugesetzt hat: Hunger und Kälte, Magenschmerzen und Schlaflosigkeit – oder die seelischen Prüfungen: Verlassenheit, Verleumdungen, Schuldgefühle, religiöse Dürre. Es geht wohl alles ineinander über.

Prassek war mit seiner nervösen Konstitution und dem chronischen Magenleiden denkbar undisponiert zum Hungern. Die eiweißarme, allen diätetischen Forderungen zuwiderlaufende Gefängniskost, die in viel zu großen Abständen kam und den Magen im Augenblick überlastete, ohne dem Körper die ausreichenden Kalorien zu vermitteln, muß auf die Dauer eine Katastrophe für ihn gewesen sein. In seinen Zeilen klingt hie und da durch, was ihn der »Kampf gegen die rebellische Natur« gekostet hat. Einmal in einem Brief an einen Freund schreit er förmlich auf:

Weißt Du, was Hunger ist? Wenn der Magen knurrt und man hat dieses unangenehme »Hunger«gefühl, das ist noch kein Hunger! Aber wenn es Dir aus dem Halse herausstinkt vor Leere und vor verdorbenen Speiseresten etc. in der Speiseröhre oder wer weiß wo, wenn im Munde zwischen den Zähnen – trotz allen Putzens – so ein fieser Geschmack des Mangels sich bemerkbar macht, wenn das Zahnfleisch sich löst und schon bei einer leichten Berührung mit der saugenden Zunge das Blut herausquillt, wenn trotz aller Kleidung, trotz sommerlicher Hitze Dein Körper nicht warm wird, sondern die Finger bis zur Handfläche hin und die Zehen an den Füßen blutleer und abgestorben sind, wenn Du bis an die Ellenbogen kalte Arme und bis an die Knie kalte Beine hast, wenn überall am Körper es an kleinen Stellen wie mit Nadeln vor Kälteschauern sticht, die ganze Nacht über legst Du Dich von einer schmerzenden Seite auf die andere, weil Du nicht warm wirst und auch darum nicht schlafen kannst.
Und dann dieses grausige dumpfe Gefühl im Kopf, wie wenn einer von allen Seiten mit Zentnerlasten dagegendrückt, wenn Du aufstehst, mußt Du Dich erst festhalten, damit Du vor Schwindel nicht umfällst, dann dreht sich erst einmal alles, es wird Dir schwarz vor den Augen, bis sich das Blut gesetzt hat. Was es zu essen gibt, f r i ß t Du weg: Pellkartoffeln m i t Pelle natürlich, damit keine Stärke verlorengeht, altes, schimmeliges Brot holt man sich aus dem Abfalleimer, und die kalten Pellkartoffeln, die beim Freßnapf des Hundes im Sande liegen, werden wie Kostbarkeiten gesammelt, an der »sauberen« Hose abgewischt und verschlungen. Das abgegessene Gehäuse eines Apfels, wenn auch schon etwas faulig, wird trotzdem nicht verschmäht, wegen eines Stückchens Brot könnte ich jemanden umbringen. Furchtbar ist dazu die schreckliche Unzufriedenheit mit sich selber, den Mitmenschen und schließlich auch mit Gott. Es ist einfach p h y s i s c h unmöglich, anders zu sein als unzufrieden. – Das ist Hunger, und das ist hier seit Monaten mein Begleiter gewesen. –[51]

Dieser Brief ist keineswegs erbaulich. Alles darin ist nackte, ausgelieferte Menschlichkeit. So kann Martyrern zumute sein! Man muß diese Zeilen einmal gelesen haben, und dann erst begreift man, was die Briefe wert sind, die von der Ergebung sprechen, zu der er und die anderen sich immer wieder durchringen.

Bald sind Gesicht und Glieder bei Prassek und Pastor Stellbrink von der Hungerdystrophie aufgeschwemmt, während bei Lange eine starke Abmagerung eintritt. Dann wird mit Beginn des Winters die Kälte in der Tag und Nacht kaum geheizten Steinzelle – im dritten Kriegsjahr! – fast unerträglich. Der dünne Drillich und das fadenscheinige Unterzeug vermögen nur wenig Schutz vor der feuchtkalten Witterung am Meer zu bieten.

Nach einer Intervention der kirchlichen Stellen beim Untersuchungsrichter des Marstall wird es Prassek und Müller nach Weihnachten erlaubt, private Verpflegung zu empfangen. Prassek wehrt sich zuerst, diese Vergünstigung vor den anderen anzunehmen, aber dann läßt er es im Hinblick auf seine Gesundheit geschehen. Mit Erteilung der Besuchserlaubnis wird es möglich, daß auch die übrigen hin und wieder etwas zugesteckt bekommen.

Ein anderer Kampf ist der gegen die Abstumpfung.

Einen großenTeil meiner Zeit verbringe ich in dösendem Zustande, wobei ich das Gesicht in die Hände stütze. Dadurch erspare ich viele Kräfte und brauche nicht soviel Zufuhr von außen her[52].

Das ist Prasseks Methode der seelischen Selbsterhaltung. Aber sie birgt auch ihre Gefahren. Wo ist die Grenze zwischen Gleichmut und Gleichgültigkeit? Prassek selbst hat das Problem klar erkannt:

Gewiß, die Natur rebelliert immer wieder, aber das ist ja von jeher ihre Eigenart, wo sie in die Ordnung gerufen werden soll. Gerade deswegen führe ich ja mit mir den ständigen Kampf um das, was Du in Deinem vorigen Brief Lethargie nanntest, was für mich aber auf der natürlichen Seite Schonung der an sich schon nicht überreich vorhandenen Kräfte bedeutet...[53]

Gleichgewicht? Oder soll ich es mit Deinem Worte: Lethargie bezeichnen? ... Das darfst Du nicht falsch verstehen. Ich bin so froh und dankbar, wenn diese »Lethargie« da ist. Es ist ja alles egal und wurscht. Es gibt auch das andere: Wie Gott es will! Als ein positives Jasagen zu seinen Fügungen, die uns hart und unverständlich erscheinen mögen, wenn sie im Augenblick an uns herantreten, die aber dann doch immer das einzig Richtige und für uns Zweckmäßige zum Ziele hatten. Sieh, ... und so sollst Du auch das verstehen, wenn ich sagte: Was aus uns wird, ist mir so ganz gleichgültig! – Es bedeutet ein ganz bewußtes Sich-hineinstellen in Gottes Willen, ganz gleichgültig, in welcher Form er sich auch immer mir anbietet. Ich bin dabei nicht »tot« oder lebensunlustig oder so. Ich bin auch nicht etwa unwillig zur Mitarbeit, wenn Er es fordert. Im Gegenteil. Nur bin ich auch nicht ungeduldig, rebelliere nicht gegen Seinen Willen. Ich bin ganz ruhig und warte ab. Das ist nicht Schwäche, ich halte das für Kraft, jedenfalls ist es das Einzige, womit ich meine, über eine Fülle und auch über den Mangel von guten und unguten Ereignissen hinwegzukommen ... Was willst Du denn vernünftigerweise sonst tun, wenn es Dich zum Beispiel friert oder wenn Du hungrig bist. Wütend werden? Rebellieren? Gegen die Wände anrennen? Die Wände haben wohl schon mehr als eine Klage gehört, die verklungen ist und doch nicht erhört wurde. Das wäre also unnütze Verschwendung kostbarster, durchaus nicht reichlich vorhandener Kräfte. Stattdessen setzt man sich ruhig hin und wartet ab, tage-, auch wochenlang, und dann kommt endlich Gott mit seiner Fülle, sicherlich innerlich, oftmals auch ganz spürbar äußerlich[54].

Eine der schwersten Prüfungen ist wohl die Trennung von den vertrauten Menschen. Bis zur ersten Besuchserlaubnis vergehen Monate. Prassek schreibt dann in einem Brief vom 1. Oktober 1942 an einen Freund: »Seit vorgestern besteht die Möglichkeit, daß ich Besuch empfangen kann. Wenn Du noch ein wenig für mich als Verbrecher übrig hast, bitte ich Dich, einmal zu kommen.« – Aber vorher muß ein Antrag in Berlin gestellt werden. Und so gehen doch noch wieder Woche um Woche hin, endlose Tage vergeblichen Wartens und Sehnens. Bis er alle Hoffnung auf ein Gesicht von draußen aufgegeben hat. Endlich, am 23. Oktober, rasselt der Schlüssel in seiner Zellentür: Prassek zur Besuchszelle! Da überwältigt es ihn so, daß er in fassungsloses Weinen ausbricht. Denn er hatte Gott am Morgen das Opfer der völligen Einwilligung in die menschliche Verlassenheit gebracht.
Eine eigene seelische Belastung bedeutet für ihn noch die Entdeckung seiner Korrespondenz. Bei einer unerwarteten Haus-

suchung hatte die Gestapo in seiner Wohnung Briefe seelsorglichen Inhalts beschlagnahmt und einzelne Formulierungen daraus zusammenhanglos im Volk verbreitet. Der Klatsch ist bis ins Gefängnis gedrungen. Die Vorstellung des gebrochenen Beichtgeheimnisses, eine der heiligsten Verpflichtungen für den katholischen Priester, martert Prassek furchtbar, obwohl er unschuldig daran ist. Er wagt es nun nicht mehr, an gewisse Adressaten auch nur noch eine Zeile zu schreiben. Manchmal nimmt er einen Anlauf und versucht in stundenlangen Bemühungen, den Wartenden und Ratlosen draußen durch verschlüsselte Formulierungen Antwort und Hilfe zu vermitteln. Aber am Ende zerreißt er alles wieder[55].

Seit März 1937 bin ich Priester und habe bis zum 28. Mai 1942 fast jeden Tag am Altar das heilige Opfer gefeiert. Jedesmal zu Anfang habe ich vor den Stufen des Altares mich tief verneigt und Gott und der Gemeinde gegenüber meine Schuld bekannt und mich als Sünder bezeichnet. Nach mir hat dann auch die Gemeinde, in der auch Sie sich oftmals fanden, ihre Schuld bekannt.

Ich habe das niemals als eine bloße Zeremonie empfinden können, die man nur so tut »als ob«. All dieses Tun in dem heiligen Schauspiel da vorne birgt in sich Geist aus der unendlichen Fülle Gottes des Geistes. Und es birgt Kraft in sich, die ins Leben einströmen und dort zur Wirkung kommen will. Wenn ich selbst mich vor den Menschen als schuldig bekannt habe, soll ich es ihnen, wenn ich ehrlich bin, dann übelnehmen, wenn sie dieses mein Bekenntnis aufgreifen und nun auch ihrerseits sagen, daß ich es bin? Sind wir nicht recht eigentlich inkonsequent, wenn wir uns immer wieder so bis ins Innerste erschüttern lassen, was andere Menschen an Bösem über uns sagen? Gewiß mag es weh tun; es wäre uns lieber, wenn man uns als Muster und Vorbild auf den Präsentierteller erhöbe. Aber eigentlich sollte es uns gar nicht so schmerzen, ob die Menschen etwas über uns sagen. Vielmehr sollte es uns schmerzen, daß immer noch soviel Berechtigtes an ihrem Reden über uns und darum in uns noch soviel der Besserung Bedürftiges ist. Wer kann uns denn besudeln? Die Menschen? Höchstens von außen! Das einzig Wichtige, unser Inneres, verwalten wir selber, und das können wir selber nur besudeln. Wenn die andern dann zufällig einmal recht hätten, wenn es wirklich so »sudelig« in uns aussähe, dann hätte ich keinen Grund, mich darüber aufzuregen, denn sie sind ja im Recht. Wenn sie aber im Unrecht sind, dann habe ich erst recht keinen Grund, mich zu erregen, wohl aber habe ich allen Grund, mich zu freuen, daß es gut aussieht in mir. Ja? Ich weiß, Theorie und Praxis! Tatsächlich ist ja dieses Kapitel des Ertragens von Unrecht im außerchristlichen Raum nirgends praktisch gelöst, und bei uns kommen nur Koryphäen so ganz restlos dahinter. Aber so ein weniges müssen doch auch wir immer wieder von der Theorie in unser Leben einzuführen versuchen. Sie ist ja nicht nur grau, diese Theorie, sondern sie ist Geist und Leben dem, der sich zu eigen macht. Ist es so unmöglich, so ganz unmöglich, daß auch wir etwas an ihr teilhaben? Und wenn wir wieder auf unser Eigentliches, auf unser Verhältnis zu Ihm sehen wollen: Was sind das für Möglichkeiten, die sich uns da auftun!

Ob wir Ihm so gar nichts abzubitten haben? Und ob wir Ihm nicht als Ersatz für vieles, das wir Ihm nicht wiedergutmachen können, dieses unser stilles Dulden und Tragen, schenken wollen! Mußte Er sich nicht und muß er nicht noch immer sich so vieles von uns gefallen lassen, was er doch wahrhaftig nicht verdient hat? Und warten nicht viele Menschen auf uns, die solche Dinge von uns nötig haben? Wie wollen wir »volle« und »schwere« Jahre aufweisen, wenn wir das, womit wir sie füllen könnten, nicht annehmen? –

Sagen wir doch nicht, daß wir es nicht tragen können. Das gerade hat Er ja zum Zeichen seiner Jüngerschaft gemacht, davon hat Er seine Seligpreisungen ausgesagt: »Wenn wir nur die lieben, die uns lieben, was ist das dann Besonderes? Tun das nicht auch die Heiden?« In der jungen Kirche damals hatte man etwas davon verstanden, die Christen damals wurden dadurch zum Schauspiel für die Menschen. Sollten wir heute nicht mehr die Kraft dazu aufbringen?

Aber was wissen denn die Menschen davon! Gewiß, Sie haben ihnen nichts Böses getan, und doch reden sie. Ob ich diesen gleichen Menschen wohl etwas Böses getan habe? Und doch reden sie auch über mich. Es hilft uns gar nichts anderes als dieses: Wenn unsere Wunden noch empfindsam sind und wir können den Schmerz für Ihn noch nicht in vollem Umfang tragen, daß wir dann möglichst für Schonung selber sorgen. Ich bin hinter meinen dicken Mauern gut geschützt.

Zuvor hat mir Ihr froher Brief damals die Weihnachtsfreude nachgeliefert, denn er brachte in dem Satz von der Einsamkeit, die

Ihnen nicht mehr schadet, für mich ein Geschenk, um das ich die unerfüllte Sehnsucht der drei Weihnachtstage mit ihrem dreimaligen schrecklichen Glockenläuten von unserer Kirche gerne hingenommen habe. Trotzdem dürfen wir uns nicht täuschen. Der gute Wille ist unbedingte Voraussetzung; aber mit ihm ist ja noch nicht alles geschafft. Mut und Freude bei der Arbeit sind recht und gut, aber sie können morgen schon fehlen, wie sie heute vorhanden sind. Trotzdem wollen wir gehen, wollen in dem Schweren, was sich uns bietet, keine Zweifel bekommen, sondern erst recht unsere Überzeugung stärken, daß wir auf dem rechten Wege sind. Denn Wege nach oben kosten stets Mühe, und es gibt viele tote Punkte zu überwinden. Nicht mutlos werden! Je mehr sich uns in den Weg stellt, desto weniger brauchen wir nach Dingen zu suchen, bei denen wir den Anfang machen sollen, und dann: Er ist in allem dabei! Und Sein Wille ist in allem zu finden, wenn wir ihn nur sehen wollen, und dann den Nacken beugen und ihn auf uns nehmen. Und Ihm entgegen und Ihm nach den Königsweg des Kreuzes! Alle, denen Er etwas zutraut, läßt er diesen Weg gehen. Die andern, die Unfähigen, die Wertlosen, dürfen die jauchzenden Straßen der Freude und der Freiheit gehen. Seine Gnadenkinder und Seine Lieblinge dürfen mit Ihm gehen in den Ölgarten und unter das Kreuz. Ob wir das immer verstehen? Aber wir wollen wenigstens versuchen, Ihm nicht böse zu sein, wenn Er uns seine Liebe schenkt.

In dem, was ich Ihnen hier schreibe, habe ich in den acht Monaten – heute sind es genau acht Monate – 244 Tage – meines Hierseins, täglich wohl zehnmal versagt. Aber das ist ja gar nicht das Wichtigste. Wenn wir nur immer wieder den Mut haben, mit all unserem Bruch und all unseren Scherben zu Ihm hinzugehen und immer wieder neu anzufangen. E r hat immer Geduld! Wenn wir nur mit uns selber welche haben, auch dann noch, wenn uns alles immer wieder danebengeht. Und dann noch etwas: Es klingt so dumm, wenn ich als Verbrecher so sage, aber es ist darum doch so: Vergessen wir die Not und die Schmerzen und die Opfer, das Blut und den Tod so vieler Menschen unseres Volkes in den heutigen Tagen nicht! Dagegen dürfen wir mit dem Unsrigen gar nicht antreten. Und alles Große und alles Gute in der Zukunft unseres Volkes ist nicht nur und zuerst in die Hände von Menschen gelegt, sondern ist Gnade. Gnade aber will erbetet und eropfert sein. Sollen wir nicht mit unseren täglichen Dingen diese Gnade erbitten

*helfen? Ob uns das Bewußtsein, dadurch zu nützen, nicht doch
noch wieder froh machen kann?*

*Bildhauer Gott, schlag zu!? Ach ja: Wir können nur ganz beschei-
den um den großen Vorzug bitten, daß wir es vielleicht nach langer
Zeit, und nachdem Er mit hartem Meißel manche Linie jenes Bildes,
das Er von uns in sich trägt, herausgearbeitet hat, einmal sagen
können. N o c h aber können wir es nicht. Sonst wären wir ja jetzt
schon froh darüber, wenn E r e s zuläßt, daß die Menschen uns
wehe tun!*

*Haben Sie keine Bange. Es geht nicht in Riesensprüngen bergauf,
und wenn es stürmt, ist es schon eine Leistung, die Stellung gehalten zu haben . . .*[56]

Es gehört zu jenem Unfaßbaren im planenden Wirken Gottes, daß
ein Mensch, der von der Vorsehung reiche Gaben und umfangreiche
Aufgaben zugewiesen bekam, von eben derselben Vorsehung plötzlich »mattgesetzt« wird. Prassek war jung, begabt, erfolgreich in
der Diasporaseelsorge. Und dann nach ein paar Jahren wird ihm
alles genommen. Aber nun geht ihm Stück für Stück auf, daß die
Berufungsgnade geheimnisvolle, mystische Wege kennt. Prasseks
Priestertum wächst gegen Ende seines Lebens in letzte Dimensionen hinein. Je karger sein Wirken, äußerlich gesehen, wird, desto
tiefer und bewußter speist es sich aus dem Wesentlichen: aus dem
stellvertretenden Opfer, in das er nun mit seiner ganzen gepeinig-
ten Existenz, mit einer Fülle persönlicher Leiden einbezogen ist.
Prassek schenkt sich seiner Gemeinde in einer Ganzheit und Treue,
die wahrhaftig ins Unendliche geht.

Das wird einer der »großen und tragenden Gedanken« seines
Gefängnislebens, daß alles einen wunderbaren, tiefen Sinn hat:

*. . . daß ich mit all meinem Alleinsein, mit meiner Einsamkeit, mit
der Unbequemlichkeit im Körperlichen und Seelischen, mit Hunger
und Kälte und Schmerz schließlich doch nicht zur Untätigkeit und
Sinnlosigkeit im Dienste am Reiche Gottes verurteilt bin, sondern
daß gerade dadurch so viele Kräfte frei werden, die Gott dann
anderen Menschen wieder zur Verfügung stellt. Wenn Gott mich
als sein Werkzeug draußen in der Freiheit gebrauchen will, dann
wird er mich holen, und dann bin ich bereit. Wenn er aber lieber
will, daß ich hier in der Stille und in der Abgeschiedenheit leben
und wirken soll, dann ist auch das gut* [57].

Aber der größte Schmerz ist bei ihm und den anderen beiden die geistliche Entbehrung, die sie in ihrer priesterlichen Existenz am tiefsten verwunden mußte.

Im Vordergrund ... steht ganz furchtbar schmerzend ... die Sehnsucht nach jenem anderen Opfer, das wir als Priester am Altar bringen dürfen.

Lieber Bischof!

Es ist ein Briefwechsel erhalten geblieben, den Prassek im Gefängnis mit seinem Bischof geführt hat und der vielleicht zu den schönsten Zeugnissen eines Gesprächs zwischen geistlichem Vater und Sohn gehört, die wir in unserer Zeit finden können. Der junge Priester breitet in seinem Schreiben all seine Nöte und Gedanken, seine Sehnsüchte und Erkenntnisse vor dem Bischof aus. Er tut es in einer Weise, die gleichzeitig persönlich und zurückhaltend ist. Man möchte sagen, diese beiden Briefe seien das wertvollste Selbstzeugnis, das wir aus Prasseks Hand haben. Sie sind auch in der Diktion schön und maßvoll.

Die Kapläne wären zu normalen Zeiten wohl kaum über ein mehr oder weniger formales Verhältnis zu ihrem Bischof hinausgelangt. Nun aber, in dieser gefahrvollen Situation mit all ihren Spannungen, Fragen, Unsicherheiten, bricht etwas sehr Echtes und Lebendiges in ihrer Begegnung mit der kirchlichen Hierarchie auf. Der Osnabrücker Bischof wird in das Lübecker Geschehen verwickelt. Er muß Stellung beziehen. Und er tut es. Besonders Prassek, der stark unter Schuldgefühlen litt, empfand die Unkenntnis der Meinung seines Bischofs als eine ungeheure seelische Belastung. »Stimmt es, daß der Bischof uns fallen gelassen hat?!« lautete wiederholt seine angstvolle Frage an die Besucher.

Lübeck, den 13. XII. 1942

Johannes Prassek
Marstall-Gefängnis

Ew. Exzellenz!
Hochwürdigster Herr Bischof!
Auch für diesen zweiten[58] so überaus lieben Brief und seine richtungweisenden Worte sage ich Ew. Exzellenz meinen ganz innigen

Dank. Wie groß die Freude über einen Brief des Bischofs in einer solchen Situation ist, kann wohl nur verstehen, wer selber darin ist oder war. Darf ich darum Ew. Exzellenz auch bitten, es nicht als einen Mangel an Dank oder Aufmerksamkeit aufzufassen, wenn ich so wenig geschrieben habe. Warum soll ich Ew. Exzellenz mehr als nötig mit den Dingen belästigen, die mich betreffen. Es kommt hinzu, daß ich selber noch fast gar nichts über meine Zukunft weiß und über die Entwicklung der Dinge, auf die ich warte. Dieses Warten geschieht nicht in der Haltung einer großen Ungeduld, sondern in dem ganz sicheren und frohmachenden Bewußtsein, daß Gott auch hier mein Leben in liebenden und sorgenden Händen trägt. Und dann darf ich auch in Hinsicht auf mein Priestersein diese Zeit durchaus nicht als nutzlos vertan betrachten. Es ist, glaube ich, kein Hochmut, wenn ich meine, daß ich seelisch hohe Zeiten erlebe, wie sie sich in meinem bisherigen Leben wohl nur während jener beiden seligen Jahre in St. Georgen, jener Zeit der ersten jungen Liebe, gefunden haben. Manche von den Quellen, die damals am Fließen und dann im Laufe der Jahre ganz unbemerkt versiegt waren, beginnen hier ganz allmählich wieder aufzubrechen. Ich glaube, das ist kein Hochmut, wenn ich Ew. Exzellenz bitte, sich in dieser Hinsicht keine Sorgen um mich zu machen. Oder doch: Wenn Ew. Exzellenz dafür mitsorgen wollen, daß ich Gottes große Liebe auch in diesen oftmals nicht leichten Tagen immer tiefer verstehen, vor allem aber auch ertragen lerne, dafür wäre ich Ew. Exzellenz wirklich dankbar.

Denn leider meldet ein reichlich ungebärdiger, nach außen zwar ganz stabiler, aber innerlich doch ziemlich abgenutzter »Bruder Esel« immer wieder, und das meistens zu den unpassendsten Zeitpunkten, seine Ansprüche an, und das legt sich dann oft tagelang auch deprimierend auf die Seele. Es kommen dazu dann die Mängel der Zeit und des Ortes, die sich bei mir in einem bisher nie gekannten Bedürfnis nach Wärme und Nahrung auswirken, so daß ich manchmal aus solch primitiven Gründen heraus fast verzweifelt sein kann. In solchen Stunden und Tagen kann dann von einem ruhigen und sicheren und freudebringenden Bewußtsein der Nähe Gottes nicht mehr viel die Rede sein, sondern dann bin ich froh, wenn ich noch gerade eben die Erinnerungen daran aufrechterhalten und mich vor einem bösen Gedanken bewahren kann. Wenn Ew. Exzellenz mit Ihrem Beten, dessen Sie mich in so lieber Weise

versichert haben, für solche mir gefährlichen Gelegenheiten vor-
sorgen wollen, dann wäre das ein Werk der Liebe, für das ich nicht
genügend danken kann. Vielleicht wäre das auch die einzige und
wirklich spürbare Hilfe, die Ew. Exzellenz mir bringen können.
Denn auf die natürlichen Dinge mich mit Sicherheit zu verlassen,
habe ich nicht erst seit den Tagen dieser meiner Gefangenschaft
verlernt. Die heutigen Zeiten tun noch das ihrige dazu, um mich
da nur ganz wenig erwarten zu lassen. Vielleicht wird sich mein
Priestertum darin erfüllen, daß ich das, was Gott jetzt täglich als
Opfer sich von mir wünscht, für alle irdische Zukunft zu bringen
habe. Bitte, Exzellenz, sehen Sie darin kein Wort der Verzweif-
lung, sondern eines, worum ich mich mühe, um Gott auch hierzu
ein bereitwilliges Ja zu sagen, wenn es so sein Wille ist. Vorläufig
freilich steht die Sehnsucht nach jenem anderen Opfer, das wir als
Priester am Altar bringen dürfen, ganz furchtbar schmerzend im
Vordergrunde. Lübeck hat nach dem furchtbaren Bombenüberfall
im März dieses Jahres, so weit ich das von hier aus beurteilen kann,
nur noch eine Kirche, die die Glocke läutet, jedenfalls ist es die
einzige, die ich hören kann. Und dann ausgerechnet, wenn die
Glocke am Samstagabend zum Beichtstuhl und am Sonntag zum
Hochamt ruft. Das sind immer furchtbare Minuten, die stunden-
lang nachwirken; am 28. dieses Monats sind es sieben Monate, seit
ich zum letztenmal am Altare unserer Kirche habe stehen dürfen.
Und ebenso lange entbehre ich das Buß-Sakrament. Gott sei Dank
habe ich noch mein Breviergebet, das mir hier zu einem Freunde
und einer Quelle der Kraft geworden ist, wie ich das früher nie-
mals empfunden habe. Nur reichen die Kräfte meist nicht so weit,
und deshalb benötige ich für das, was ich früher in eineinhalb
Stunden mit größter Bequemlichkeit erreichte, hier oftmals minde-
stens vier.
Verzeihen Sie mir, hochwürdigster Herr, daß ich mit diesen Dingen
Ihre Zeit in Anspruch nehme. Wir haben ja soviel Zeit! Und wir
haben es hier auch nicht nötig, auf eine knappe und straffe
Gedankenführung zu achten, im Gegenteil, man ist ja froh, wenn
man sich über die langen Stunden des Tages und der scheinbar bis-
weilen noch viel längeren Nächte hingedacht hat.
Darf ich darum Ew. Exzellenz noch einmal herzlich danken für
Ihr liebes Gedenken, für alle Hilfe, die Ew. Exzellenz mir bisher
schon geschenkt haben und künftig noch schenken werden. Darf

ich dazu auch Ew. Exzellenz versichern, daß ich Sie in meinem Beten und in dem, was der liebe Gott jetzt täglich von mir fordert, wirklich nicht vergesse, daß ich im Gegenteil die jetzige Aufgabe meines Lebens durchaus der bisherigen gleichsetze, daß nur die Art des priesterlichen Betens und Opferns eine andere geworden ist. Darf ich Ew. Exzellenz ferner sagen, daß ich jeden Tag, nicht nur morgens, wenn ich das Meßformular bete, an Sie denke, sondern Sie jeden Abend noch eigens segne und Gott alle Ihre Anliegen empfehle. Ich suche zu beten und zu opfern, um Kraft und Gnade für alle Mitbrüder im Priestertum von Gott zu erlangen, ich suche zu beten und zu opfern für all die Menschen, die er mir als Priester hier in Lübeck in der Gemeinde und sonstwo jemals anvertraut hat. Ich habe, wie schon gesagt, den Glauben, daß ich dadurch zu meinem Teil in priesterlicher Weise am Aufbau des Gottesreiches mitwirken darf und keineswegs mich als brachliegende Kraft zu betrachten brauche. Daß mir das leicht würde, kann ich nicht behaupten, im Gegenteil, auch die schwersten Stunden früher, wenn die Beschwerden der Krankheit oder die Müdigkeit drückten, sind vielfach nur Kleinigkeiten gegen viele Stunden und Tage jetzt gewesen. Aber noch habe ich den Mut nicht verloren, und Gott wird ihn mir auch weiterhin erhalten.

Seit Jahren ist dies mein Wort: »Ich bin der Herr, dein Gott, der dich bei deiner Hand ergreift und zu dir spricht: ›Hab' keine Angst, ich helfe dir!‹«, und es ist immer noch wieder gegangen.

Ich grüße Ew. Exzellenz in der einzigen Hoffnung, die wir alle haben, in Christus

> als Ew. Exzellenz
> gehorsamer
> Joh. Prassek

Der Bischof antwortet:

> Osnabrück, den 5. März 1943

Lieber Herr Prassek!

Mittlerweile sind wieder einige Monate vergangen, ohne daß eine Wendung in Ihrem Schicksal eingetreten ist. Sie müssen in Geduld warten, bis eine Entscheidung gefällt ist. Sie haben es ja gelernt, sich ganz in die Hand des himmlischen Vaters zu geben und ihm alles zu überlassen. Das kindliche Gottvertrauen gibt Ihrer Seele Ruhe in allen Stürmen, Kraft für alles Schwere, Freude und Friede in allem Leid.

Ich nehme an, daß Ihr Gesundheitszustand sich gebessert hat, seit Ihnen gewisse Erleichterungen zuteil geworden sind. Je mehr Sie körperlich sich kräftigen, um so stärker wird auch Ihr Mut zum Durchhalten in priesterlicher Gesinnung sein. Im Breviergebet und Rosenkranz haben Sie ja Mittel an der Hand, um sich immer wieder in diesem Geiste zu erneuern. Zu Beginn der Fastenzeit vereinigen Sie sich auf dem Kreuzweg Ihres Leidens mit dem kreuztragenden Meister, begleiten ihn in seinem Leiden und Sterben, in dem das Heil der Welt begründet liegt, und machen Ihr eigenes Leid zu einem großen Sühn- und Bittopfer. Ich bete täglich für Sie. Für den Aschermittwoch habe ich den gesamten Klerus meiner Diözese zu einer gemeinsamen Betstunde aufgerufen, bei der wir aller unserer Mitbrüder, die von schwerem Leid heimgesucht werden, in besonderer Weise gedenken.

Es grüßt und segnet Sie von Herzen
Ihr ergebenster
† Wilhelm
Bischof von Osnabrück

Prasseks Antwort:

Lübeck, den 11. IV. 1943

Euer Exzellenz!
Hochwürdigster Herr!
Dieser Brief nach Form und Umfang, auch der späte Termin des Schreibens entspringt nicht dem eigenen Wünschen und Wollen, sondern den Gegebenheiten von Zeit und Ort. Dantes: Lasciate ogni speranza! – könnte man gut über den Eingang schreiben und es zwar sehr frei, aber auch sehr treffend mit dem »Denkste!« des Berliners übersetzen. Das paßt eigentlich auf so ziemlich alles, was man hier möchte, wünscht, plant, beschließt, etc. Für alles paßt: Denkste!, denn es wird immer anders. Vielleicht dürfen wir aber darin ja einen der Gedanken erkennen, den Gott über Häuser dieser Art gedacht hat. Ihn haben wir ja auch immer als den ganz anderen kennengelernt, und in diesem Wissen findet man sich dann am Schluß nach einer Reihe unnützer und abwegiger Gedanken und Fragen doch immer wieder zur Ruhe hindurch.
Ew. Exzellenz muß ich wiederum so vielfach danken für Ihren lieben Brief. Jedes Gedenken von Menschen aus jener heute nach bald einem Jahr des Gefangenseins mir schon fast unvorstellbaren Zeit der Freiheit tut so schmerzlich und bitter wohl: wie

*dann erst ein Brief von Ew. Exzellenz. Daß Freude so groß sein und
so erregend schwächen kann, daß man sich hernach erholen muß
(förmlich erholen), habe ich in dieser Stärke erst hier kennengelernt.
Ich danke Ew. Exzellenz auch wieder für die lieben Hinweise auf
das, was dem übernatürlichen Menschen dienlich ist. Nur wenn Ew.
Exzellenz von dem großen Sühnopfer schreiben, da möchten mir
die Hände sinken. Gewiß, man muß sich unter den Bedingungen der
Gegenwart nur zu oft wieder in die rechte Haltung zurückzuholen
versuchen, und oftmals ist da nur noch ein allerletztes und banges
Bitten: nur »noch ein wenig« Ruhe und Zufriedenheit. Aber wenn
ich das alles vergleiche mit dem, was andere hier und woanders
tragen, was seine Freunde trugen und erst, was Er selber auf sich
nahm? Es gehört ein beinahe gewaltsames Glaubenwollen dazu,
daß das Eigene überhaupt in irgendeine derartige Beziehung zur
Übernatur soll gebracht werden dürfen. Aber es muß ja so sein,
schließlich ist es dadurch allein erst sinnvoll und erträglich.*

*In den letzten Wochen hatte ich immer wieder Gespräche, die zwar
nur einseitig von mir geführt wurden, mit Ew. Exzellenz. Über
den Inhalt kann ich hier nichts sagen. Aber auch in dieser Hinsicht
muß ich Ew. Exzellenz für Ihren lieben Brief danken.*

*Was mir die Zukunft bringen wird, weiß ich nicht. Ich bin auch
nicht begierig, es zu erfahren. In aller Unsicherheit ist das doch
wohl sicher: Wenn das Urteil gesprochen ist, wird es nicht besser
und leichter werden. Eher alles sonst, das aber reizt mich durchaus
nicht. Außerdem, trotz allem, was das letzte Jahr gebracht hat, die
Stadt der goldenen Türme ist mir die liebste geblieben, wie sie es
mir von Jugend auf gewesen ist, und sogar hier ins Gefängnis hinein gibt sie mir täglich beim Gang durch das Treppenhaus für einen
kurzen schönen Moment einen Blick frei auf einen der beiden unversehrt gebliebenen Zeugen einer großen vergangenen Zeit, einer
Zeit, in der auch in diesem Haus das Lob des Allerhöchsten gesungen wurde. Ungefähr an der Stelle, wo sich jetzt meine Zelle
befindet, muß einmal der Altar gestanden haben, auf dem man
noch das heilige Opfer gefeiert hat. Durch das Gitterwerk vor
meinem Fenster habe ich immer noch einen Blick frei auf einen
Teil des Hafens, auf Wasser und Schiffe, auf Dinge, die uns von
hier oben mit zum »Leben« gehören. Darum, trotz allem, sehne
ich mich noch nicht weg von hier. Nur eines könnte es geben, was
nicht nur ein dem Willen abgerungenes, sondern freudig bereites*

Ja fände. Aber ob ich mir das schon von Gott erwarten darf? Manchmal nur, in gewissen Augenblicken, wenn ich glaube, Ihm mehr als sonst sagen zu dürfen, dann sage ich Ihm auch dieses, und dann wird es so, wie Thomas betet: Peto, quod petivit latro paenitens (Ich bitte, wie der Schächer am Kreuz). *Ob Er mir die gleiche Antwort geben wird? Ich weiß es nicht, und ich will es auch Ihm überlassen, aber was will man gegen die Sehnsucht tun?*

Verzeihen Sie mir, Exzellenz, an sich sind dies Dinge, über die man nicht gut sprechen und auch nicht schreiben kann. Dennoch glaube ich es Ew. Exzellenz sagen zu sollen, damit Sie wissen, daß ich mich für alles bereithalte, und damit Sie nicht etwa unruhig werden. In all dem aber bitte ich Ew. Exzellenz um die Hilfe Ihres Gebetes. Ich muß Ew. Exzellenz für so vieles danken, mehr als für alles sonst danke ich für die Versicherung, die Ew. Exzellenz mir gaben, daß Sie für mich beten. Es ist gut, wenn man um so etwas weiß. Daß ich gleichfalls mehr als sonst an Ew. Exzellenz und Ihre Diözese im Beten denke, habe ich früher schon geschrieben.

Ostern steht bevor. Ich wünsche Ew. Exzellenz ganz viel vom Osterfrieden und der Freude des Auferstandenen. Ich werde in diesem Jahre keine Ostern halten können, wie wir Christen das tun, seit fast 11 Monaten habe ich keinen Priester mehr in Anspruch nehmen dürfen. Das ist bitter, aber es hat das Gute, daß es die Sehnsucht immer mehr noch verstärkt, und einmal wird Er nicht mehr anders können, dann wird er auch diesem Verlangen Erfüllung geben müssen. Wenn schließlich in allem und nach allem ganz sicher nur der Sieg kommt, den Christus uns in seinem Leid errungen und in seinem Ostern bezeugt hat, dann läßt das auch in die Zelle etwas vom Alleluja der Christen eindringen. Darf ich Ew. Exzellenz noch einmal für alle Ihre Liebe herzlich danken! Wann und ob ich überhaupt wieder schreiben werde, weiß ich nicht. Ew. Exzellenz dürfen darüber nicht unruhig sein. Es liegt dann an den äußeren Umständen im Sinne des obigen »Denkste«. Darf ich Ew. Exzellenz gehorsamst grüßen in der Liebe Christi und in der Hoffnung auf Ihn.

Joh. Prassek

Es mag ein besonderer Höhepunkt auch in seinem Gefängnisleben gewesen sein, als nach der Verurteilung Bischof Berning überraschend in der Zelle erschien und ihn spontan in die Arme schloß.

Die Lübecker Geistlichen waren rund anderthalb Jahre im Gefängnis. Fünf Monate betrug die Zeit zwischen Verurteilung und Hinrichtung. Hunderte von Tagen der existentiellen Unsicherheit, des Wartens auf den Tod. Ihr Sinn wird bereits ahnend begriffen. Prassek schreibt nach sechseinhalb Monaten Haft:

Ich danke Ihm wohl jeden Tag für so manche Dinge, die Er mir jetzt geschickt hat und deren Sinn ich manchmal sogar schon zu begreifen beginne. Ich weiß, daß ich Ihm mein Leben und eine Ewigkeit lang für die hier vergangenen Monate und die vielleicht noch kommende Zeit, was immer sie gebracht haben und noch bringen werde, nur danken werde [59].

Hinter der schweren Tür der Gefängniszelle bewegt sich das übernatürliche Schicksal der jungen verfolgten Priester jedes für sich auf eine letzte Eindeutigkeit zu. Am Ende ihres kurzen Lebens wird all das, was ihnen von Natur und Gnade gegeben und in der Entwicklung begriffen war, in einem schnellen, heftigen Reifeprozeß zur Vollendung gebracht. In Prasseks Briefen aus dem Gefängnis klingt wie ein dynamischer Grundakkord immer wieder das fast leidenschaftliche Bemühen durch, nicht den Sinn des auferlegten Verhängnisses rational zu durchleuchten, sondern das innerliche Sichlösen und Armwerden vor Gott zu vollziehen, das der Zweck allen Leidens im Christenleben ist. Prassek fragt in seinen Briefen kein einziges Mal: Warum? Sein Herz hat Gott längst Blankovollmacht erteilt. Aber nun kreisen in den langen Tagen und Nächten seine Gedanken darum, ob und wie er sein Wort an Ihn einlöse, daß es auch wirklich seine ganze Existenz umgreife und in ihm, Johannes Prassek, keine Faser mehr sei, die nicht »ja« sagt.

Man kann diese Zeiten als ausgezeichnete Gelegenheit zu Exerzitien benutzen... Als Hauptinhalt des Denkens und Betens fungiert da die Wahrheit, daß Gott ja alles weiß und lenkt, daß wir als Menschen nur das eine, uns allerdings immer wieder so Unbegreifliche zu tun haben: Uns Ihm überlassen, bedingungslos, kompromißlos, ohne alle menschlich-natürlichen Sicherungen und Wenn und Aber, uns einfach in das große Abenteuer »Gott« fallen lassen, auch, wenn es ungewohnt, auch, wenn es würdelos, auch, wenn es Wahnsinn scheint; und alles das mit unerschütterlicher

Sicherheit und kindlich vertrauender Selbstverständlichkeit ... 60
Und am selben Tag an einen jungen Menschen:
Früher oder später wird hier für mich ja die Entscheidung fallen,
und wie sie auch ausfallen mag, das ist doch wohl sicher, daß sie
äußerlich die radikale Trennung von allem bringt, was einmal
mein gewesen ist. Einzig mein bleibt immer nur Er und der Weg
über Ihn zu den Menschen. Ich bin diesen Weg, wie ich das kurz nach
Deiner Abreise im Vorjahr versprochen hatte, bisher jeden Tag,
wenigstens abends, meistens, wenn es möglich war, auch am Mor-
gen zu Dir gegangen. Es wird weiter so bleiben. Darf ich auch
Dich darum bitten? Und dann dieses: Deine Mutter ... hat mir bei
ihrem letzten Besuch etwas von Dir gezeigt. Du bist ihr doch nicht
böse drum? Du brauchst Dich nicht zu sorgen, als ob sie damit
etwas von Dir verraten hätte. Sie hat mir die »Marientürme«
(ein Gedicht. Die Verf.) mitgebracht, die nun geweiht sind zum
Bild der Seele unserer Zeit, die über dem »ruhlosen Fragen« das
»gottleidende Licht« weithin zu übersehen sich gewöhnt und dar-
um sich entwöhnt hat, weiter zu sehen und zu glauben und zu
hoffen und zu gehen, als ihr kleines beschränktes Antwortvermö-
gen reicht, die es weithin nicht mehr wahrhaben will, daß hinter
diesen Menschen zugängigen Bezirken erst die großen Wirklich-
keiten bis in göttliche Unendlichkeiten hinein beginnen, die dann
aber auch die rechte Antwort auf all ihr eigenes Fragen nicht mehr
finden kann und darum, weil alles fragwürdig wird, enden muß,
entweder in dem großen »Weltmißtrauen«, das Sturm und Brand
und Not bringen muß, oder aber, den Mut aufbringen, über sich
selbst hinaus in Gott hineinzugehen, da Klarheit und Ruhe und
Licht und Glück und Lösung zu finden. Für Gott ist das zwar
praktisch gleich, Gott kann auch aus stürzenden Mauern noch Häu-
ser bauen und aus wertlosen Trümmern noch Paläste. Aber für uns
Menschen ist das nicht gleich, für uns bringt jeder Weg, der nicht
direkt zu Gott hingeht und darum Umweg ist, schmerzlich zu tra-
gende Verluste, die sich bisweilen nie wieder ausgleichen lassen.
Es brauchen darum – und dürfen nicht – die »stolzen bewährten,
nun teuflisch versehrten« auch ein Bild unserer Seele sein. In die-
sem Falle ist es Größe, anders zu sein als unsere Zeit, »unmodern«,
rückständig, lebensfeindlich, »weltflüchtig« und wie die komischen
Reklameworte einer verzerrten modernen Weltanschauung heute
lauten. Wir wissen, daß wir in diesen unseren Ideen, in diesen unse-

ren »Dogmen« die Sicherheit und Wohlfahrt der Menschheit be-
schlossen tragen, wissen, daß in diesen unseren Ideen die Naturge-
setze und Gott auf unserer Seite stehen; das gibt uns unsere Sicher-
heit, das gibt uns auch den Mut, unter Umständen einer übermäch-
tigen Gegenwart immer wieder ein Nein entgegenzurufen, selbst
wenn wir als einzelne dann vielleicht von dieser Gegenwart erdrückt
würden. Gott – und das allein ist wichtig – hat uns in alledem
schon recht gegeben, die Menschen werden es tun müssen, wenn sie
entweder am Tage der Gnade sich gleichfalls unter ihn beugen,
freiwillig, oder wenn Er am Tage des »Zornes sie zu Boden schleu-
dert und zerschlägt wie ein Töpfer sein Geschirr«. Wir brauchen
nie und nimmer zu fürchten, daß uns auf der Seite Gottes auch nur
irgend etwas Wertvolles verlorengehe. Wir werden da auf manches
verzichten, ja, aber Er selber hat es gesagt: Centuplum accipietis! *–*
um es hundertfach wiederzuerhalten. Je eher und je mehr wir uns
bereitwillig dazu verstehen, auf Ihn ein- und über anderes hin-
wegzugehen, desto mehr und eher wird uns die ganze Fülle und
der ganze Reichtum göttlichen Lebens und Sorgens, göttlicher
Schönheit, Harmonie, göttlicher Allmacht und Weisheit in allem
und jedem, im Persönlichen wie im Weltgeschehen, aufgehen. Die
Augen werden uns übergehen, und wir werden vielleicht auch wie
sein Jünger vor Ihm niederknien: Geh weg von mir, ich bin ein sün-
diger Mensch. – Wann, wo und wie? Warte nur noch eine kleine
Weile und mache Dich inzwischen daran, Ihn und Sein Wollen
ganz kompromißlos Dir zu eigen zu machen, dann wirst Du das
auch erleben. – Laß uns füreinander beten, daß es so wird, daß wir
den Mut haben, es noch für eine Zeitlang auf uns zu nehmen, wenn
»Gott uns als Antwort gibt Sein großes Schweigen«. Es muß noch
viel stiller in uns werden, zuviel von da draußen muß noch in uns
zur Ruhe gebracht werden, bis wir in diesem scheinbaren Schwei-
gen die gewaltige Stimme Gottes hören.

Zu allen Zeiten haben die Auserwählten eine eigentümliche, unendlich schmerzvolle Erfahrung an sich machen müssen: daß Gottes
Güte die unsentimentalste ist, die es gibt. Johannes Prassek spricht
einmal in einem Gefängnisbrief den vielsagenden Wunsch aus, daß
er Gottes Liebe doch – ertragen lernen möge! Er erfährt am eigenen
Leib, daß Gott denen, die er liebt, in seiner unerbittlichen Barmherzigkeit wirklich nichts erspart. Er weiß, daß jetzt endgültig und
unausweichlich alles von ihm gefordert ist. Es brechen Nächte über

ihn herein, die ihn an den Rand der Hölle gebracht haben müssen. Es gibt unter Prasseks Freundesbriefen einen sehr persönlichen, der das Äußerste enthält, was ein Mensch an Angst und Qual erleiden kann, aber auch das Letzte an Ergebung. Obwohl Gott »als Antwort gibt sein größtes Schweigen«, setzt er erneut mit geschlossenen Augen auf Ihn, ohne alle Liebesgefühle, ohne Trost, ohne »Sicherheit«, lediglich in einem nackten, unbedingten Glauben. Prassek hat den »Mut zum Versagen« gehabt, den Heroismus der völligen Selbstentäußerung. Davon gibt auch folgender Brief Zeugnis:

So sind die Menschen nun einmal: Es ist so leicht und schön, Ihm zu folgen und mit Ihm zu denken und mit Ihm zu sprechen in den Zeiten, wo alles so hell und klar ist; wenn Seine Worte und Wahrheiten Feuerbrände in unserer Seele entzünden, wenn alles so sicher und selbstverständlich ist, daß kein anderer Gedanke an Ihn und von Ihm aufkommen kann oder wenigstens nicht, ohne daß er als banal störend empfunden wird. Es schrieb mir einmal jemand so ähnlich: Früher war es mir gleich, mit wem ich umging und mich unterhielt. Jetzt aber denke ich am liebsten Gedanken und unterhalte mich über Dinge, die mit Ihm zusammenhängen. Und weil ich dazu so wenig Menschen finde, darum gehe ich am liebsten in die Stille meines Zimmers . . .

Es sind Zeiten, wie Gott sie einem jeden von uns gibt, wenn Er uns vorbereiten will und uns Kräfte will sammeln lassen für kommende Auseinandersetzungen. — Es ist so schön, wenn man Zeiten erleben darf, in denen man gleichsam wie ein Johannes an der Brust des Meisters ausruhen darf und Worte der Liebe und des innigsten Verstehens mit Ihm austauschen darf. Zeiten sind das, die man nie mehr vergißt, an die immer eine kleine, große Sehnsucht und ein schmerzendes Wünschen erhalten bleibt, wenn die Zeiten gekommen sind, in denen man nur noch aus der Erinnerung lebt an jene unsagbar strahlende Vergangenheit. Ob wir wohl immer wissen, daß das alles uns von Gott gegeben wurde, damit wir nicht mutlos werden in den Tagen, wo es dunkel geworden ist in unserer Seele, wo Gott schweigt, wo das Empfinden Seiner beseligenden Gegenwart vielleicht einer Gleichgültigkeit oder einem schmerzlich empfundenen Abscheu gewichen ist. Wenn gar nicht mehr die alte Sicherheit da ist, sondern aus den dunklen Untergründen unseres Ich — oder von den Menschen oder Dingen an uns herangetragen — Zweifel aufsteigen wollen an Ihm und Seiner Liebe und Seinen

Wahrheiten. Denn daran hängt ja im Kampf mit Ihm und um Ihn alles: Daß wir nur nicht nachlassen, daß wir nur nicht mutlos werden, daß wir uns nur nicht irgendwann einbilden, wir hätten auch nur je ein Recht, zu sagen: Der Kampf scheint nun endgültig verloren zu sein! – Das gibt es gar nicht; der Kampf geht nicht verloren ohne mich und ohne meinen Willen. Mag er auch tausendmal verloren scheinen, solange noch mein Wille da ist und auf der Seite Gottes steht, solange ist nichts, aber auch restlos gar nichts verloren, im Gegenteil, es ist alles gewonnen. Ob ich das w e i ß und s p ü r e oder ob ich keine Ahnung davon habe und unsicher bin, das ist ja gleich. Wenn Er es nur weiß. Erst dann ist etwas verloren, wenn ich nicht mehr mitmache und nicht mehr will! – Darum gab Er uns jene Zeiten der Vorbereitung in Seiner Nähe und in Seiner Liebe, daß ich scheinbar alleingelassen und auf meine eigenen Füße gestellt, nun doch nicht nachlasse und mich zu schwach halte. Er bleibt ja dabei! Er ist ja gar nicht fern von uns, Er hält sich nur verborgen, so daß wir Ihn nicht empfinden. Vielleicht hat Er uns sogar eine von Seinen großen Wahrheiten verborgen, läßt uns Zweifel haben daran, und wir sehen keinen Ausweg, auf dem wir wieder aus dem Zweifel herausfinden. Ist denn das wichtig, daß i c h nur den Ausweg weiß oder ihn finde? Wenn Er ihn nur weiß, und Er weiß ihn! Dadurch werden ja Seine Wahrheiten nicht geringer oder gar falsch, daß i c h sie nicht durchdringe, daß ich sie vielleicht für falsch halte. Wenn ich nur den Mut behalte, auch über mein Erkennen hinweg einfach Seinen Worten zu vertrauen.

Was bedeuten mir Menschen und ihr Denken? Und seien es die wertvollsten und klügsten!

Sie sind nichts gegen Ihn.

Ja, aber, ob Er es denn ist, den ich in diesen Wahrheiten finde?

Er ist für die Wahrheit Seiner Lehre in den Tod gegangen und nach Ihm noch viele Seiner Getreuen . . .

Alle, wenn auch scheinbar noch so zweifelhaften Erkenntnisse, die aber geeignet sind, in unserem Tun uns Gott näherzubringen, sind gut! Und alles scheinbar noch so gesicherte und richtige Erkennen, das uns von Gott fortführt, ist schlecht und falsch.

Darum gibt es kein berechtigtes: Ich kann nicht anders! wenn es sich um Erkenntnisse handelt, die in praktischer Durchführung mich von Gott fortführen. Das will es heißen, wenn wir beten: »Nimm an meine ganze Freiheit, mein Gedächtnis, meinen V e r -

stand und all meinen Willen. – In Demut bet' ich dich, verborgne Gottheit, an, ob auch mein schwacher Geist dich nicht entdecken kann!« – Wenn es keine Geheimnisse mehr gäbe in Gott, wie unsagbar klein wäre Er dann! Kleiner als wir Menschen, die sich selber nicht erkennen. Und wenn es niemals Zweifel geben könnte an Seinen Wahrheiten, was wäre dann Großes an unserem Glauben? Es ist ja so einfach, mich in Abgründe zu stürzen, wenn ich ganz sicher in mir die Überzeugung trage, daß ich unbeschädigt aufgefangen werde. Aber das gleiche zu tun, wenn nichts mehr aus mir für diese Überzeugung spricht, wenn ich mich ganz einzig auf Sein Wort, von dem mir sogar zweifelhaft geworden ist, ob es stimmt, in solche Abgründe stürze, das stellt Anforderungen!

Von den »Abenteuern des Lebens« spricht P. Lippert einmal und nennt dabei auch dieses. Und doch sind das alles nur scheinbare Abenteuer, nur für unser Denken und Empfinden ist der Ausgang unsicher.

In Wahrheit ist da unbedingte Sicherheit; denn da ist Gott.

»Ich weiß, wem ich meinen Glauben geschenkt habe!« sagt der heilige Paulus, als er alle menschlichen Sicherheiten aufgegeben und sich ganz der Führung Gottes im Glauben an Ihn, selbst über das schwerste Opfer des Verstandes hinweg, Ihm anvertraut hat. Wenn wir es nur immer erst w a g t e n ; nur dieses erste Quäntchen von Vertrauen Gott entgegenbrächten, dann würde es bald klar. Denn darin besteht ja eigentlich das Vertrauen, daß wir ohne Sicherheit aus Eigenem uns nur auf die Autorität des anderen verlassen, und erst recht, wenn das Eigene alles anders sagt.

Wenn wir doch diese Großmut aufbrächten; Gott wird sich darin bestimmt nicht übertreffen lassen von uns. Gewiß, daß es in unserem Innern manchmal kunterbunt durcheinandergeht, dafür können wir nichts. Aber dafür, daß wir in unserem Handeln uns davon bestimmen lassen. –

Wir können Seiner Liebe nie entlaufen! Erst recht nicht aus ihr herausfallen. Er kann uns gehen lassen eine Zeitlang, scheinbar unbeachtet. Aber wenn Er dann das Ziel erkannt hat, dann wird Er uns wieder fassen mit Seiner sanften oder auch strengen Liebe, die sich bisweilen auch nicht scheut, uns einfach total zusammenzuschlagen, damit wir das einzig Wichtige, Ihn, nur nicht verlieren[61].

Aber es gibt auch Augenblicke in diesen anderthalb Jahren, die sind wie die Vorwegnahme der ewigen Seligkeit.

Tage gibt es, die ganz randvoll sind von Glanz, an denen es keinen
Gedanken gibt, der nicht mit Ihm geladen ist, von Ihm herkom-
mend oder zu Ihm hingehend, Tage, wo Er jeden Augenblick in
spürbarster Nähe ist, wo über jeden Augenblick wie eine lichte
Sonne seine Freude ausgebreitet ist . . .[62]

Freundschaft mit der Bibel

Noch einmal tritt uns Johannes Prassek in seiner priesterlichen
Persönlichkeit entgegen, wenn wir in der Bibelausgabe blättern,
die ihn durch die Gefängnistage begleitete. Man kann nicht ohne
Ergriffenheit all den Bleistiftspuren folgen, die seine Hand im
Text, an den Rändern und auf den freien Seiten des Buches hinter-
lassen hat. Sie muten an wie der Niederschlag eines intimen Zwie-
gesprächs.

Neben dem Brevier war das Neue Testament das einzige Buch, das
die Geistlichen in ihrer Zelle haben durften. So konzentrierte sich
ihr ganzer geistiger Hunger auf das Wort Gottes. In der Aus-
geliefertheit ihrer Lage mag ihnen die Schriftoffenbarung neu und
ursprünglich aufgegangen sein. Die Forderungen Christi rückten
ihnen in diesen kahlen vier Wänden auf den Leib, der Ablauf des
öden Gefängnistages ließ keine Ablenkung zu. Sie erfuhren unmittelbar an sich selbst, unter welchem Zeichen das göttliche Heils-
wirken in der Geschichte Raum gewinnen muß. Sie sahen in neuem
Licht, daß »alles schon einmal dagewesen ist«. Gott machte innerhalb ihres eigenen Lebenslaufes ernst mit seiner Prophezeiung, daß
es den Jüngern nicht anders ergehen werde als dem Meister. Das
war erschreckend. Aber es war auch Hilfe, das eigene Schicksal im
Zusammenhang mit der Kirche zu sehen und zu ertragen. Und
welche Trostquelle mag ihnen auch aus den göttlichen Verheißungen aufgebrochen sein, je mehr alle Hoffnungen auf vorletzte
Glücks- und Lebensmöglichkeiten schwanden.

Kaplan Prasseks Neues Testament zeigt eine Menge Unterstrei-
chungen und Randbemerkungen. Die Seiten des Vorsatzpapiers
sind ganz beschrieben. Unmittelbar im Innern der Buchdecke befindet sich die Eintragung:»*Sit nomen Domini benedictum!* (23.
VI. 1943) Heute wurde ich zum Tode verurteilt« (Vgl. Anhang).
Rechts daneben: »*Qui ignorare nescit, gubernare nequit* – Wer
nicht Nachsicht üben kann, kann nicht führen.« Darunter: »Du

mein Gedanke, du mein Sein und Werden.« Und auf dem Titelblatt: »Wer sterben kann, wer will den zwingen?«

Die Auswahl, die sein Stift in den Evangelien, der Apostelgeschichte, den Briefen vor allem des heiligen Paulus trifft, gibt ein recht deutliches Bild von der Betrachtungswelt, in der Prassek seine Haftzeit verlebte – und von seiner sehr unmittelbaren Beziehung zum Gotteswort. Immer wieder umkreist der Gefangene in seinen einsamen Meditationen die christliche Existenz, vor allem die priesterliche – deren Wesen es ist, als ein »anderer Christus« in die Welt gesandt zu sein und teilzuhaben an der Erlöseraufgabe, am Scheitern und an der verborgenen Herrlichkeit des Gottessohnes. Man erlebt Seite um Seite mit, wie er sich müht, den Forderungen und der Verheißung, die aus den Worten des Herrn und seiner Beauftragten sprechen, im persönlichen Gegenüber zu antworten.

Es ist klar erkennbar, daß Prassek durchaus die *ganze* Spannweite der Zeugenschaft in und für Christus begriffen hat. Die Wahrheit bedarf der Liebe ebenso wie des Zorns, der Unterwerfung ebenso wie des Widerstandes. Er schreibt einmal an den Rand: Zum »ganzen Christus« gehöre nicht allein die »zerstörte Knechtsgestalt«, sondern auch der »Todesüberwinder«. Das ist bezeichnend. So stehen die Stellen, die vom Wahrheitszeugnis um jeden Preis, von Verfolgung, Gericht und Bedrängnis, von Wachsamkeit, Vertrauen, Unbeirrbarkeit und heiligem Selbstvertrauen sprechen, neben denen von der Liebe, dem Erbarmen und der Hinneigung des priesterlichen Hirten; unter den letzteren ist fünf- oder sechsmal die Formulierung »Diener (oder Knecht) aller« von Prasseks Hand unterstrichen! Daneben haben es ihm die »Paradoxe« angetan: das Offenbarwerden der göttlichen Stärke in der menschlichen Schwachheit, das Wunder der Freude in aller Trübsal, ja *über* die Trübsal, das »Rühmen im Kreuze« . . . Und immer wieder hat Prassek die Verheißungen Gottes betrachtet und sich am »Aufblick« zur ewigen Heimat und dem »alleinigen Trost in Christus« gestärkt.

Es ist wohl nicht von ungefähr, daß in einer Zeit, in der dem Laien der Zugang zur Schrift neu erschlossen wurde, unsere Martyrerpriester gerade ihr Neues Testament als kostbarstes Vermächtnis an ihre Freunde vererbten. Die Gefangenen haben kein Tagebuch über ihre Gefangenschaft geführt. Sie hatten dazu kein Papier und keine Erlaubnis. So hat sich außer in ihren Briefen vieles an religiöser Erkenntnis und Erfahrung tatsächlich auf den Blättern der Bibel niedergeschlagen.

Gefängnispfarrer Behnen sagte bei seiner Grabrede in Leer: »Aber einer, so sagten seine Leidensgenossen, hat uns immer wieder mit Mut erfüllt und mit fortgerissen, nämlich unser lieber Mitbruder Prassek. Ich habe ihn nie traurig gesehen. Er hat auch schwere Todesnöte und innere Seelenkämpfe durchmachen müssen. Er litt besonders darunter, daß er sich vielleicht schuldig gemacht habe, in der Seelsorgestunde sich für christkatholische Sitte und christkatholischen Glauben so offen und furchtlos eingesetzt zu haben. Es schien mir auch oft so, als wenn der Teufel ihm da besonders zusetzte, aber er war so tief und fest in dem Glauben an Jesus Christus verwurzelt, daß er nicht schwankte und wankte, nie verzagt und mutlos wurde, selbst nicht in der letzten Stunde seines Lebens«[63].

Es geht alles vorbei, und dann kommt nur noch Gott, und das ist unendlich schön.

Dieses Wort aus einem seiner Briefe, das in seiner innigen Einfachheit letzte Erfahrungen und Sehnsüchte ausspricht, vielleicht ist es sein größtes. Die Freundschaft zwischen Gott und Johannes Prassek war von jener Art, »die dem Geliebten das Wiederlieben nicht erspart«.

»Ich weiß nicht, ob ich Ihnen damals sagte, daß ich in der ganzen aufregenden Zeit ... unseres Miteinanders ... mir immer ganz bewußt gewesen bin, daß ein heiliger Mensch in mein Leben getreten war. Zwar ein oft sehr menschlicher und burschikoser Heiliger – aber *doch* ein Heiliger! Und ich habe mich oft im stillen gewundert, warum gerade ich an diesem begnadeten Leben, Leiden und Sterben teilnehmen durfte«, schrieb jemand aus Prasseks Freundeskreis im Anschluß an meinen Lübecker Besuch. *Vox populi, vox Dei?*

Eduard Müller

Das Kennbild aus dem Hamburger »Verbrecheralbum« zeigt den Angeklagten Müller im Sträflingsanzug, in schlecht genähtem, schäbigem Zeug. Man hat ihm wie den anderen aus provokatorischen Gründen einen karierten Schal umgebunden. Ein unrasiertes Gesicht, auf dessen Zügen bei der gewollt unvorteilhaften Beleuchtung harte Schatten liegen. Wir machen Verbrecher aus ihnen . . . Aber es ist nicht gelungen. Wenn man diese Physiognomie auch nur ein wenig näher betrachtet, weiß man alles. Da sind die großen Augen mit dem auffallend klaren und stillen Blick. Leid und Sehnsucht stehen in ihnen, ein wenig angstvolles Staunen.
Eduard Müller ist ein ganz anderer Typ als Johannes Prassek. Und doch haben die beiden überraschend viel Gemeinsames. Schon allein die Ähnlichkeit der Familienverhältnisse . . .

Der Spätberufene

Eduard Müller ist genau eine Woche nach Johannes Prassek zur Welt gekommen, nämlich am 20. August 1911. Seine Heimat ist Neumünster in Holstein. Sein Vater war zuerst Schuhmachermeister und später Rangierer auf einer Privatbahn, wo er tödlich verunglückte.
Eduard ist das jüngste von sieben Kindern – drei Jungen und vier Mädchen. Er besuchte die Volksschule in Neumünster und war nach dem Zeugnis seiner Lehrerin »ein fleißiger, stiller, aber durch nichts hervortretender Schüler«[1]. Früh wurde er Ministrant und spielte nach Art braver und nachdenklicher Kinder gern »Messe« mit seinen Gefährten. »Ich habe ihn noch besonders im Gedächtnis, wie er ein wenig wichtig und eilig durch die Kirche zur Sakristei geht, um seinem Dienst nachzukommen«, berichtet Fräulein Meures, die Lehrerin. »Zu Hause hatte er sich einen Altar gebastelt und zu Weihnachten eine Krippe, fachgerecht mit kleinen elektrischen Birnen ausgestattet. Für solche Liebhabereien konnte er seine ganze Spielzeit opfern.«

Auch Eduard Müllers Jugend war, ähnlich wie die Prasseks, mühevoll. Er ging noch zur Schule, als die Mutter Witwe wurde und sich vor die Aufgabe gestellt sah, drei noch unmündige Kinder allein durchzubringen. Sie nahm Stellen als Waschfrau und Stundenhilfe an. Die Mutter war eine fromme Frau und litt sehr darunter, als die vier älteren Kinder bald im Religiösen ihre eigenen Wege suchten. Eduard und die beiden jüngsten Schwestern, Frieda und Elisabeth, machten also schon in ihrer ersten Jugend Bekanntschaft mit allerhand menschlich-familiären Nöten, Verirrungen und Sorgen. Auch die Mutter starb verhältnismäßig früh, 1937. Elisabeth Müller trat 1929 bei den Schwestern vom Armen Kinde Jesu ein und führte ihrem Bruder zuliebe den Namen Schwester Eduarda. Die beiden sind sich bis zum Tod – Elisabeth Eduarda Müller hat ihren Bruder nur um anderthalb Jahre überlebt – sehr zugetan gewesen. Seiner Schwester »Lisbeth« galten Eduards letzte Gedanken vor der Hinrichtung, ihr hat er auch seinen Rosenkranz vermacht, der aber leider auf dem Postwege verlorenging.

Eduard Müller absolvierte die Volksschule in Neumünster und wurde zunächst Tischler. In der Zeit der großen Arbeitslosigkeit findet man ihn in der katholischen Jugendbewegung. Er muß schon lange den geheimen Wunsch in sich getragen haben, Priester zu werden. Aber er hielt die Erfüllung wohl für so völlig aussichtslos, daß er zuerst mit niemandem darüber gesprochen hat. Fräulein Meures, seiner mütterlichen Beraterin, gesteht er später, daß die Sehnsucht nach dem Priestertum Jahre in ihm gebohrt habe. Eines Tages eröffnete er sich seinem Kaplan. Und dieser macht ihm Mut und unternimmt selbst die ersten Schritte. Er prüft Eduards Bildungsfähigkeit und erklärt sich danach bereit, ihm Lateinunterricht zu geben. Eduard wird ein »fleißiger und begabter Schüler«.

Diesem Dr. Schröder ist es zu verdanken, daß Eduard Müller, der schon in seiner Jugend still, sogar scheu und zögernd war, seinen Weg antrat und konsequent über alle Schwierigkeiten hinweg zu Ende ging. Er und Fräulein Meures setzten sich in der Folgezeit mit einem hingebungsvollen Eifer für den Spätberufenen ein. Kaplan Schröder ging in der Gemeinde Neumünster umher und machte gute Leute ausfindig, die sich zu einem monatlichen Beitrag von 5, 10 oder 20 Mark verpflichteten, damit Eduard sein Studium finanzieren konnte. Selbst Eduards persönliche Aussteuer ist auf diese Weise zusammengebracht worden. »So ist Eduard Müller buchstäblich ein Kind und Priester unserer Gemeinde Neumünster«, schreibt die alte Lehrerin nicht ohne berechtigten Stolz.

Dr. Schröder meldete seinen Lateinschüler beizeiten im Spätberufenenheim Sankt Klemens in Driburg an, dessen untere Jahrgänge sich damals in Belecke befanden. Um dem Jungen einige Ausbildungsjahre zu ersparen, arbeitete Fräulein Meures ein Jahr lang täglich mehrere Stunden mit ihm. An diesem Unterricht nahm auch ihr Neffe teil, der ebenfalls Priester werden wollte, und zwischen den beiden Theologiekandidaten entspann sich »eine nette Freundschaft«, die ihnen manche frohe Stunde brachte. »Eduard war äußerst fleißig und wißbegierig. Wir haben in diesen zwölf Monaten etliche Schuljahre gewonnen, indes Herr Dr. Schröder ihm im Lateinunterricht den Vorsprung gab.«

Ostern 1931, mit 19 Jahren, tritt Eduard ins Klementinum ein und macht nach viereinhalb Jahren ein gutes Abitur. Darauf beginnt er in Münster das Theologiestudium.

Die Finanzierung seiner Ausbildung hat Dr. Schröder stets »sehr viele Sorgen« gemacht, erst recht, als mit der Zeit einzelne der freiwilligen Zahler ausfielen. Es mußten Schulden gemacht werden, die teilweise erst nachträglich beglichen werden konnten. Da die von den Gemeindegliedern gespendeten Gelder kaum für die notwendigsten Ausgaben reichten, blieb an Taschengeld niemals viel übrig. Eduard hat an dieser Armut und Abhängigkeit schwer getragen. So suchte er zum Beispiel seinem Direktor stets geflissentlich aus dem Wege zu gehen, da er dauernd Rückstände hatte. »Ich habe ihn oft mit meinem Neffen getröstet, dem es nicht besser erging. Bei zehn Kindern floß dort das Geld auch nicht reichlich und Taschengeld gar nicht. Indes mein Neffe seine beständige ›Ebbe‹ mit Humor ertrug, hat Eduard stets schwer darunter gelitten. Ich hatte immer das Gefühl, daß er mit Minderwertigkeitskomplexen beladen seinen Weg ging und seine Armut als beschämend empfand ... Ich kann mir daraus auch sehr gut erklären, daß er – obwohl er sehr beliebt gewesen war – jegliche Verbindung mit St. Klemens abbrach und daß er überhaupt zu keinem Menschen jemals davon sprach, auf welche Weise er sein Priestertum erreichte.«

Der damalige Leiter des Studienhauses St. Klemens bezeichnete

Eduard Müller als einen seiner besten Schüler, nach seiner charakterlichen Haltung und auch nach seiner schulischen Leistung. »Ich habe ihn sehr geschätzt. Gewissenhaft, fleißig, dabei tief fromm, war er ein Vorbild für seine Mitschüler«[2].

»Eduard hatte seine größte Freude an und bei der Jugend. Sonntags zog er mit seiner Sturmschar ins Land. Ich konnte ihm keine größere Freude bereiten, als wenn ich sonnabends mittags für die zwei Jungen den Rucksack packte und sie auf Fahrt schickte. Als Student hatte er mehrere Großfahrten unternommen, deren letzte ihn bis nach Afrika brachte«, erzählt Fräulein Meures.

1939 wurde Müller in Osnabrück von Bischof Berning zum Priester geweiht. Die Heimatprimiz fand unter großer Anteilnahme der Gemeinde statt. Die häusliche Feier gestalteten ihm seine Wohltäter im Kloster der Grauen Schwestern. Diese unbekannten Leute, zum Teil schlichte Menschen, schenkten dem jungen Priester auch Kelch, Krankenpatene, zwei Meßgewänder und zwei Rochetts.

Wenig später kommt der Neugeweihte als »Adjunkt« an die Lübecker Herz-Jesu-Kirche.

Wesensbild

Mit Eduard Müllers Lebens- und Wesensbild lassen sich nicht allzu viele Seiten füllen. An diesem Menschen ist so gar nichts Aufsehenerregendes. Und er selbst hat am wenigsten über sich ausgesagt. Man kann bei ihm nicht einmal – wie bei Prassek – sagen, er sei der »geborene« Priester gewesen. Eduard Müller paßte ebenso gut in die Rolle des vorbildlichen Familienvaters hinein, in eine harmonische christliche Ehe, als aktives Mitglied des Arbeitervereins wirkend. Auf Eduard Müller passen Vokabeln wie: wacker, solide, rechtschaffen, tüchtig, »kernig-katholisch« ... Er ist ein Mann aus dem Volk und für das Volk und nie etwas anderes geworden, mit einem Wesen, wie man es gerade im Handwerkerstand oft findet, vom Umgang mit einfachen und echten Dingen geprägt, dabei erfindungsreich und umsichtig.

Er ist ein ungemein sympathischer Charakter. Sein Wesensbild läßt sich mit ein paar einfachen, großen Linien zeichnen – die am Ende dann allerdings in die gleichen unabsehbaren Dimensionen münden wie bei Johannes Prassek. Eduard Müller ist unkomplizierter, unauffälliger als Prassek, nicht so reich und original begabt, aber vielleicht ist er von den Vieren der innerlichste? Während Prasseks Wesen sich aus polaren Gegensätzen entwickelte, entfaltete Müller sich stetig und still, wenn auch durchaus nicht spannungslos, aus seinem Wesenskern heraus. Prassek erregte Aufsehen, war bisweilen kühn, auch in der Seelsorgearbeit, und eckte gelegentlich an, Müller ging schlicht seinen Pflichten nach. Was bei Prassek vielfach Intuition ist, muß Müller sich durch Fleiß erarbeiten.

Aber das haben beide gemeinsam: die Unermüdlichkeit im Wirken für ihr Amt, die Begabung, Seelen durch ihr lauteres Menschentum zu gewinnen, den Schwung des Herzens, die Freude am Kreatürlichen, den praktischen Sinn und vor allem die tiefe und unbedingte Religiosität.

Auch Eduard Müller bestand ein außergewöhnliches Schicksal. Er war einer mit vielleicht nur »zwei« Talenten, er wurde auch erst in der vorletzten Stunde in den Weinberg gerufen. Aber dafür genoß er den Vorzug, gleichsam den »reinsten« Martertod zu sterben, »in odium«, aus purem Haß. Angeklagter Müller war selbst nach nationalsozialistischem Gesetz unschuldig. Er wurde verfolgt und verurteilt einfach nur, weil er Priester und treu war.

Als Jugendseelsorger

Kaplan Müller war der geborene Jugendseelsorger. Er hatte in der Gemeinde von Herz-Jesu die Jungen ab zehn Jahren. Natürlich liefen die Zusammenkünfte streng unter der Devise »Glaubensstunden«, denn kirchliche Vereinsarbeit war verboten. Müller zeigte sich ungemein geschickt im Umgang mit den Heranwachsenden. In der kurzen Zeit seines Wirkens gelang es ihm, die ganze Lübecker Altstadt zu durchdringen. Der Erfolg machte sogar die Hitlerjugend auf ihn aufmerksam, und man fragte vom Herbert-Norkus-Haus, dem Sitz des HJ-Bannführers an, ob er nicht für die Hitlerjugend arbeiten wolle! Das war im Sommer vor der Verhaftung.

Bei der Lage der Dinge – die ganze Pfarrarbeit geschah direkt unter den Augen der Geheimen Staatspolizei, die oben im Gesellenhaus ihre Büros hatte – hielt es recht schwer, dauerhafte Verbindungen aufrechtzuerhalten. Das war ja mit dem Verbot der kirchlichen Verbandsarbeit beabsichtigt. Der Adjunkt aber, findig wie er war, bildete Schwerpunkte in den einzelnen Stadtteilen und hielt die Jungen an, daß sie sich regelmäßig in kleinen Gruppen zu vier oder fünf trafen und freundschaftlichen Kontakt pflegten.

Auch Eduard Müller muß – ähnlich wie Johannes Prassek – ein gut Stück persönlicher Anziehungskraft besessen haben, anders läßt sich sein Einfluß in dieser liberalen Großstadt und unter den damaligen äußeren Umständen kaum erklären. So berichtet ein Geschwisterpaar, das seinerzeit aktiv in der Pfarrjugendarbeit von Herz-Jesu stand – die junge Frau ist jetzt Seelsorgehelferin in einer norddeutschen Diasporagemeinde, ihr Bruder Großstadtkaplan –: »Samstagabends hatten wir immer eine Einstimmung in die Sonntagsliturgie bei Adjunkt Müller. Aber dieses Treffen war nicht eigentlich offiziell anberaumt. Es ergab sich einfach von selber. Bei dieser Gelegenheit wurden auch oft Tagesfragen angeschnitten. Wir waren immer ganz ›Ohr‹, wenn der Adjunkt seine theologischen Deutungen gab, und haben viel aus diesen Runden mitgenommen.«

Ein anderes Mädchen aus diesem Kreis ist in eine von Bischof Berning gegründete Schwesternkongregation eingetreten und trägt Eduard Müller zu Ehren den Namen Sr. Edwardis.

Der »Laienpriester«

Adjunkt Müller war im besten Sinne populär. Er machte mit, wenn gesungen, gelacht und gegessen wurde. Aber das war es nicht allein. Er hatte vor allem ein ausgeprägtes Organ für Familienfragen. Ein Lübecker Familienvater, Mitglied des von Müller geleiteten Gesellenvereins, stellt ihm folgendes Zeugnis aus: »Adjunkt Müller war sehr vertraut mit den Dingen des menschlichen Alltagslebens. Man bekam deshalb schnell Kontakt zu ihm, obwohl er ein stiller Charakter war. Müller ist mir von den drei Kaplänen am meisten ans Herz gewachsen. Man konnte so gut mit ihm über alle möglichen Sorgen sprechen, über Frau und Kind und Arbeit. Er traf für unsereins immer den richtigen Ton. Beim Transport aus dem Hamburger Zuchthaus zurück ins Lübecker Gefängnis konnte ich kurz ein paar Worte mit dem Adjunkt sprechen. Er trug mir in seiner herzlichen Art Grüße an meine Frau und meinen Sohn G. auf. Kurz vor seiner Verhaftung war er nämlich noch bei uns zu Hause gewesen, um G. für eine Fahrt ins Sauerland zu gewinnen. Er zog ja leidenschaftlich gern mit der Jugend ins Weite ...

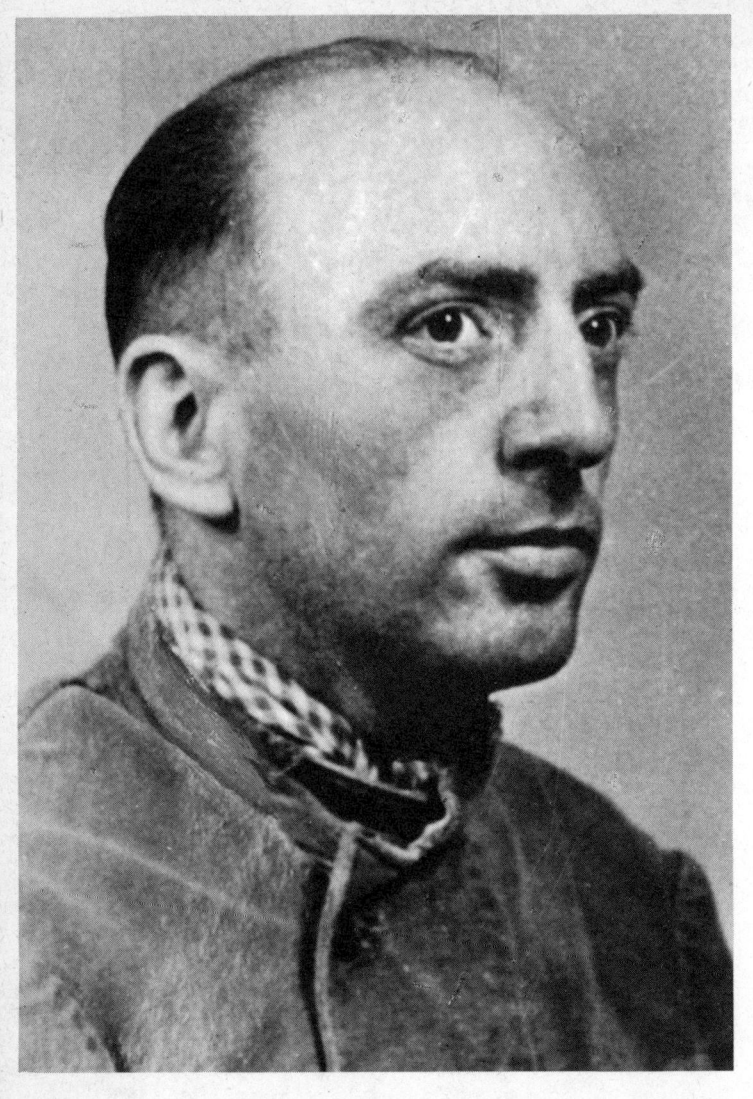

Ja, der Adjunkt war schon in Ordnung! Ich habe immer großes Vertrauen zu ihm gehabt – und habe es noch. Als wir vor ein paar Jahren so in Nöten waren wegen unseres Sohnes F., für den wir keine Stelle finden konnten, betete ich zu Eduard Müller. ›Adjunkt‹, sagte ich, ›du warst Tischler, du kannst dir vorstellen, wie es ist, wenn einer keine Arbeit hat. Hilf endlich, daß F. eine Stelle findet.‹ Und tatsächlich hat F. bald darauf Arbeit gefunden.«

Wenn es auch auf den ersten Blick scheinen mag, als sei der profane Beruf ein Umweg in Eduard Müllers Lebensweg gewesen – in Wirklichkeit gehört er zu seinem Wesensbild. Müller hat den »Arbeiter« mitgenommen ins Priestertum und ihn in der Seelsorge fruchtbar gemacht. Er kannte das Milieu und die Mentalität der kleinen Leute, der Lohnarbeiter und Handwerker aus ureigenster Erfahrung. Er hatte selber mit seinen Händen Geld verdienen, Vorgesetzten gehorchen, mit Kollegen zurechtkommen müssen. Er hatte sich mit »vordergründigen« Belangen abgeben müssen und im Ablauf eines höchst weltlichen Alltags gestanden. Er hatte sich hungrig geschafft und Essen und Trinken schätzengelernt. Er wußte nur zu gut, was materielle Not und familiäre Sorgen sind, schon als Kind hatte er damit Bekanntschaft gemacht. So brauchte er sich das Vokabular und den geeigneten Tonfall im Umgang mit Familienvätern und geplagten Müttern nicht erst in langjähriger Praxis anzueignen, er sprach selber diese Sprache, und zudem hatte er ein gutes und verstehendes Herz.

Es wird berichtet, daß der Adjunkt auch als Kleriker noch gern gehandwerkt habe und ebenso geschickt und zupackend war wie Prassek. So hat er zum Beispiel mit seinen Männern den Heizungsraum unter der Herz-Jesu-Kirche (die jetzige Krypta) instand gesetzt und zum Gemeinschaftsraum ausgebaut, zumal die Fliegeralarme häufiger wurden. Einmal hat der Adjunkt zwei alleinstehenden Frauen ein paar Haken sachgerecht in die Wand geschraubt, die Betreffenden haben diesen kleinen Dienst bis heute liebend im Gedächtnis behalten. Auch Eduard Müller war da, wenn man ihn brauchte. Er sah, wo Arbeit war und hatte den Blick für das Nächstliegende und Notwendige. Mit den beiden anderen Kaplänen schleppte er unermüdlich beim Alarm die Kranken des gegenüberliegenden Marienhauses in den Luftschutzkeller, und in der großen Bombennacht halfen er und Vikar Lange bei den Löscharbeiten in der Kirche und später bei der Rettung von Menschen.

Müller hatte nicht den geringsten klerikalen Dünkel. Er war im Gegenteil der ideale Partner für den christlichen Laien, weil er die Welt ernst nahm und nicht nur mit Rat, sondern auch mit Tat zur Verfügung stand. Er hatte von Haus aus eine natürliche Hochachtung vor dem Stand des getauften und gefirmten Christen und der Würde des einfachen, gottesfürchtigen Lebens.

Unter seinem Betschemel lag als Betrachtungsbuch – das ist bezeichnend – nicht etwa die Nachfolge Christi des Thomas a Kempis, sondern der Theophilus des Franz von Sales, des geistigen Vorkämpfers unserer modernen »Laienspiritualität«. Einem Jungen aus seinem Kreis, der auf den Namen des großen Bischofs von Genf getauft ist, schreibt Adjunkt Müller vom Gefängnis aus[3]:

Wenn ich mich recht erinnere, feierst Du am 29. 1. Deinen Namenstag? Dann also meine herzlichsten Glück- und Segenswünsche! Ich werde an diesem Tag ganz besonders Deiner gedenken! Werde ein zweiter Franz von Sales! Wie Thomas von Kempen eine Nachfolge Christi schuf mehr für Ordensleute, so Dein Namenspatron eine für Weltleute (im besten Sinne des Wortes). Du kennst dieses Büchlein doch sicher? Wenn nicht, dann hole es Dir einmal von meinem Schlafzimmer unter dem Betschemel. Es ist ein kleines, blaues Buch. Studiere es einmal durch. Das kann auch Dir vieles geben. So oft wird heute betont, daß Menschen, die nun einmal draußen in der Welt stehen, sich nicht mit allen Kräften dem Herrgott widmen können. Welch grundfalsche Ansicht! Der heilige Franz von Sales will es den »Weltmenschen« durch sein Buch ermöglichen. Und wie wichtig ist diese Haltung gerade heute! ... Denke doch einmal, was das heißt: In Christus sein! Sein Leben leben! Jeder Mensch ein Christus! ... Ja, hinausschreien müssen wir es in die Welt: »Christ, erkenne deine Würde und Größe und wirf sie nicht weg!« Diese Würde in uns drängt unwiderstehlich trotz aller Kämpfe und Schwierigkeiten nach einem entsprechenden Handeln, auch nach außen! Ich soll als ein anderer Christus der Welt gegenübertreten, die Dinge dieser Welt entsprechend gebrauchen und auch zu Christus führen; denn nicht nur die Menschen harren der kommenden Enderlösung, sondern die ganze Schöpfung harrt der Erlösung.

Alles, was Eduard Müller »von Haus aus« war, hat sich im Priestertum, im Schaffen für seinen göttlichen Herrn und Meister überhöht. Müller war mit großer Begeisterung in der Seelsorge tätig. In einem Brief kurz vor der Verhaftung schreibt er:

Mit Freude und Liebe habe ich als Priester hier in Lübeck gearbeitet, und ich muß mich mit Gewalt zusammenreißen, wenn ich daran denke, daß es mit dieser Arbeit aus sein soll. Und ich danke dem Herrgott, daß ich so manchem Jungen während seiner schwersten Jahre helfen konnte. Sollte der Herrgott jetzt etwas anderes von mir verlangen, so wird er mir auch die Gnade geben, das durchzuhalten . . .[4]

Auch in den Gefängnisbriefen bricht diese urtümliche Liebe zu seinem Beruf immer wieder durch und durchstrahlt den Wunsch nach Befreiung:

Mit ganzer Innigkeit des Herzens hänge ich an meinem heiligen Beruf und möchte wirken für Christus. Ich möchte als sein Diener und Werkzeug das Gottesreich hineintragen in die Welt, in die Menschen. Und darum warte ich mit größter Sehnsucht auf die Stunde der Freiheit. Beten Sie bitte, daß diese Stunde bald schlagen möge[5].

Selbst nach der Verurteilung, als er abschiednehmend einen Blick über sein Arbeitsfeld wirft, kostet er in schmerzlicher Erinnerung noch einmal das ganze Glück dieser kurzen, nur zweijährigen Zeitspanne aus:

Nur zwei Jahre durfte ich im Weinberg des Herrn arbeiten, glückliche Zeit! Denn wer erkennt wohl die Freuden des Altares? Wer weiß um die vielen Freuden des verschwiegenen Beichtstuhles? Nur der Priester selbst. Wie vielen Menschen durfte ich helfen, ihnen wieder als Stellvertreter Christi das göttliche Leben geben! Unzähligen meiner lieben Jungen durfte ich Helfer und Führer sein, und sie alle stehen gerade jetzt in unerschütterlicher Treue und Liebe zu Christus und Seiner heiligen Kirche. Ich durfte die Gottessaat ausstreuen, ein anderer wird ernten. Ja, es ist etwas Herrliches um Treue, Liebe, Glauben und Vertrauen[6].

Der Stolz, der angesichts seines seelsorglichen Erfolges in den Gefängnisbriefen immer wieder aufklingt, ist indessen absolut frei von Selbstgefälligkeit. Denn er hat ja nicht für sich gewirkt.

Eduard Müller besaß einen ausgesprochen missionarischen Sinn. Seine Seelsorge stand unter dem Motto: Alles für Christus, den König. Müllers Jugend- und Männergruppen waren verschworene Gemeinschaften, sie gingen mit ihm – und er mit ihnen – durch Dick und Dünn. Er liebte seine Getreuen von Herzen. Müller hatte eine besondere Begabung für die männliche Kameradschaft, bei der es nicht so sehr um die Begegnung von Ich und Du geht, sondern mehr um die Gemeinsamkeit des hohen Zieles.

Die gemeinsam verlebten Freudenstunden haben uns verbunden und mehr und mehr zusammengeführt. Das Leid aber wird und soll uns mehr und mehr zusammenführen. In der heiligen Kommunion und im Gebete bleiben wir verbunden, jawohl![7]

Diese Liebe, die uns in Christus verbindet, sie soll immer heißer entbrennen, zu einer immer größeren Flamme werden, die auch andere erfaßt. Wir wollen das Licht, das wir in uns tragen, leuchten und ausstrahlen lassen, damit auch die anderen eine Sehnsucht bekommen, dieses heilige Licht in sich tragen zu dürfen. Treu den Idealen, treu in unermüdlichem Apostolat ... Ermuntere auch die anderen dieser verschworenen Christusgemeinschaft zu gleichem Handeln. Fordere sie dazu auf! Gerade höre ich die Glocken der Herz-Jesu-Kirche läuten. Die Schläge der Glocke sollen uns eine Mahnung und Aufforderung sein zu apostolischem Leben und Handeln, an dessen Ende die Krone winkt, die Christus uns einst übergeben wird[8].

Eduard Müller war in seiner Beziehung zum Menschen anders ausgerichtet als Johannes Prassek. Dieser war auch im Seelsorglichen mehr auf das Gegenüber bezogen, Müller hingegen auf das Nebeneinander. Prasseks Liebe sagte »Du«, Müller empfand im »Wir«. Beide waren Priester aus Leidenschaft, aber während selbst Prasseks *Gottesverhältnis* noch die Form der Liebesfreundschaft hatte und alle Beziehungen zum Menschen sich analog zu diesem zentralen Geheimnis seines Daseins entfalteten, waren Müllers Bindungen, gleichwohl stark und tragfähig, einbezogen in die gemeinsame Gefolgschaftstreue zu Christus, dem König. Durch diesen apostolischen Zug kommt in Eduard Müllers Frömmigkeitshaltung jene Neigung zum Aktiven, obwohl er von Haus aus ein »stiller Charakter« ist. Auch mag die Prägung durch die kinderreiche Familie bewirkt haben, daß in seinem Denken und Empfinden Gemeinschaftsbegriffe wie Familie – Volk – Kirche einen ziemlich breiten

Raum einnehmen. Sein Herz schlägt in der Gemeinschaft Gleichgesinnter leicht Wurzeln. Selbst die Liebe zu dem natürlichen Vaterland, Deutschland, ist für ihn religiös begründet. Er spricht dies einmal in einem Brief ganz deutlich aus. Es mag daher auch nicht von ungefähr sein, daß er auf dem Weg zur Hinrichtungsstätte seine Not nicht allein bei Christus oder einem einzelnen Heiligen, deren er mehrere in seinen Briefen genannt hat, birgt, sondern im Schoß der Heiligen *Familie*!

In Eduard Müllers »Theologie« herrscht ein Grundgedanke vor, der dem ideellen Gut der Jugendbewegung entstammt: Christus ist König der Welt und Meister der Menschen. Die Welt ist der Ort, wo sich sein Reich entfaltet. Jeder Getaufte, in vorderster Linie der Priester, ist »ein anderer Christus« und vertritt seinen Herrn an jedem Platz. Die Aufgabe des Christen, wiederum vornehmlich die des Geweihten, ist es, der Christusherrschaft mit allen zur Verfügung stehenden Kräften zum Durchbruch zu verhelfen und Dinge und Menschen durch die Flamme heiliger Liebe zu verwandeln. Reich Gottes, *Gloria Dei*, das ist die Fahne, unter der Müller arbeitet, leidet und stirbt. Selbst seine sakramentalen Handlungen und sein Gebetsleben vollziehen sich unter dem Zeichen des apostolischen Dienstes für Christus, seinen Meister, dem sein Herz gehört und dem er deshalb möglichst viele Seelen gewinnen will. Es ist wohl kein Zufall, daß die letzten Zeilen, die Eduard Müller an einen ihm besonders nahestehenden jungen Menschen richtete, gerade am Christkönigsfest geschrieben sind[9]:

Christkönigsfest! Wohin meine Gedanken wandern, kannst Du Dir denken. Und mit großer Freude und mit großem Stolz schaue ich heute mit Euch allen hinauf zu unserm großen König, dem wir uns heute von neuem weihen! Es kann ja für uns nichts Größeres geben, als seine Streiter und Kämpfer zu sein, unter seiner siegreichen Fahne zu stehen in Freud und Leid, in unerschütterlicher Treue! Mag es auch leichter sein, bei großen Kundgebungen unter Trompeten und Fanfaren ihm die Treue zu schwören, so wollen wir es auch tun mitten in Drangsal und Nöten. Da soll sich ja gerade das »hohe Lied der Treue« bewahrheiten! Sein Dienst ist höchster, heiligster Dienst, ist Gottesdienst, ist größte und schönste Lebensaufgabe. Kein Tag darf vorübergehen, ohne daß wir für ihn gefochten und gerungen haben, sei es in der Welt draußen, sei es in uns selbst ...! »Laß mich entzünden alle Welt mit deinen Feuer-

bränden« ... In der heiligen Eucharistie und im Gebet täglich ver-
eint, grüßt Dich in brüderlicher Liebe und alter Treue unter dem
Banner Jesu Christi ...   *Dein Eduard Müller*

Eduard Müllers »Spiritualität« ist deutlich geprägt von der igna-
tianischen Tradition, wie sie in den Theologenkonvikten und Prie-
sterseminaren gepflegt wurde. Tatsächlich taucht in seinen Briefen
zweimal der »jesuitische« Wahlspruch *»Omnia ad maiorem Dei
gloriam«* – Alles zur größeren Ehre Gottes – auf. So nimmt auch
das Papsttum eine besondere Stelle in seinem Leben ein. Sein
größter Wunsch noch im Gefängnis ist es, nachdem er bereits zweimal in der Ewigen Stadt gewesen ist, noch ein drittes Mal wieder
in der Menge auf dem Petersplatz stehen und dem Heiligen Vater
zujubeln zu dürfen.
Eduard Müller sieht sogar sein Fortleben nach dem Tode noch unter dem Aspekt der Reich-Gottes-Arbeit. Er schreibt in dem Brief
an seinen Bischof:
*Knapp zwei Jahre durfte ich als Priester Ihrer Diözese helfen am
Aufbau des Reiches Gottes. Und wenn ich an Gottes Thron stehen
darf, dann werde ich auch dort helfen am Aufbau des Reiches Gottes in unserem lieben Vaterland und besonders in Ihrer Diözese[10].*
Von daher wird auch das »Soldatische« in seiner Ausdrucksweise
verständlich, das selbst aus folgendem Adventsbrief klingt:
*Mit einem neuen und ernsten Appell tritt jetzt wieder Christus,
unser Meister, vor uns und ruft uns durch das Pauluswort zu:
»Leget ab die Werke der Finsternis, ziehet an die Waffen des Lichtes, ziehet an Jesus Christus!« ... Und dieses Christusleben in uns
will nicht geruhsam in uns sein, sondern es will entfaltet und gestärkt werden, es will nach außen zur Entfaltung kommen und
wirken. Das Christusleben in uns macht uns zum Kämpfer und
Streiter und Offizier Christi. Und zu einem solchen Christusleben
und -wirken möchte ich Dich zu Beginn des neuen Kirchenjahres
auffordern! ... Du wirst sicher gern hören, wie es mir geht. Aber
das kannst Du Dir wohl denken. Ein junger Priester möchte gern
mit all seinen Kräften wirken und schaffen für Christus und sein
Reich ...[11]*
Wenn man nur seine Briefe hätte und nicht dazu die Charakteristik derer, die ihn persönlich gekannt und geliebt haben, würde
man versucht sein, Eduard Müller für einen religiösen Aktivisten

zu halten. In gewissem Sinne war er das auch. Aber seine Tatkraft und Tätigkeit wurden genährt und getragen von einer großen, ihm selbst vielleicht nicht einmal bewußten *Innerlichkeit*. Eduard Müller hätte durchaus gut in einen beschaulichen Orden gepaßt! Aber offenbar ist er nicht auf den Gedanken gekommen oder er hat sich einfach, wie es seiner Verfassung entsprach, dem gefügt, was die Umstände und vor allem Menschen, die über ihm standen, ihm vorbereiteten. Gehorsam und auf das Gebot des Augenblicks eingestellt, hat er Schritt für Schritt jeweils das Nächstliegende getan, wie er es als den Willen Gottes erkannte. In eben diesem Geiste legte er ebenso bereitwillig alles aus der Hand, wenn das Größere ihn rief – damals nach der Tischlerlehre und schließlich nach der kurzen Zeit seines priesterlichen Wirkens.

Eduard Müller war in keiner Hinsicht ein Charakter, der etwas zu konzipieren verstand, sondern er ging einfach und unverzüglich die ihm vorgezeichneten Wege. So bestehen, wie gesagt, auch seine religiösen Vorstellungen im wesentlichen aus dem, was das Seminar ihm mitgegeben hatte. Er praktizierte das Erlernte und Geübte ohne jede Reflexion mit der ihm eigenen Selbstverständlichkeit und Treue. Trotzdem – oder vielleicht gerade deshalb – gelangte er am Ende zu jener ergreifenden Einfachheit seiner letzten Verse: »Herr, hier sind meine Hände ...«

Zweifellos war Eduard Müller ein kontemplativer Typ. Aber er wußte es nicht. Seine Christkönigsbegeisterung kam aus sehr tiefen Wesensschichten. Pater Pfürtner bezeugt, Eduard Müller sei ihm von den drei Kaplänen wenn nicht als der Bedeutendste, so aber sicher als der Innerlichste erschienen. Er habe immer noch des Adjunkts stilles Gesicht vor Augen, den leidvollen, doch völlig ergebenen und freundlichen Blick, mit dem er ihn im Gefängnis – sie hatten ihre Zellen nebeneinander – oft gegrüßt habe, abends, wenn sie ihre Sachen vor der Tür ablegen mußten. Darum ist die kleine »Episode«, welche die mehrfach zitierte Religionsschülerin ihrem Erinnerungsbericht über Kaplan Prassek nachsetzt, durchaus typisch. Es handelt sich um die Schilderung zweier Vertretungsstunden bei Adjunkt Müller[12].

»Weil es ein stiller, sonniger Abend war, saßen wir auf dem Balkon an der Rückseite des Pfarrhauses. Ringsum sangen die Vögel, und es duftete nach Blüten. Wir waren besonders guter Dinge. Da kam Kaplan Müller: ›Es hat wohl wenig Zweck, daß ich in eurem

Stoff fortfahre. Ich halte euch einen Vortrag über Askese und Mönchtum. Ich muß nämlich gerade ein Referat darüber schreiben, deshalb sind mir die Gedanken noch so geläufig.‹ Wir Mädchen reagierten mit einem ›Huh‹ in allen Tonarten. Die Jungen grinsten. Er sah uns erstaunt an. Dann sagte er mit einem kleinen versteckten Lachen in den Augenwinkeln: ›Das Thema ist gerade richtig für euch. Wartet, ich hole mein Material.‹ Als er wiederkam, stellte er uns nur eine Schale mit Konfekt auf den Tisch. Dafür erntete er lauten Jubel. ›Was sollen wir außerdem tun?‹ fragte er. ›Was Schönes‹, meinten wir. ›Soll ich euch von einer Reise als Student auf dem Balkan erzählen?‹ – ›O ja!‹

Anhand eines sauber geführten Tagebuches mit sehr guten Photographien – er war leidenschaftlicher Amateurphotograph – folgten wir mit begeisterter Aufmerksamkeit seinen bunten Erzählungen von Land und Meer und fremdem Volk. Ganz beschwingt gingen wir diesen Abend nach Hause.«

Es sei an dieser Stelle eingefügt, daß Eduard Müller eine große Naturliebe besaß. Wie viele Menschen seiner Herkunft und Prägung, hatte er ein besonderes Empfinden für die Schönheit der geschaffenen Dinge, die Weite der Welt, die Exotik ferner Länder, den Zauber alles Kreatürlichen. In seinem Zimmer hielt der Adjunkt eine ganze Menagerie Vögel, die sein und seiner Besucher Entzücken waren. Aus dem Gefängnis schreibt er einmal:

Durch die Gitterstäbe meines Zellenfensters hindurch sehe ich eine Birke, die ich immer wieder im vorigen Herbst in ihrer Farbenpracht bewunderte. Sie hat auch schon viele Schmerzen bereitet. Denn Du weißt doch, daß in meinen Adern »Zigeunerblut« rollt. Und wenn ich diese Pracht der Natur sehe, dann treibt es mich hinaus in die schöne Gotteswelt. Wenn jetzt die Sonne schon wieder höher steigt und ihre Strahlen auf dieser Birke leuchten, dann fühle ich wieder dieses »Zigeunerblut« rollen. Aber es heißt stillhalten und ausharren . . .[13]

Die Religionsschülerin fährt in ihrem Bericht fort: »Am Montag darauf war wieder schönes Wetter. Wir saßen wieder auf dem Balkon. Da sagte Jutta: ›Ich glaube, er wollte uns vorige Woche wirklich gern über Askese und Mönchtum erzählen.‹ Ja, den Eindruck hatten wir anderen auch. ›Wißt ihr was, wir bitten ihn heute darum.‹ Da kam er. ›Herr Kaplan, wir wünschen uns was!‹ Beinahe erschrocken fragte er: ›Was wollt ihr denn schon wieder?‹ –

›Den Vortrag über Askese und Mönchtum!‹ Da lächelte er ganz
fein – und hielt den Vortrag. Er gefiel uns so gut, daß wir ganz
still aufbrachen und noch auf dem Heimweg darüber sprachen«[14].

Leiden und Vollendung

Wenn man nun fragt, welche Bedeutung die »Askese des Leidens«
wohl in Eduard Müllers Lebenslauf gehabt hat, so kann man darauf nur schwer eine direkte Antwort finden. Wir haben nur ein
einziges Zeugnis aus der Zeit außerhalb des Gefängnisses von seiner Hand, und die Briefe, die er im Gefängnis schrieb, sind auch
nicht eben reichhaltig an persönlichen Aussagen – am wenigsten
enthalten sie Klagen. »Heute bin ich ein halbes Jahr hier, 182 Tage!
Eine lange Zeit voll bitterer Stunden! Herr, Dein Wille geschehe!«,
schreibt er knapp und vielsagend in einem Brief an einen jungen
Freund. Irgendwie ist das bezeichnend für ihn, der so gar keine
Begabung zur Reflexion hatte, ganz davon abgesehen, daß seine
Fähigkeit zur schriftlichen Formulierung nicht besonders entwickelt war. Sein Ausdruck bleibt mehr oder weniger im Klischee
stecken. Alles subjektiv Empfundene fließt bei ihm offenbar sogleich mit dem Objektiven zusammen: das, *was* er erlebt, mit dem,
wofür er lebt.

So stellt sich für ihn auch die Gefangenschaft als ein überpersön-
liches Schicksal dar. Der Konflikt mit dem Nationalsozialismus ist
Zeichen für den Zusammenprall der beiden »Reiche«, des göttlichen und des dämonischen. Die auferlegten Leiden sind Kampfes-
mühe, die nicht ausbleiben kann, wenn Christen am Werk sind.
Er fühlt sich auch in der persönlichsten Auseinandersetzung mit
Mächten, Qualen, Fragen und Einsamkeiten immer irgendwie als
»Kirche«. Was ihm geschieht, geschieht dem Leib Christi. Er leidet
gleichsam im Plural. Es geht nicht um seine Person, sondern vielmehr um die Ideale, für die er und die Seinen brennen. Wahrscheinlich überwand er alle Anfechtungen mit Hilfe dieses heiligen
Korpsgeistes, der ihm gebot: Du darfst der Sache Christi, deines
geliebten Meisters, und denen, die du ihm zugeführt hast, keine
Schande machen!

Gleichwohl hat auch Eduard Müller subjektiv sehr gelitten. Wiederum Pater Pfürtner bezeugt, man habe den Eindruck gehabt,
daß gerade Müller schwer an seinem Geschick trug. Ähnlich wie bei

Prassek sei auch ihm alles bis in letzte Tiefen gedrungen und habe dort gewühlt, still, aber doch erkennbar. Eduard Müller trifft sich dann im Geiste mit Johannes Prassek in der Erkenntnis des paradoxen Gesetzes, daß passives Leiden in Christus höchste aktive Kraft wird.

Wenn wir das Wort »schaffen« hören, denken wir den Inhalt rein menschlich. Es ist uns Menschen töricht und unsinnig, zu denken, daß »schaffen« und scheinbar »untätig sein müssen« und »leiden« und »verzichten« nicht nur auf eine gleiche Stufe – christlich gesehen – zu stellen sind, sondern daß die letzten Worte noch mehr Schaffenskraft ausweisen als das eigentliche Wort »schaffen«. Wie das Kreuz der Welt eine Torheit und ein Ärgernis ist, so auch diese Meinung, obwohl sie für uns selbstverständlich ist oder werden muß. Christ sein heißt ja, ganz anders denken als die Welt, darum gelten wir der Welt ja auch als Fremdlinge, ja Toren und Narren! ... Wieviel Opfer dazu gehören, wieviel Kämpfe und bittere, harte und schwere Stunden hinter diesen wenigen Worten (»Christsein«) stehen, vermag keiner zu ahnen. Aber Christus selbst hilft kämpfen und ringen ... [15]

Eduard Müller hatte von Natur ein ausgeprägtes Gefühl für Ehrenhaftigkeit, ähnlich wie Lange. Daß ihm seine persönliche Armut in der Driburger Zeit so zusetzte, ist eben von daher zu verstehen. Seine Beschämung entspricht dem Empfinden des geborenen Handwerkers, der es gewohnt ist, daß ein Mann sich ehrlich und fleißig durch seiner Hände Arbeit ernähre und niemandem zur Last falle. Damals war sein Leiden noch ziemlich »menschlich«, obwohl er es letztlich um des großen Zieles willen trug. Im Laufe seiner religiösen Entwicklung hat sich sein Ehrbewußtsein gleichsam objektiviert. Im Einsatz für die alleinige Verherrlichung Gottes wurde Eduard Müller fähig, selbst die öffentliche Schmach zu bestehen.

Auch Eduard Müller hat auf seine Weise in bewußter, zorniger Abwehr zum Nationalsozialismus gestanden. »Ich werde bald mit der Gestapo Bekanntschaft machen, denn ich werde mich durch nichts von meiner Pflicht abwendig machen lassen. Mein Weg geht bestimmt zum K.Z.«, hat Müller schon vor seiner Priesterweihe einmal geäußert.

Erster Fastensonntag! Vor mir liegt das Kreuz und ein Bild, das das Antlitz vom Turiner Leichentuch darstellt. Gerade habe ich wieder das Größte und Schönste tun dürfen, was ein Mensch über-

haupt tun kann: das heilige Opfer darzubringen und die größte »Tragödie« der Menschheitsgeschichte und zugleich die größte Erlösertat der unsagbaren Liebe Christi zu uns, zu mir, zu Dir, von neuem unblutiger Weise zu erneuern; nicht mit größter Feierlichkeit, sondern ganz schlicht und einfach hinter vergitterten Fenstern, durch die die Sonne mühsam ihre Strahlen wirft. Und doch kam derselbe Schöpfer des Himmels und der Erde, unser großer und mächtiger König, vor dem sich jedes Knie beugen muß, und dem wir alle einst Rechenschaft ablegen müssen, unser Bruder und Freund in meine Zelle, um mir, seinem Diener, Licht und Freude zu bringen, eine Freude, die die Welt nicht kennt! Und wiederum wurden meine Gedanken angeregt durch die herrlichen und unerschöpflichen Texte der Fastenliturgie. Noch nie habe ich mit solchem Interesse und tiefem Verstehen die Epistel gebetet, in der der große Völkerapostel in seinem zweiten Brief an die Korinther (Kap. 6, 1–10) zu uns Menschen von heute, zu mir als Priester sprach, zum Diener Gottes in Leid und Freud, als der er sich immer erwiesen hat. Es war für mich eine große Freude, als ich als Priester beim heiligen Opfer diese inhaltsreiche Epistel in unserer ehrwürdigen, alten Kirchensprache beten durfte, die oft die Dinge viel wuchtiger und wahrheitsgetreuer ausdrückt, als die deutsche Sprache es vermag. Ja, möge uns der heilige Paulus durch sein fürbittendes Gebet die Kraft erflehen, daß »wir uns in allen Dingen als Gottes Diener erweisen durch viel Geduld (in multa patientia), in Trübsalen (in tribulationibus), in Nöten (in necessitatibus), in Ängsten (in angustiis), unter Schlägen (in plagis), in Gefängnissen (in carceribus), bei Ehre und Schmach, bei schlechtem und gutem Ruf. Wir gelten als Trauernde und sind doch immer fröhlich, als Arme und machen doch viele reich, als solche, die nichts haben, und wir besitzen doch alles!« Und beim Memento legte ich dem Herrgott alle meine Anliegen, alle meine Anvertrauten in seine Hände. Und meine Gedanken wanderten nach Rom zu unserem Heiligen Vater, der am 12. 3. seinen Krönungstag feierte und das fünfte Jahr seines schweren und verantwortungsreichen Pontifikates antrat. Und als beim heiligen Opfermahl Christus sich wieder mit mir auf das innigste vereinigte, da habe ich ihm wieder, wie schon so oft, euch alle in den Kasernen und an der Front anempfohlen, damit auch ihr euch erweist »als Gottesdiener«!

Nie können wir Gott genug danken, daß er uns auserwählt hat,

Glieder der Ecclesia Sancta, *seiner heiligen Kirche, zu sein. Mögen uns weite Wege trennen, mag uns die Pflicht durcheinanderwürfeln, mögen uns Menschen ... auseinanderreißen und Schranken zwischen uns aufrichten, Christus und seine heilige Kirche kümmern sich nicht darum. Er entfernt alle diese menschlichen Hindernisse und schweißt uns zusammen in Gebet, Opfer und Liebe. Was vermögen alle diese Schranken gegen eine verschworene Christusgemeinschaft, gegen eine unzerreißbare Gebets- und Opfergemeinschaft? ...*

Diese Liebe, die uns in Christus verbindet, sie soll immer heißer entbrennen, zu einer immer größeren Flamme werden, die auch andere erfaßt. Wir wollen das Licht, das wir in uns tragen, leuchten und ausstrahlen lassen, damit auch die anderen eine Sehnsucht bekommen, dieses heilige Licht in sich tragen zu dürfen. Treu den Idealen, treu in unermüdlichem Apostolat ... Ermuntere auch die anderen dieser verschworenen Christusgemeinschaft zu gleichem Handeln. Fordere sie dazu auf! Gerade höre ich die Glocken der Herz-Jesu-Kirche läuten. Die Schläge der Glocke sollen uns eine Mahnung und Aufforderung sein zu apostolischem Leben und Handeln! Wir wollen gemeinsam diesen schwierigen Weg beschreiten, an dessen Ende die Krone winkt, die Christus uns einst übergeben wird, unbekümmert um die Meinung unserer Umwelt. Wir handeln so, wie der heilige Paulus (1 Korinther 4, 9 ff.) schreibt:
»Gott hat uns in die letzte Reihe gestellt, wie zum Tode Verurteilte. Denn ein Schauspiel sind wir der Welt geworden. Wir sind Toren um Christi willen; wir sind schwach, verachtet. Bis zur Stunde leiden wir Hunger und Durst und Blöße; wir werden mißhandelt und heimatlos umhergetrieben. Wir müssen uns plagen mit unserer Hände Arbeit. Man flucht uns, und wir segnen; man verfolgt uns, und wir dulden. Man lästert uns, und wir segnen. Wie Auswurf dieser Welt sind wir geworden!« – Was tut das alles?! Wir wollen durch unsere Kleinarbeit dazu beitragen, daß alles in Christus erneuert wird (omnia instaurare in Christo). Die Fastenzeit soll uns als Kämpfer mit uns und der Umwelt sehen und – als Sieger! Und wie am Aschermittwoch – wie der Bischof mir schrieb – der gesamte Klerus sich vereinigte zu einem Gebetssturm für die großen Anliegen unserer Zeit und »unsere Mitbrüder, über die schweres Leid hereingebrochen ist«, so wollen auch wir es tun. Wir wollen uns vereinigen unter dem Kreuze Christi und unseren

Kreuzweg gehen. Ich möchte schließen mit den Worten des Bischofs:
»In Cruce salus«!
In der Liebe des ersten Kreuzträgers grüßt Dich als Seinen Nach-
folger, Kämpfer und Streiter . . .

Und wenige Tage nach der Verurteilung, am 27. 6. 1943:
»So habe ich die Erwartung und Hoffnung, daß ich in keinem
Stück werde zuschanden werden, sondern daß in allem Freimut,
wie immer, auch jetzt Christus an meinem Leibe verherrlicht wer-
den wird, sei es durch Leben, sei es durch Tod. Denn für mich ist
das Leben Christus und das Sterben Gewinn!« (Phil 1, 20.21).
Vor mir, unter der Gestalt des Brotes, liegt der Heiland und ich
frage ihn, den ich bald von Angesicht zu Angesicht schauen werde,
was soll ich gleichsam als Vermächtnis Dir und all den anderen
schreiben? Wenn zwei Freunde Abschied nehmen, haben sie sich
viel zu sagen. So könnte auch ich Bände füllen, aber es geht nicht.
Zuerst eine große Bitte: Vergiß mich nicht! Solange ich hier auf
Erden weile, bete für mich. Und wenn der Herrgott das Leben von
mir genommen hat, dann bete viel für mich; muß ich doch für viele
als Priester dort oben Rechenschaft ablegen! Wenn ich droben bin,
werde ich auch Dich und die anderen nicht vergessen, bis auch ihr
alle euer Ziel erreicht habt. Ich würde mich freuen, vorher noch
recht oft von euch, besonders von Dir, etwas zu hören . . . Und nun
danke ich Dir und den anderen für euer Vertrauen und eure Liebe
zu mir. Wenn ich nicht immer recht gehandelt habe, so verzeiht
mir. Meine Absicht war stets die: Christus in Euch zu formen und
zu gestalten! Wir wollen das Kommende tragen als ganze Helden,
denn unser Leben wird ja nicht genommen, sondern nur umgewan-
delt, und dann werden wir uns wiedersehen in Glück und Freude.
Ihr alle aber: haltet Christus stets vor Augen, traget ihn in Euren
Herzen. Haltet ihm und seiner heiligen Kirche unerschütterliche
Treue und Liebe! Kein Einsatz sei zu hoch; geht es doch um den
Siegeskranz ewigen Glückes mit Christus. Ich muß leider schließen.
Lies einmal ganz langsam 2 Tim 4, 1–8! Lebe wohl! Auf Wieder-
sehen dort oben! Grüße alle in heiliger Christusliebe! – »Denn ich
bin schon daran, geopfert zu werden, und die Zeit meiner Auf-
lösung ist nahe. Ich habe den guten Kampf gekämpft, den Lauf
vollendet, den Glauben bewahrt. Nunmehr ist mir die Krone der
Gerechtigkeit hinterlegt . . .!«

Pater, fiat voluntas tua! *Noch einmal segne ich Euch alle aus tief-stem Herzen. Unsere heilige Liebe soll nie aufhören. – Gruß an Deine Eltern und Geschwister und alle anderen. Sage Frl. Johanna, sie möchte mir umgehend Briefpapier und Briefumschläge schicken. Schreibe bald wieder! Lebe wohl! In heiliger Christusliebe grüßt Dich ...*

Die alte Lehrerin, die Eduards Gang wohl aufmerksam verfolgt hat, muß gerade diese Entwicklung erfaßt haben. Sie schreibt: »Wenige Wochen vor seinem Tode habe ich meinen ehemaligen Schüler in Hamburg noch aufgesucht. Dieser Besuch hat mich see-lisch tief erschüttert und beglückt zugleich. Welch eine Verände-rung war mit Eduard vorgegangen! Solch seelische Reife, Gott-verbundenheit, Ausgeglichenheit, ja, innere Freude kann nur ein Heiliger ausströmen ...« Wenige Zeilen zuvor sprach sie von den Minderwertigkeitskomplexen und Bedrückungen, die Eduard am Anfang seines Weges zum Priestertum mit sich schleppte. »Damals fehlte ihm noch die Reife, die ihm unser Herrgott später in anderer Weise so bitter zuteil werden ließ.«

Ohne diese anderthalb Jahre Stille und Abgeschiedenheit und ohne die strengen Entbehrungen im Gefängnis wäre auch Eduard Müller sicherlich nicht geworden, was er am Ende seines Lebens ist. Nach menschlicher Voraussicht wäre er unter normalen Verhältnissen weiterhin ein beliebter »eifriger« Priester geblieben, ein Sturm-schärler von Gemüt, gut, aber nicht überdurchschnittlich begabt, geschickt in der Seelsorge, aber keineswegs genial. Später wäre laut Aussage eines Freundes vielleicht ein gütiger, besinnlicher »Mittelstandspastor« aus ihm geworden, nicht ohne eine gewisse Behäbigkeit; der Adjunkt war dafür bekannt, daß er es gern ge-mütlich hatte, gutes Essen schätzte und selig war, wenn er bei einer guten Zigarre schöne Schallplattenmusik hören konnte.

Die Vorsehung hat in ihrer unerbittlichen Barmherzigkeit den Lebenslauf auch dieses liebenswürdig unauffälligen Menschen und Priesters in ein höchstes Ziel gefordert. Unter der Hülle der klischeehaften Vorstellungen hat sich in der endlosen Einsamkeit und unausweichlichen Not der Gefangenschaft Eduard Müllers letztgültige Physiognomie entfaltet, deren Kennzeichen eine voll-kommene, heilige Hörigkeit ist. In jenen Versen spricht er zutiefst und allein – wenn auch sehr verhalten – sich selber aus:[16]

Herr,
  hier sind meine Hände,
  leg darauf, was Du willst,
  nimm hinweg, was Du willst,
  führe mich, wohin Du willst,
  in allem geschehe Dein Wille.

Hermann Lange

Es ist bezeichnend, daß die von Johannes Prassek erhalten gebliebenen Briefe in der Überzahl Freundesbriefe sind, daß Eduard
Müllers schriftliche Zeugnisse das Hohelied der Treue und christlichen Kameradschaft enthalten und daß Hermann Langes schrift-
licher Nachlaß, ausgenommen die beiden Briefe an den Bischof,
aus – Familienkorrespondenz besteht[1].

Will man Hermann Lange mit einem Wort charakterisieren, so
kann man sagen: Er war ein »guter Sohn«.

Die Fotos zeigen einen sympathischen jungen Mann mit klaren
Zügen, dem man auf den ersten Blick die gute Kinderstube ansieht
und der selbst auf dem unvorteilhaft belichteten »Verbrecher«-
Bild noch sozusagen wohlerzogen wirkt. – Freilich sagen seine
Züge nach einem Jahr Gefängniszeit noch einiges mehr aus. Man
ist betroffen, was das Schicksal in so kurzer Zeit aus einem Menschen zu machen vermag! Gerade an Hermann Lange zeigt sich die
Wirkung einer notvollen Lebensschule besonders deutlich. Zwischen dem weichen, kindhaften, zweifellos ein wenig selbstzufrie-
denen Primiziantengesicht und dem letzten Bild aus dem Hamburger Gefängnis liegt eine Welt an Erfahrungen, Leiden, Kämpfen. Man kann dieses vergeistigte Asketengesicht eines erst Dreißigjährigen nicht ohne Respekt betrachten.

Hermann Langes Lebens- und Charakterzeichnung bietet sich klar
und schön dar. Seine Gestalt wirkt wie aus einem Guß. Nur gegen
Ende kommt so etwas wie ein Bruch hinein, auch diese scheinbar
so ungefährdete Existenz gerät in eine innerliche Krise. Aber Hermann Lange überwindet sie, er findet sein Gesicht wieder und geht
mit erhobenem Blick in den Tod, mit Haltung. Ganz der ergebene
Sohn – seines himmlischen Vaters.

Man kann gut verstehen, warum Hermann Lange sich gerade
Therese von Lisieux zur Lieblingsheiligen erkoren hat, diese zärt-
liche Tochter einer liebevollen Familie, von Eltern und Geschwistern
verwöhnt und bewundert, deren Herz im Familiären, in der Beziehung zu Vater, Mutter und den Schwestern sein menschliches

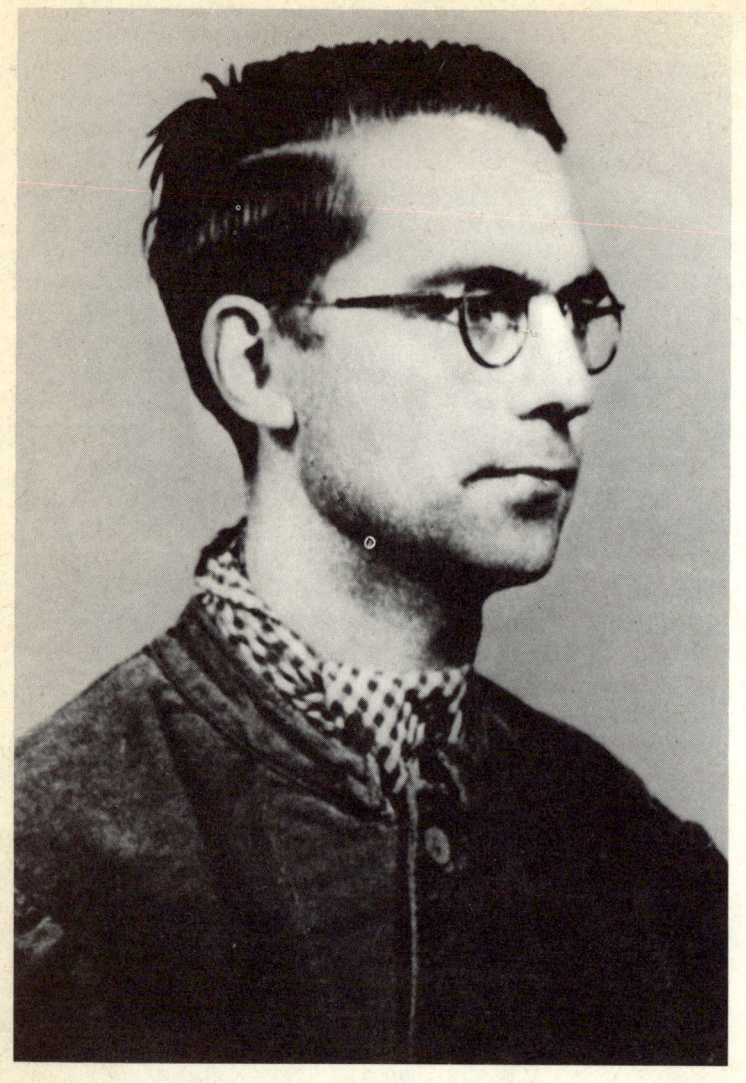

Genüge fand und diese Bindungen« dann so selbstverständlich ins Religiöse zu transzendieren verstand, indem sie mit der Gotteskindschaft ernst machte.

Hermann Lange entstammt einer gutsituierten Familie. Seine Eltern führten eine harmonische Ehe, und die Kinder gerieten alle wohl. Der eine Bruder, Paul, ist ebenfalls Priester geworden, die Schwester Angela ging ins Kloster. Hermann wurde am 16. April 1912 in Leer, Ostfriesland, als viertes Kind des Navigationslehrers Christian Lange und seiner Frau Eleonore Suerken geboren. In der Kirche St. Michael empfing er wenige Tage danach das Sakrament der Taufe. Ein Jahr später wurde Herr Lange nach Emden versetzt. »Dort wuchs Hermann als stiller, sinniger Junge auf«, schreibt der Vater[2]. »Bei schönem Wetter stand er vielfach, die Hände auf dem Rücken, an der Eingangstür zur väterlichen Dienstwohnung...« Man sieht dieses Bild genau vor sich: den hübschen, brünetten Jungen mit dem intelligenten Gesicht und dem winzigen Zug von Selbstbewußtsein um den Mund, ein kleiner Mann, der sich die Dinge genau ansieht und sie in seinem kindlichen Hirn zu sondieren versucht. Und man meint fast, ihn auch bereits in jenem ein wenig altklugen und leicht dozierenden Tonfall sprechen zu hören, der so charakteristisch für seine späteren Briefe wird.

Es gibt zwei aufregende Ereignisse in diesem Kinderleben, Vater Lange hat sie liebevoll festgehalten. Als Hermann drei Jahre alt war, warf ihm ein fremder Junge im Vorbeigehen eine Handvoll Kalk ins Gesicht. Nur mit größter Mühe konnte der rasch herbeigerufene Arzt sein Augenlicht retten. Welch schmerzliche Aufregung für die Familie! »Um dieselbe Zeit war er einmal ausgerückt«, fährt der Vater fort. »Alles Suchen in der Nachbarschaft führte zu keinem Erfolg. Etwa eine halbe Stunde später kam er gemütlich angetrollt. ›Aber Hermann, du darfst doch nicht weglaufen, wo bist du gewesen?‹ – ›Bei Steineszug und Wasserzug‹, gab er zur Antwort. Er war bis zum Rathaus gepilgert und zum Delft und hatte dort die Elektrische (›Steineszug‹) und das Personenmotorboot (›Wasserzug‹) gesehen.« – In einem Brief, den Paul Lange nach der Verurteilung seines Bruders an die Eltern schrieb, findet sich eine zärtlich-erinnernde Anspielung auf jenes Ereignis[3]. Das zeigt, welche Bedeutung es im Erleben der Familie einnahm und läßt das ganze warme »Nest« der Besorgtheit und Ordentlichkeit dahinter erstehen, in dem Hermann sich entfalten konnte, wo jeder kleinste Seitensprung sofort ein aufgeregtes Geflatter bei den liebenden Herzen der Eltern und Geschwister zur Folge hatte. »Aber Hermann, wie konntest du!« Man tat so etwas einfach nicht bei Langes.

Nach einigen Jahren wird Vater Lange nach Leer zurückversetzt. Hermann kommt in seinem Geburtsort aufs Gymnasium und wird ein braver Schüler. Schon als Sextaner stand es bei ihm fest, Priester zu werden. Der Einfluß oder sagen wir das Vorbild des geistlichen Onkels, des im Jahre 1942 verstorbenen Domdechanten Dr. Hermann Lange, trug wohl wesentlich mit dazu bei[4]. An diesem Onkel muß Hermann ganz besonders gehangen haben, denn sein Name taucht immer wieder in den Briefen auf, und als die Nachricht von seinem Tod ins Gefängnis kommt, trifft es den Neffen »wie ein Schlag«, und er beklagt ihn als einen Freund.

Früh schließt Hermann sich der katholischen Jugendbewegung an, »mit Begeisterung«! schreibt der Vater. Er wird Mitglied der Leerer Gruppe von »Neudeutschland« und bald ihr »vorbildlicher« Führer. Nach bestandenem Abitur bezog Hermann Lange die Universität Münster. Kam er dann in den Ferien nach Leer, war er sofort wieder bei den Jungens. Bald nach seinem Eintreffen wurde er »von einer großen Schar Jungmänner umringt, denn überall verbreitete sich schnell die Kunde: ›Hermann Lange ist da!‹ Mit großer Freude erinnern sich die jungen Männer noch heute der unvergeßlichen Stunden, die sie im Zeltlager zusammen mit Hermann Lange, der ihnen Führer und Freund war, verlebt haben. Mit Begeisterung sprechen sie von dem Lagerfeuer, um das sie sich in den Abendstunden versammelten, und von der weihevollen Stille, die sie umgab, wenn Hermann Lange unter dem Lagerkreuz das Abendgebet vorbetete . . .«[5]

Das ist das vertraute Bild eines klaren, schönen Jugenddaseins, das sich in religiöser und menschlicher Ausgewogenheit entfalten konnte, nicht aus dem Rahmen fallend, wohl aber beglückend wegen seiner Lauterkeit und Harmonie.

Auch die Universitäts- und Seminarzeit verläuft ohne Komplikationen. Nachdem er sein Theologiestudium in Münster absolviert hat, siedelt Hermann Lange nach Osnabrück ins Priesterseminar über. Am ersten Tag schreibt er von dort einen Geburtstagsbrief an seinen geliebten Vater. Dieser Brief zeigt Hermann ganz als den dankbaren fleißigen Sohn eines ehrbaren Vaters, der weder seine Eltern noch sich selbst enttäuscht hat! Jedenfalls klingt zwischen den Zeilen bei aller kindlichen Ergebenheit deutlich auch so etwas wie Selbstgenügsamkeit mit. Noch ist Hermann Lange ganz von seiner Untadeligkeit durchdrungen. Es soll indessen nicht sehr lange dauern, bis er sich auch in seiner Gebrechlichkeit erfährt . . .

Lieber Vater!
Ganz kurz möchte ich Dir meine herzlichen Glückwünsche, zugleich auch im Namen von Onkel Hermann, zu Deinem morgigen 60. Geburtstag darbringen. 60 Jahre reich an Arbeit und Mühen – aber auch reich an Gottes Segen. – So sitze ich hier auf meiner Stube, die ich mit einem anderen teile, und denke an Dich, denke auch an all die vielen Opfer, die Ihr, Mutter und Du, für mich bringen müßt, und wünsche Dir auch darum besonders zu Deinem morgigen Ehrentage alles, alles Gute und erflehe Dir den Schutz und Segen von oben.
Jetzt ist Wirklichkeit geworden, was ich so lange ersehnt und gehofft. Mutter tat einmal den Ausspruch: »Was ist es schön in der Welt, wenn man ein reines Gewissen hat.« Das kann ich bestätigen: »Wie ist es schön, wenn Gottes Friede in einem wohnt.« Jetzt geht es mit Riesenschritten dem hehren Ziele entgegen. Ernst ist die Arbeit, straff die Ordnung, schön das Gemeinschaftsleben. Ich freue mich, daß ich hier sein darf. Und das habe ich nicht zuletzt Dir zu verdanken. Darum begrüße ich dich nochmals mit besonders dankbarer, kindlicher Liebe. – In der nächsten Woche werde ich etwas ausführlicher schreiben. Am 1. Tag kann man sowieso nicht viel schreiben, und ferner schellt es gleich zum Essen.
Ich schließe mit einem herzlichen Gruß, auch an Mutter,
Euer Hermann

Zu diesem Zeitpunkt sind Hermann Langes schriftliche Äußerungen allemal ein wenig altklug. Es fließen ihm leicht und gern Anmutungen in die Feder von den »Härten und Mühen des Ehestandes«, vom »gesegneten Lebensabend« seiner Eltern, die »in Ehren grau geworden« sind. Aus der Feder des jungen und im Grunde noch recht unerfahrenen Theologiestudenten klingen solche Formulierungen vorzeitig pastoral. Später, mit zunehmender Reife, wird der Ton persönlicher und wesenhafter.
Und dann naht der große Tag.

Nicht uns selbst verkünden wir, sondern †
CHRISTUS JESUS als den † Herren; uns aber als
eure Diener um Jesu willen

Durch die Handauflegung des Bischofs weiht mich Gott zum Priester am Quatembersamstag, dem 17. Dezember 1938, um 7 Uhr im Hohen Dom zu Osnabrück.

Am folgenden Tage bringe ich mein erstes heiliges Meßopfer dar um 8 Uhr in der Kapelle des Bischöflichen Priesterseminars zu Osnabrück.

Am Feste des heiligen Stephanus, dem 26. Dezember, um 10 Uhr feiere ich meine Heimatprimiz in der St.-Michaels-Kirche zu Leer.

Mit dieser Anzeige verbinde ich die Bitte um ein Gedenken im Gebete.

Osnabrück, Priesterseminar
Leer, Mörkenstraße 6,
im Advent 1938.

HERMANN LANGE
Diakon

So verzeichnet es die gedruckte Schriftkarte, welche die Familie Lange als Andenken aufbewahrt.

Die Gemeinde von Leer nimmt begeisterten Anteil an der Primiz. Bei dem feierlichen Amt assistiert Pastor Schniers, der Vorgänger von Pfarrer Große-Kreutzmann, der später die Beisetzung der Urne von Hermann Lange leiten wird. Pastor Schniers ist ebenfalls den Martertod gestorben, im Konzentrationslager. – Ehrendiakon ist »Onkel Hermann«.

Am 1. Februar 1939 tritt der Neupriester Hermann Lange seine erste Stelle an, eine Pfarrvertretung in Neustadtgödens. Zwei Monate später kommt er als Aushilfsgeistlicher für den erkrankten Pfarrer nach Lohne bei Lingen. Am 1. Juni 1939 wird er zum Adjunkten und ein Jahr später zum Vikar an der Herz-Jesu-Kirche in Lübeck ernannt, wo er genau drei Jahre wirkt, ehe man ihn am 15. Juni 1942 verhaftet.

Führer und Vorbild

Hermann Langes menschliches und priesterliches Erscheinungsbild hat eine ganz bestimmte Prägung. Wenn man bei ihm von einer vorherrschenden Leidenschaft sprechen kann, so ist es der »pädagogische Eros« gewesen, der ihn erfüllte. »Pädagogisch« zunächst in seinem ursprünglichen Wortsinn als Führung und Erziehung der männlichen Jugend verstanden und erweitert dann auf das bewußte Einwirken und Einflußnehmen auf Menschen überhaupt. Hermann Lange war nicht das, was man sich gemeinhin unter einer »Führernatur« vorstellt, er war eher still und ein wenig scheu. Aber er muß bereits als junger Kerl ein gewisses vertrauenerweckendes Fluidum ausgestrahlt und überzeugend auf andere gewirkt haben. Der Vater erzählt, wie in der Zeit, als Hermann die Neudeutschland-Gruppe leitete, einmal eine Frau zu ihm gekommen sei, um sich bei Hermann über ihren Sohn auszusprechen, der »von Kirche und Religion nichts mehr wissen wollte« und der Mutter das Geld wegstahl. »Hermann nahm ihn mit auf einen langen Spaziergang. Von da ab war der Junge wie umgewandelt. Er wurde ein eifriger, vorbildlicher Katholik und ist es bis heute geblieben.«

Hermann Lange war ein Typ, wie man ihn bisweilen im Lehrerberuf findet, einer, der still und etwas reserviert dahergeht und nicht sogleich verrät, welche Autorität er hat. Hermann Lange weiß von Anfang an recht gut, was er will und wer er ist, er setzt sich einfach mit seiner integren Haltung und sanften Hartnäckigkeit durch.

Dabei war er im Umgang durchaus gelöst und jungenhaft-unbekümmert. »Als Mensch war er Freund und Kamerad den Freunden und Kameraden. Immer war er für uns zu haben. Oft zog er mit uns hinaus, um, sei es am Strand oder in der Natur, ganz Mensch zu sein. Da fiel dann alles von ihm ab, was ihm die Würde seines Amtes gab, und ungezwungen und natürlich durften wir mit ihm jung sein«[6].

Auch von anderer Seite wird bezeugt, Lange sei nicht weniger »frei und offen« gewesen als Prassek, wohl etwas distanziert, »aber immer sehr herzlich«.

In Lange war ein starker, wohl ererbter Drang, die Menschen zu lehren, zu führen, zu überzeugen, Erkenntnis in ihnen werden zu lassen. Pfarrer Lackmann hat einmal geäußert, die evangelischen Christen hätten ein besonders ausgeprägtes Empfinden dafür, daß die Verkündigung des Wortes, die Mit-teilung des Offenbarungsgehaltes eine Art sakramentaler Vorgang sei, dessen Bedeutsamkeit im katholischen Raum gar nicht genug gewertet werde. Nun, Hermann Lange war unbewußt gerade davon durchdrungen. Gelebte Lehre und Liebe zum Belehren, das sind die beiden Stichworte, unter denen man sein Wesen einordnen kann.

Lange ist vorwiegend intellektuell geprägt, aber er ist keineswegs Rationalist. Er ist Theologe, und zwar aus Passion. Er studierte viel, seine Bibliothek war umfangreich und vielseitig, und er liebte und pflegte seinen Bücherschrank. Er reflektierte gern. Seine Gedankengänge blieben jedoch in enger Beziehung zur Heiligen Schrift. Besonders intensiv scheint er sich mit Paulus befaßt zu haben. Es ist jedenfalls keine bloße fromme Floskel, wenn ihm beim Briefschreiben so leicht und sicher jeweils der passende Bibelvers in die Feder fließt.

Weil er liebte, was er lehrte, und es vor allem selber lebte, wirkte Lange überzeugend. Ein Jungmann aus seiner Gruppe schreibt: »Seine Predigten ließen immer wieder an dem inneren Feuer erkennen, wie alles an ihm gelebte Wirklichkeit war... Durch seine Worte und sein lebendiges Vorbild legte er den Grundstein zu meinem heutigen Glaubensalter und, damals mir vielleicht noch nicht so bewußt, meiner völligen Hinwendung zum ungeteilten Dienst vor Gott. Sein Herzensanliegen war ihm das Gebetsapostolat für unsere im Glauben ringenden Brüder. Unsere Abende bei ihm waren stets von einer solchen Tiefe und einem solchen Gehalt, daß ich oft bis spät in die Nacht mit einem guten Freund, der den gleichen Heimweg hatte, noch darüber diskutierte. Seine besondere Vorliebe galt Paulus und Guardini...«[7].

Lange als Prediger

So bedarf es keiner weiteren Erklärung mehr, daß Vikar Langes besondere Vorliebe dem Predigen galt. Er bereitete sich immer sehr sorgfältig darauf vor. Er war darin anders als sein Mitbruder Prassek, der sich gern auf die Augenblickseingebung verließ – und verlassen konnte! Lange lebte nicht aus der Intuition, sondern aus der genauen Planung. Was bei Prassek ein Stück echter Genialität war, hätte bei Lange als unverantwortliche Schlamperei gewirkt. Seine Lust war nicht das freie Spiel der Phantasie, sondern rationale Ordnung und klare Systematik. Selbst in der Todesstunde verläßt ihn die geliebte Systematik nicht: »Wenn Ihr mich fragt,

wie mir zumute ist, so kann ich Euch nur antworten: Ich bin 1. froh
bewegt, 2. voll großer Spannung! Zu 1. Für mich ist mit dem heutigen Tage alles Leid, aller Erdenjammer vorbei ... Und 2. Heute
kommt die größte Stunde meines Lebens!
Es scheint, daß Langes ausgewogene, gehaltvolle Ansprachen nicht
weniger angekommen sind als Prasseks zündende Emotionen.
Beide waren auf ihre Weise begeistert und begeisternd, die Liebe
hatte nur bei jedem von ihnen eine andere Färbung.
Vielleicht wäre Lange einmal Nachfolger seines Onkels, des Osnabrücker Domdechanten, geworden; möglicherweise war es sogar
sein heimlicher Wunsch, Domprediger zu werden. Er wäre bei dem
ruhigen, seßhaften Osnabrücker Menschenschlag auch sicher gut
aufgenommen worden.
Von mehreren Seiten wird hervorgehoben, daß Vikar Lange ein
beliebter Beichtvater war. Das paßt ganz in sein Wesensbild. Was
die Menschen zu ihm hinzog, war der Ernst und die Eindringlich-
keit, mit der er religiös-asketische Gedanken an sie herantrug.
»Pädagogisch« ist Lange schließlich auch noch im Umgang mit dem
eigenen Ich. Wenn er seinen Eltern vom Gefängnis aus über seine
Verfassung schreibt, spürt man zwischen den Zeilen deutlich so
etwas wie Selbstbeschwichtigung durch. Er möchte auch sein eigenes Herz von der Fessel der Melancholie frei wissen. Immer wieder neu gelten seine Bemühungen der Gelassenheit und Selbst-
überwindung. Hermann Lange hatte an sich den Hang zum Grübeln und Sinnieren, wie es scheint. Aber er hat diese Anlage mit
aller ihm zur Verfügung stehenden Kraft überwunden, durch Geduld, Tapferkeit, ein wenig Selbstironie und – Gebet.
*Ich finde, daß jetzt keine Zeit zum Klagen ist. »Feiger Gedanken
bängliches Schwanken – weibisches Zagen – ängstliches Klagen,
wendet kein Schicksal, macht dich nicht frei!« Wie ich Euch schon
einmal schrieb, habe ich mich und meine Sache ganz Gott anheim-
gestellt. Nun mag es gehen, wie es will, ich bin in seiner Hand.
Ohne seinen Willen geschieht bekanntlich nichts. Also wie Er will.
Das gibt Mut und Kraft ...*[8]
*Grübelt nicht zuviel! Werft all Eure Sorge auf den Herrn. Blindes
Gottvertrauen bringt uns weiter als alles eigene Sorgen und Grübeln*[9] ...
*Für Euch wird es natürlich furchtbar schwer sein, ich weiß das,
mein tägliches Gebet geht auch dahin, daß Gott Euch Gnade und*

Kraft geben möge, aus Innerstem heraus das fiat zu sprechen.
Dann werdet Ihr es tragen können, und dieses bittere Leid wird
Euch zu einem großen Segen werden. Es ist die göttliche Weisheit,
die sich hinter dem Leid verbirgt, daß es uns läutere und Gott
näher führe. »Wer mein Jünger sein will, nehme täglich sein Kreuz
auf sich und folge mir nach.« Richtige Einstellung vermag es sogar,
für das Leid zu danken! Und wenn wir dann an so manches Leid
denken, das heute über so viele Menschen hereingebrochen ist, und
dann ferner daran, daß wir doch bisher in unserem Leben von wirk-
lichem Leid verschont geblieben sind, dann sollen wir dankbar
sein und diese Trübsal bereit aus Gottes Hand entgegennehmen,
nicht lamentieren und jammern, »denn die Gott lieben, denen ge-
reichen alle Dinge zum besten«. Wenn Leben mir beschieden ist,
dann will ich auch mein »Ja, Vater« sprechen, wenn auch, wie ich
glaube, ein solches Leben vielleicht schwerer ist als der Tod – doch
wer weiß das. Ich bin ganz zuversichtlich – mag es so kommen
oder so. – »Du Vater, Du rate ... Dir in die Hände, sei Anfang
und Ende, sei alles gelegt«[10].

Seine Religiosität

Hermann Lange ist ebenso wie seine Mitbrüder und Altersgefähr-
ten Johannes Prassek und Eduard Müller in der Jugendbewegung
und liturgischen Erneuerung groß geworden. Fahrten mit Lagerfeuer, Gemeinschaftsmesse und Komplet, Heilige Schrift und Guardinis »Heilige Zeichen«, »Aufbruch ins Leben« und »Gloria Dei«,
Paulus und Graf von Galen – das sind die Vokabeln und Namen
für eine geistige Welt und religiöse Gestimmtheit, an die sich mancher aus seiner eigenen Entwicklungszeit noch gut – und gern –
erinnert.

»Als Ministrant hatte ich mehr als einmal Gelegenheit, bei ihm zu
ministrieren, wo mich immer wieder seine ergreifende Andacht
und Hingabe während aller Handlungen des heiligen Opfers tief
beeindruckte. So, wenn er das Zeichen des heiligen Kreuzes machte
oder beim *mea culpa* an die Brust schlug. Hier sah ich, wie seine
Auslegungen an unseren Heimabenden über Guardinis ›Heilige
Zeichen‹ in die Wirklichkeit umgesetzt wurden ... So waren auch
die gemeinsamen Fahrten immer mit einer Gemeinschaftsmesse
oder einer abendlichen Komplet verbunden ...«[11].

Hermann Lange war in diesem geistig-religiösen Raum zu Hause. Er liebte ihn.

»Ein besonderer Trost war ihm das Neue Testament, das ihm von der Gestapo bewilligt worden war. Er sagte einmal zu mir: ›Wenn die Gestapo wüßte, welch eine große Kraft und welchen Glauben ich aus den Worten der Heiligen Schrift empfange, so hätten sie mir bestimmt das Buch nicht bewilligt!‹ – Er hat viel in seiner Zelle gebetet und hat die ganze Zeit im Lauerhof geistliche Betrachtungen angestellt... Mehrmals versuchte er des Sonntags, sich unter die anderen Gefangenen zu schmuggeln, um auch einmal in die Messe gehen zu können, aber leider gelang es ihm niemals...«[12]

Auch Hermann Lange war ein frommer Priester. Er war es von Hause aus, nach Veranlagung und Erziehung. Er war kein »Ekstatiker«, es finden sich jedenfalls in seinen Briefen keine Andeutungen, daß er das Heilige so »erfahren« hätte wie Johannes Prassek, der manchmal wie trunken war von der Berührung mit dem göttlichen Du. Auch von Eduard Müllers schlichter und unbewußter Beschaulichkeit unterscheidet sich seine Frömmigkeit. Und doch ist auch Hermann Lange auf seine Weise ein verinnerlichter Mensch. Seine Religiosität trug vornehmlich den Stempel des Intellektuellen, gewiß, sie ist mehr meditativ als kontemplativ, aber am Ende gelangt auch er und gerade er zu jener Haltung, die das Merkmal der Heiligkeit ist: zur Auslieferung an den Willen Gottes.

Seine Vorstellungen kreisen in der Hauptsache um den großen Gedanken: Gott ist ein weiser und zuverlässiger Vater, dem man blindes Vertrauen entgegenbringen kann; man muß sich durch alle Vorkommnisse auf dieser Welt, die glückhaften wie die leidvollen, durchringen zur völligen Gelassenheit und Seelenruhe und Ihm alles anheimstellen. Das ist der Tenor aller seiner Briefe.

Ich sage mir immer wieder, mein Leben liegt in Gottes Hand, da ist es am besten aufgehoben, mag es so kommen oder so. Ihr aber bereitet mir die größte Freude, wenn Ihr ruhig, stark und gefaßt seid, bei allem, was kommen mag, und nicht lamentiert...[13]

Hermann Langes Wesenshaltung ist geprägt von der Pietät, von *pietas* – frommer Fügsamkeit – im heutigen Wortverständnis. Seine Anhänglichkeit an die Eltern, vor allem an den Vater, hat sich bei ihm ganz natürlich auch auf das Verhältnis zu Gott übertragen.

Ich freue mich, daß Ihr Euch wieder gefunden habt und so stark seid! Laßt uns in allem, was auch kommen mag, diese Haltung bewahren. Gewiß, die Liebe zueinander macht das sehr schwer, aber die größere Liebe – die zu Gott nämlich – macht es, wie alles, wieder leicht! Wie froh und geborgen war ich früher, wenn ich meine kleinen Patschhändchen in Vaters »Pranken« legen konnte – das ist nur ein kleiner Vergleich! Wir sind immer, so oder so, geborgen in den Händen des gütigen Vatergottes, warum sollen wir denn sorgen! Er meint es besser mit uns als wir selbst! »O Tiefe des Reichtums, der Weisheit und Erkenntnis Gottes! Wie unergründlich sind seine Wege, wie unerforschlich seine Ratschlüsse! Ihm sei die Ehre in Ewigkeit!«[14]

Johannes Prassek war auf das polare Du bezogen, Eduard Müller auf das Wir in Christus, Hermann Lange sagte »Vater«. Wenn wir gemeint haben, Eduard Müller sei auch als Seelsorger immer der »Arbeiter« geblieben, so kann bei Lange gelten, seine Gottesvorstellung sei von Natur aus »patriarchalisch« geprägt gewesen.

Des Vaters Segen baut den Kindern Häuser ... wie froh hat mich doch der Segen gemacht, lieber Vater, den Du mir am Schluß Deines Besuches gespendet hast! Das ist ein mir einfach unvergeßlicher Abschluß jenes so schönen Zusammenseins gewesen, ebenso unvergeßlich wie der Abend meines Primiztages, da sich Deine Hände mir segnend aufs Haupt legten![15]

Nur im ersten Augenblick muten einen die anderen Töne – daß die Erde ein »Jammertal« und die eigentliche Heimat des Menschen »das göttliche Vaterhaus« sei – in seinen Briefen befremdlich an. Dann erkennt man, daß sie absolut ernst zu nehmen sind, weil sie einem tief verborgenen Ungenügen und Leiden entspringen: dem Heimweh! Vielleicht war es Hermann Lange nicht einmal bewußt, daß er sich immer ein wenig ungeborgen und ungeschützt gefühlt hat in der Welt, seit die bergende Wärme des Elternhauses ihn entließ. Warum denn meditiert er so gern über die Herrlichkeiten und die Freuden des ewigen Lebens? Wahrscheinlich hat er sich den »Himmel«, ähnlich wie seine Vertraute, die kleine heilige Therese, als ein familiäres Miteinander vorgestellt, glücklich, reibungslos, unzertrennlich. Hermann Lange war im Grunde viel empfindsamer und verletzlicher als die andern beiden, Prassek und Müller. Als er ins Gefängnis kam, hatte er sich vielleicht innerlich noch gar nicht richtig von der Bindung ans Elternhaus gelöst.

Auch wo er sich anderen Menschen zuwendet, besonders in der Seelsorge, geschieht es mit einer irgendwie »väterlichen« Gebärde. Es gibt bei ihm im wesentlichen nur die beiden Richtungen: das Aufschauen zu den Eltern, zum verehrten Onkel, zu Gott Vater – oder die »Herablassung« zu denen, die seinen Rat, seine Weisung, sein Predigtwort brauchen. Die andere Möglichkeit, daß der Mensch dem Menschen Freund und Partner sein kann, jene erregende Polarität von Ich und Du, scheint ihm (noch?) fremd geblieben zu sein. Offenbar hat der junge Vikar auch wenig Beziehung zur Welt der Frau gehabt. Außer den von Verwandten taucht in keinem seiner Briefe ein Frauenname auf, und unter den Zeugenaussagen sind so gut wie keine weiblichen Stimmen. Man ist beinahe versucht, zu sagen, es sei da ein leerer Raum in Hermann Langes Erlebniswelt gewesen. Zwar hat er sich eine weibliche Heilige zur Patronin erkoren, aber gerade in Therese von Lisieux finden wir unsere Vermutung bestätigt. Hermanns Sympathie für die »kleine« Heilige ging auf das »Kind« und die »Schwester« in ihr, die »bis zur Verwegenheit auf Gottes Vatergüte vertraute«.

Jedenfalls hat Lange sein seelsorgliches Wirken, vor allem seine Jugendarbeit, unter einem ganz bestimmten Aspekt entfaltet. Er will die ihm Anvertrauten in ihre wahre Heimat führen und die Abständigen zurückholen »ins göttliche Vaterhaus«. Das kommt zum Ausdruck in den Worten, die Lange nach dem Bericht des Gefängnispfarrers Behnen kurz vor dem Gang zum Schafott gesprochen haben soll: »Heilige Theresia, Du meine Vertrauteste im Himmel, Du hast mir schon so oft geholfen, wenn in Lübeck mir Männer oder Jungmänner begegneten, die schon lange sich von der Kirche entfernt hatten, so daß ich sie mit Deiner Unterstützung zurückholen konnte ins Vaterhaus. Heilige Theresia, wie gut bist Du, wenn man zur Ehre Gottes etwas von Dir erfleht . . .«[16]

So paßt es auch ganz in dieses Bild, wenn Pfarrer Behnen in seiner Ansprache in Leer berichtete, der Vikar sei förmlich in Entzücken ausgebrochen, als er – Behnen war offenbar ein väterlicher Typ – zum erstenmal in die Zelle des jungen Mitbruders trat. Lange habe spontan das Wort des Psalmisten zitiert: »*O quam bonum et iucundum habitare fratres in unum*« – O wie gut und wie glückhaft ist es, wenn Brüder in Eintracht zusammenwohnen!« Dieser alte, erfahrene Menschenkenner sagte über Hermann Lange, jener habe »nicht soviel Gemüt gezeigt« wie die andern, Müller und Prassek;

»er war Verstand und nur Verstand, und darum kam er mir auch ganz würdig und gemessen entgegen«. Behnen meint mit »Verstand« nicht etwa die kühle *ratio*, sondern Langes Reserve in der Gefühlsäußerung. Im übrigen ist es gerade Behnen, der an zwei Stellen bezeugt, daß der Vikar in Tränen ausgebrochen sei, einmal beim Besuch des Bischofs und dann bei der Vollstreckungseröffnung. Wer seine Briefe an die Familie liest, kann ohnehin nicht zu dem Eindruck gelangen, Lange sei gefühlsarm gewesen. Behnen bezeugt in anderem Zusammenhang noch einmal: »Wie groß war immer die Freude, und darum konnte ich nicht schnell genug zu ihm kommen, wenn er Besuch gehabt hatte von seinem Vater oder von seinen Geschwistern. Was war die Zelle dann nachher so hell erleuchtet von der Sonne, die aus seinem Herzen mir entgegenstrahlte«[17].

In der Schwäche vollendet

Die Gefangenschaft ist auch für Hermann Lange von entscheidender Bedeutung. Er erfährt in dieser Zeit an sich die eigentümliche Pädagogik Gottes, die ihn die Armut, die Härte, das Versagen und die Scham lehrt. In dieser »Schule« wird Hermann Lange in anderthalb Jahren reich an Freude, er wird fest, indem er sich losläßt. Sein Wesen schwingt aus in der fruchtbaren Spannungsmitte zwischen Gelassenheit und sehnsüchtiger Erwartung, zwischen kindlicher Anhänglichkeit und frei bejahter Einsamkeit.

Zunächst scheint es, daß die Verhaftung ihm einen allzu starken Schock versetzt und ihn in seiner Haltung irritiert hat. Er schreibt vom Lauerhofgefängnis aus an seine Eltern:

Lübeck, den 22. Juli 1942

Lieber Vater, liebe Mutter!

Ja, das muß eine furchtbare Überraschung für Euch beide Guten gewesen sein, als Ihr von meiner Verhaftung vernahmt. Dein Brief, lieber Vater, hat mich aufs äußerste erschüttert, o ja, ich weiß, daß Eure Gedanken immer wieder und immer wieder in meine einsame Zelle wandern, daß Eure Sorge um mich übergroß ist. Ich kenne Euch ja, Ihr Lieben! Daß Euch das noch beschieden sein mußte auf Eure alten Tage. Doch lamentieren nützt hier nun nichts. Ich sitze nun einmal hier, mit der Freiheit ist's aus. Was man mir vorwirft?

*Es handelt sich um die Verbreitung der Predigten von Clemens
August und anderen Schriften und um die Verbreitung von Gerüchten. Jetzt, hinterher sehe ich selbst, daß ich da manches Mal
sehr kritiklos und vorurteilsfrei diesen Gerüchten gegenüber gewesen bin, jetzt bricht's mir den Hals. Ihr müßt Euch jedenfalls
auf das Allerschlimmste gefaßt machen. Lieber Vater, Du schreibst:
Bau auf Dich selbst. Ja, weißt Du, dann wär's zum Verzweifeln,
wenn ich auf mich oder auf Menschen bauen wollte. Hier kann nur
einer helfen. Und das eine kann ich Euch sagen: Hier in dem Alleinsein, in der Einsamkeit der Zelle mache ich die größten Exerzitien,
die ich je in meinem Leben gemacht habe! Da lernt man das Leben
so einschätzen, wie und was es wirklich ist, da lernt man auf alle
äußere Ehre und dergleichen gern Verzicht leisten und rückt wirklich in eine Gottesnähe, die stark macht und zu Letztem bereit.
Mag kommen, was da will, ich bin bereit zu allem. Unser Leben
ist doch in Gottes Hand, Sein Wille geschehe in allem. Nun bitte
ich Euch um eins: Seid doch auch Ihr stark. O ja, ich weiß, daß es
furchtbar schwer für Euch ist, aber hier heißt es einfach christlichen
Starkmut beweisen. »Ich vermag alles in Dem, der mich stärkt!«
Es geht mir sonst gut, ich habe über nichts zu klagen. Fünf Wochen
bin ich nun schon hier, es kann noch lange dauern! Die Tage gehen
aber schneller hin, als man meint*[18].

Soll der Satz: »Jetzt hinterher sehe ich selbst...« bedeuten, daß
Hermann Lange seine mutigen Handlungen im Dienste der Wahrheit bereut, weil es schiefgegangen ist? Hatte er sich aus Mangel an
Phantasie deren mögliche Folgen nicht vor Augen geführt? Oder
will er bloß seine Eltern beschwichtigen, indem er zugibt, gelegentlich etwas unklug gewesen zu sein?
Man kann sich eigentlich nicht vorstellen, daß der Vikar nicht gewußt haben soll, was er tat. Denn bereits ein Jahr vor seiner Verhaftung fand eine Haussuchung bei ihm statt. Er lag zu der Zeit
gerade zu Bett. Ehrtmann war bei ihm, als die Gestapo kam. Und
zwar saß er just auf dem Koffer, der angefüllt war mit abgezoge-
nen Galen-Briefen. Die Beamten bemerkten den Koffer aber nicht,
und so ging nochmal alles gut. Der Vikar hat seine »staatsfeind-
liche« Tätigkeit nach diesem Vorkommnis indessen keineswegs eingestellt. Es mag sein, daß seine gelegentlichen mündlichen Äußerungen nicht besonders fundiert oder von einem noch etwas unaus-

gereiften Enthusiasmus diktiert waren. Aber der ganze Eifer, den er in der Vervielfältigung und Verbreitung von Bischofspredigten und anderen aufklärenden Schriften bewies, kam eindeutig aus apostolischem Motiv. Der bereits zitierte Jungmann stellt ihm ausdrücklich das Zeugnis aus: »Sein sprichwörtlicher Mut zur Wahrheit ließ ihn oft scharfe Worte finden zur Beurteilung des vergangenen Systems, was ihm den Haß der Gestapo eintrug. So ist es verständlich, daß ihm ein Bischof wie Graf von Galen aus der Seele sprach. Mit ihm trugen wir seine Predigten unter das Volk. So wie er im Glauben stand, mußte er Bekenner sein!«

Zweifellos hatte gerade Hermann Lange es besonders schwer, sein Schicksal zu bestehen, schon allein deshalb, weil der Übergang so kraß kam. Er war keine eigentlichen Lebenshärten gewohnt. Schließlich reicht keine freiwillig geübte Askese an die Herbheit einer ungerechten Freiheitsberaubung und die Schikanen der Kerkerhaft unter einem totalitären Regime heran. Zudem hatte er bisher nur Ehrenhaftigkeit geatmet, und es muß ihn wohl mit einem staunenden Entsetzen erfüllt haben, sich in die Kategorie der »Verbrecher« eingestuft zu sehen. Es war wieder so wie damals, als der fremde Junge ihm, dem unschuldig Dastehenden, den Kalk ins Gesicht warf. Aber nun war kein Helfer zur Stelle, der das Verhängnis abwehren konnte. Und wie damals, als Hermann aus frühem »Erkenntnisdrang« die kleine Ausreißertour unternahm, war die Familie außer sich vor Kummer und auch ein wenig vorwurfsvoll. Aber Hermann!

Als Lange in die »Mangel« der Verhöre der Gestapo kommt, versagt er ein wenig. Gewohnt, Sympathie zu empfangen, zu vertrauen, unerfahren im Umgang mit durchtriebenen Menschen, läßt er sich von den raffiniert getarnten Anbiederungsversuchen der Vernehmungsbeamten täuschen. Zwei von ihnen haben später in betrunkenem Zustande erzählt, Lange habe beim Verhör allerhand verlauten lassen. Lange hat diese Schwäche nachher heftig durchleiden müssen.

Nach fünf Monaten Haft schreibt er an Bischof Berning einen kurzen Brief, in dem bereits Zuversicht klingt:

Lübeck, den 7. 11. 1942

Ew. Exzellenz!

Dankbar bestätige ich Ihnen den Empfang Ihres Schreibens vom 22. 8., das mich allerdings erst zwei Monate später erreichte. Ihre

aufmunternden und stärkenden Worte haben mir sehr wohlgetan und mir gerade in schweren Stunden wieder neuen Auftrieb und Antrieb gegeben. – Mit Gottes Hilfe habe ich den bisherigen Aufenthalt hier nicht nur gut überstanden, sondern er hat mir sogar zu manchen tieferen Einsichten und Erkenntnissen verholfen, die vor allem mit durch die intensive Lektüre der Paulusbriefe veranlaßt wurden. – Was weiterhin mit mir geschehen wird, liegt in Gottes Hand. Mihi autem adhaerere Deo bonum est, ponere in Domino Deo spem meam. *Ich hoffe und glaube, daß die längste Zeit der Untersuchungshaft vorbei ist und daß der Tag der Verhandlung langsam näherrückt. Darf ich um ein weiteres Gedenken im Gebet bitten?*
Indem ich nochmals für die empfangenen Zeilen aufrichtig danke, grüße ich Ew. Exzellenz

ergebener

Hermann Lange, V.

Aus behutsam umschreibenden Äußerungen des Gefängnispfarrers Behnen läßt sich erkennen, daß Hermann Lange sehr zu kämpfen hatte. Nun, das war bei den anderen auch so, bei Prassek, Müller, Stellbrink. Aber sie hatten Hermann Lange etwas voraus, sie waren schon länger auf sich selbst gestellt und hatten sich weitgehend allein durchschlagen müssen. Gerade am schwachen Punkt in seiner Biographie läßt sich ermessen, welch großen Schritt er gegen Ende über sich hinaus getan hat. Was ihm dank seiner Herkunft, Veranlagung und Umwelt beinahe mühelos zugefallen war, das *wird* er nun wirklich und bewußt. Die Gelassenheit, die er vorher seinem guten Gewissen zusprach und die in der Hauptsache wohl eine Begleiterscheinung seines wohlgefügten Daseins war, wird nun erst zur Tugend. Es kommt ein deutlicher Glanz in seine letzten Briefe. Nach wie vor ist sehr viel von Familie darin die Rede, aber er ist spürbar durchgestoßen in andere Dimensionen, seine Kindschaft hat sich ausgeweitet und überhöht. Menschliche Zuneigung und Gottesbeziehung fließen ineinander über. Es ergeht ihm ähnlich wie seinem Zellengefährten Stellbrink, der auch am Ende seine Liebesgemeinschaft mit der Familie in eschatologischer Schau betrachten lernt: »Oh, was würde das für eine Gemeinschaft werden, wenn wir wieder zusammenkämen! Aber sei gewiß: sie kommt, wenn nicht in dieser unendlich kurzen Erdenzeit, so bestimmt dort in der Ewigkeit. Und das ist doch wahrlich die Hauptsache! Darum: Freuet Euch und sorgt Euch um nichts!« schreibt Pastor Stellbrink an seine Familie[19]. Der gleiche Tonfall findet sich bei Hermann Lange:

Heute ist die große Heimkehr ins Vaterhaus, und da sollte ich nicht froh und voller Spannung sein? Und dann werde ich auch alle die wiedersehen, die mir hier auf Erden lieb waren und nahestanden! Großmutter, Onkel Hermann... Seht, die Bande der Liebe, die uns miteinander verbinden, werden mit dem Tode ja nicht durchschnitten, Ihr denkt an mich in Euren Gebeten und daß ich allzeit bei Euch sein werde, für den es jetzt keine zeitliche und räumliche Beschränkung mehr gibt[20].

Die Gelassenheit, mit der er das eigene Schicksal annimmt, steht in Wechselbeziehung mit der Sorge um die ihm Anvertrauten. Hermann Lange hatte immer schon die Fähigkeit, sich um andere Sorgen zu machen, man kann fast sagen, er hatte den Kopf immer voll von Fragen, wie es den Menschen, die er kannte und liebte, wohl ergehe, was Mutters Zuckerkrankheit mache, wo die alte Haushälterin nach Onkel Hermanns Tod wohl ihre Bleibe finde, ob die Eltern auch genügend Schutz vor den Bomben hätten usw. Diese Anteilnahme am Ergehen der anderen nimmt im Gefängnis nicht ab, im Gegenteil. Gerade hier umkreisen seine Gedanken mit besonderer Unruhe die Menschen, denen er Seelsorger war und ist.

»Vikar Lange war voll Sorge um die ihm anvertrauten Seelsorgekinder. Er hing mit der größten Liebe an seinen Verwandten und Landsleuten. Darum war auch das erste, um was er mich bat: ›O, Herr Pfarrer, nehmen Sie sich doch der Männer und Jungmänner an, die mit mir verhaftet sind, weil sie mit mir in meine Seelsorgestunde kamen, damit sie keinen Schaden leiden an ihrer Seele. Ich will gerne auf die Vorteile, die Sie mir bieten können, verzichten, wenn Sie dann besser dem Wohle der mir anvertrauten Menschenkinder dienen können‹«, berichtet Behnen[21].

Vielleicht ist Hermann Lange unter den vieren derjenige, der am deutlichsten zum Ausdruck gebracht hat, was christliche Geduld ist, jene Tugend, die, wie andere Tugenden, wie der Begriff überhaupt heute leider in Mißkredit geraten ist. Aber Geduld meint ja nicht vergrämtes, unfreudiges, markloses Erleiden aller möglichen Übel. »Geduldig ist nicht, wer das Übel nicht flieht, sondern wer sich dadurch nicht zu ungeordneter Traurigkeit hinreißen läßt« (Pieper).

Langes Briefe aus dem Gefängnis enthalten in vielen Variationen immer wieder die Anweisung, was man tun müsse, damit der Geist nicht durch die Traurigkeit zerbrochen wird. Besonders in jenen sieghaften Zeilen der letzten Stunde enthüllt sich gerade bei ihm die Geduld als das, was sie ihrem Wesen nach ist: »strahlender Inbegriff letzter Unverwundbarkeit« (Pieper).

Hermann Lange bekommt gegen Ende den spröden Charme eines Thomas Morus oder eines Laurentius, die mit einem Scherz in den Tod gingen. Seine Schwester tröstet er bei ihrem Besuch: »Warum weinst Du? So geht es doch schneller, als wenn der Krebs es zu Ende gebracht hätte.« (Lange hatte einmal wegen Krebsverdacht im Krankenhaus gelegen.) In seinem Abschiedsbrief heißt es: »Eben habe ich den letzten schönen Apfel gegessen, und meine Beinwunde ist dank der Salbe auch bald geheilt.« Das schreibt einer, der weiß, daß man ihm in der nächsten Stunde den Kopf abschlagen wird!

Hermann Langes Entwicklungsweg endigt, nachdem er »zerbrochen« und im Religiösen heil geworden ist, in einer wunderbar heiteren Gelöstheit.

Was kann einem Gotteskinde schon geschehen? Wovor sollte ich mich denn wohl fürchten? Im Gegenteil: Freuet Euch, nochmals sage ich Euch, freuet . . . Alles, was ich bis jetzt getan, erstrebt und gewirkt habe, es war letztlich doch alles hinbezogen, auf dieses eine große Ziel, dessen Band heute durchrissen wird . . .[22]

Außer dem Brief an die Eltern und seinen Bruder Paul hat er in letzter Stunde auch noch an die übrigen Geschwister geschrieben. Diese Zeilen sind von einer so starken Frömmigkeit, daß man sie im ganzen Zusammenhang lesen muß:

Hamburg, den 10. November 1943

Liebe Angela, liebe Maria, lieber Hans!
Als erster von uns fünf Kindern lege ich nun mein irdisches Leben in die Hände Gottes zurück. Ich weiß, auch Euch wird dieser Schlag mehr oder weniger hart treffen. Es liegt nicht in meiner Macht, irgend etwas an dem Gang der Dinge zu ändern. Ich kann Euch nur um eines bitten: Seid stark und sucht Kraft bei dem, der in allem Leid uns allein letzte Kraft zu geben vermag. Falsch wäre eine »Selbsterstarrung in Schmerz«. »In aller schweren Heimsuchung will Gott uns heimsuchen zu Ihm, dem Anfang und Ende

aller Dinge. Darum sollen wir im Unglück aufhören, mit uns selbst
zu reden, woraus nur Zwangsgedanken hervorgehen ..., sondern
reden mit Gott; denn er ist immer größer als unser Herz, und er
kennt alles.« Diese Worte aus einer schönen Broschüre, die ich neu-
lich las, möchte ich Euch auf die Seele binden. Sie können Euch viel
geben. – Ich danke Euch für all Eure Liebe, die Ihr mir geschenkt
habt, und bitte Euch, daß Ihr nun all diese Liebe auf Vater und
Mutter häufen sollt. Das ist die Aufgabe, die ich Euch stelle, sie
froh zu machen. Trauert nicht um mich, denn ich gehe jetzt in das
Land, wo es keine Tränen mehr gibt! Und dann bitte ich Euch,
Euer künftiges Leben so innerlich zu führen, stark in Glaube, Hoff-
nung und Liebe, daß wir einst, wenn auch Eure Stunde schlägt,
uns oben vereint wiederfinden! ... Eben habe ich den letzten schö-
nen Apfel gegessen, und meine Beinwunde ist dank der Salbe auch
bald geheilt!!!
So, und nun empfangt meinen letzten Gruß! Alles, was ich an Liebe
besitze, lege ich in ihn hinein. Seid nicht traurig, daß ich nicht mehr
bei Euch bin, – von oben her bin ich immer bei Euch.
Hans, auch Päule meinen herzlich frohen Gruß! In inniger, brüder-
licher Liebe umfange ich Euch alle

Euer Hermann

Seinen Eltern vermacht Hermann Lange das Neue Testament, das
er im Gefängnis bei sich gehabt hat. Auf den leeren Seiten findet
sich folgende Eintragung von seiner Hand:
Dies Buch war mir in schweren und schwersten Stunden Quell allen
Trostes und aller Kraft. Meinen lieben Eltern in letzter Stunde als
kleines Andenken geschenkt.
Und dann folgt ein Gedicht, dessen sieben Strophen mit dem Re-
frain schließen: »Ganz der Wille Gottes soll auch da geschehn.«
Über den literarischen Wert der Verse mag man streiten; doch sie
sagen Wesentliches über Hermann Langes Lebensende aus. »Ganz
der Wille Gottes«, das ist keine poetische Floskel geblieben, es ist
bitter erkaufte Haltung, wirklich seiner Weisheit letzter Schluß.
Hermann Lange vollendet sich in Einfachheit und gelöster Freiheit. Er geht buchstäblich mit leuchtendem Gesicht in den Tod.
Nach der Hinrichtung sagte einer der Beamten zu Behnen: »Herr
Pfarrer, so muß es wohl sein, wenn ein Held und Heiliger stirbt«[23].

Karl Friedrich Stellbrink

Wenn man das Bild jenes Mannes zeichnen will, der von den Lübecker Geistlichen als letzter zum Schafott ging, dann erhebt sich eine ähnliche Schwierigkeit wie bei Johannes Prassek: Man weiß beinahe nicht, wo man anfangen und wo man aufhören soll.

Was ist das für ein Mann, der gemeinsam mit den drei katholischen Priestern gefangengenommen, verurteilt und hingerichtet wurde und dessen Name seitdem im katholischen Raum immer mitgenannt wird, wenn vom Lübecker Blutzeugnis die Rede ist?

Karl Friedrich Stellbrink war Pastor der Luthergemeinde zu Lübeck. Er stand im fünfzigsten Lebensjahr, als er im Widerstandskampf gegen Adolf Hitler fiel. Er hinterließ eine Frau und drei Kinder und ein Vermächtnis, das für die Annäherung der Konfessionen eine fortwirkende geschichtliche und religiöse Bedeutung hat. Übrigens ist Pastor Stellbrink der einzige evangelische Pastor der Lübeckischen Landeskirche, der des christlichen Blutzeugnisses gewürdigt worden ist.

Die Berichte der Gattin und des Sohnes, Dr. Gerhard Stellbrink, die Aufzeichnungen der Tochter Gisela Stellbrink und der Nachruf, den Propst Stoldt, ein Freund des Hingerichteten, verfaßt hat, bilden die Grundlage zu dem hier versuchten Lebens- und Wesensbild. Die Aussagen der katholischen Augenzeugen bestätigen das Bild und runden es ab.

Lebensdaten

Karl Friedrich Stellbrink ist von Geburt Westfale. Noch heute kommt im Münsterland, besonders in der Gegend von Bielefeld, der Name Stellbrink häufig vor. Der Urahne des Pastors war Bauer. Sein Vater aber zeigte bereits ein ausgeprägtes geisteswissenschaftliches Interesse. Gerhard Stellbrink erinnert sich, daß sie zu Hause eine umfangreiche philosophische Abhandlung aufbewahrten, die Großvater Stellbrink verfaßt hatte.

Pastor Stellbrinks Heimat ist jenes Land der Heideflächen und

Moore, das Menschen hervorgebracht hat, die draufgängerisch und zuweilen derb sein können, verschlossen und schwerblütig bis zur Melancholie; sie sind großer religiöser Leidenschaften fähig bis zum Fanatismus; es gibt einsame Wahrheitssucher im Volk der roten Erde und Dichter wie Annette von Droste-Hülshoff. Karl Friedrich Stellbrink ist am 28. Oktober 1894 im katholischen Münster zur Welt gekommen, wo seit dem zwölften Jahrhundert das alte Geschlecht derer von Galen ansässig ist. Als die berühmte Münsterer Domuhr mit ihrem Glockenspiel und dem Zwölf-Apostel-Reigen zum erstenmal in das Dasein des kleinen Erdenbürgers Karl Friedrich Stellbrink, Kind eines Oberzollsekretärs, hineinklang, konnten seine protestantischen Eltern gewiß nicht ahnen, daß an dieser Stelle einmal ein katholischer Bischof mit seiner anklagenden Stimme das Schicksal ihres Sohnes bewegen würde. Clemens August Graf von Galen geht zu der Zeit noch zur Schule. Als er 1904 Bischöflicher Kaplan bei seinem Oheim in Münster wird, kommt Karl Friedrich Stellbrink gerade aufs humanistische Gymnasium, nicht in Münster, sondern in Detmold, wo seine Eltern ein eigenes Haus mit Garten erworben hatten.

Karl Friedrich Stellbrink machte mit achtzehn Jahren das Abitur und trat anschließend, Ostern 1913, in das Landeskirchliche Diasporaseminar in Soest ein. Die Absicht, Pfarrer zu werden, hatte er schon in frühester Jugend. Die Lage im Elternhaus machte es notwendig, daß er sich mit einer verkürzten Ausbildung zufrieden gab. Das Studienhaus in Soest war ein Predigerseminar, das keinen akademischen Rang beanspruchte. Die Ausbildung dort galt hauptsächlich als Vorbereitung für die Auslandsseelsorge.

Nach zwei Jahren mußte er seine theologische Ausbildung unterbrechen, um Soldat zu werden. Er kam an die Front und wurde in der Somme-Schlacht 1917 verwundet. Seine linke Hand war seitdem verkrüppelt. Als Kriegsversehrter kehrte er in die Heimat zurück und nahm sein Studium wieder auf. Offenbar war dieses Kriegserlebnis recht bedeutsam für den jungen, idealistischen Studenten. Propst Stoldt vermerkt in seinem Nachruf: »Schon damals hatten ihn die furchtbaren Erlebnisse der Materialschlachten des ersten Weltkrieges seelisch stark beeindruckt und ihn hineinschauen lassen in das namenlose Grauen und Elend, das ein Krieg mit sich bringt«[1]. Es sollte nicht das letzte Grauen seines Lebens gewesen sein.

Nach der Abschlußprüfung auf dem Soester Seminar bekam Stellbrink zunächst eine Stelle als Vikar in Barkhausen, Synode Minden. Nach einem Jahr wurde er auf Grund eines Erlasses des Evangelischen Kirchenrates in Witten, wohin das Seminar verlegt worden war, für das geistliche Amt des überseeischen Auslandsdienstes der evangelischen Landeskirche Preußens ordiniert. Am 20. April 1921 trat er die Ausreise nach Südamerika an, nachdem er sich kurz zuvor mit Hildegard Dieckmeyer verheiratet hatte. Etwa acht Jahre war er Seelsorger der deutschen Siedler in Arroio do Padre II bei Pelotas und in Mont'Alverne bei Santa Cruz. Diese Jahre waren die glücklichsten seines Lebens. Selbst kurz vor der Hinrichtung konnte er sich noch kaum von der Erinnerung an Brasilien trennen, und er erzählte auch seinen Mitgefangenen oft von seinem Wirken dort. »Diese Zeit ließ ihn reiche Lebenserfahrungen sammeln. Er sehnte sich oft zurück nach der Sonne und der Freiheit jenes gesegneten Landes, nach der Ungebundenheit des dortigen Lebens und Schaffens, nach der Größe und Weite des Raumes, der ihm für seine Wirksamkeit offenstand«[2]. Der Aufenthalt im Ausland hat Karl Friedrich Stellbrink sehr geprägt. Die Deutschen lebten dort in enger Verbindung und waren im ganzen Land sehr angesehen.

Am 29. März 1929 kehrte Vikar Stellbrink mit seiner Familie nach Deutschland zurück. Nach einem halben Jahr Urlaub machte er als Pfarranwärter in Eisenach eine Ergänzungsprüfung, die er glänzend bestand. Daraufhin bekam er die Pfarrstelle Steinsdorf bei Weida in Thüringen, eine Gemeinde von fünf Dörfern. Etwa fünf Jahre wirkte er dort und wurde dann am 1. Juni 1934, im zweiten Jahr der Hitlerherrschaft, an die Lutherkirche in Lübeck berufen.

Charakteristik

Karl Friedrich Stellbrink ist eine erstaunlich ungebrochene Persönlichkeit gewesen, die bei aller Vielseitigkeit und den Wandlungen, die sie durchmachte, dennoch einheitlich und klar profiliert wirkt. Stellbrink war nach der Aussage seines Sohnes Gerhard geistig ein *selfmade-man*. Nicht allein, daß er sich sein Studium zum Teil selber verdient hatte, er erwarb sich darüber hinaus eine große Allgemeinbildung. Sein Wissen war schon in jüngeren Mannesjahren so umfassend und solide, daß er vom Kultusministerium des Landes Thüringen die Erlaubnis bekam, seinen Kindern Privatunterricht in allen Hauptfächern zu erteilen. »Wir erhielten einen wirklich ausgezeichneten Unterricht, und zwar über Jahre hin. Mein Vater gab uns Deutsch, Latein, Griechisch, Portugiesisch – vom Aufenthalt in Brasilien her unsere zweite Muttersprache –, Mathematik, Religion und selbst Zeichnen. Er war überhaupt unvergleichlich lebendig und dabei ganz eigenständig in seiner Meinungsbildung. Auf den verschiedensten Gebieten war er zu Hause und immer über die neueste Entwicklung informiert. Dabei gab er sich niemals mit vordergründigen Auffassungen zufrieden, sondern ging den Dingen in eifrigem Selbststudium auf den Grund«[3]. Auch Propst Stoldt bezeichnet Stellbrink in seinem Erinnerungsbild als einen wachen und sprühenden Geist, dessen vielseitige Begabung und Bildung ihn vielen Amtsbrüdern überlegen gemacht habe, obwohl er kein eigentlicher Akademiker war. Stoldt charakterisiert den Freund ferner als einen Mann mit großem Arbeitsdrang und einer seltenen Frische des ganzen Wesens. Er hebt an einer Stelle einmal ausdrücklich Stellbrinks kräftige Konstitution und sein »starkes Herz« hervor. Das ist bezeichnend für Stellbrinks gesamtes Lebensgefühl, wie es in seine Umgebung ausstrahlte. Er pflegte auch des öfteren scherzend zu äußern, er wolle »120 Jahre alt« werden[4]. Für einen so lebendigen Charakter war die Auslandsseelsorge gerade das Richtige. Die acht Jahre in einem halbkultivierten Land sind dem jungen, aufgabenhungrigen und anpassungsfähigen Geistlichen denn auch wie im Fluge vergangen.

Auf der anderen Seite besaß Stellbrink eine ausgeprägte Gemüthaftigkeit und künstlerische Fähigkeiten. Stellbrink malte selber. In seiner Jugend hatte er zeitweilig sogar den Plan gehegt, zur Kunstakademie zu gehen. Er bewarb sich auch in Düsseldorf, aber da er das vorgeschriebene Alter noch nicht erreicht hatte, wurde er einstweilen zurückgestellt. Inzwischen reifte dann der Entschluß zum geistlichen Weg.

Vor allem gehörte zum Stellbrinkschen Lebensstil die gemeinsame Lektüre und die Pflege der Hausmusik. Gerhard Stellbrink erzählt aus seiner Kindheit: »Das waren für Vater die kostbarsten Stunden des Daseins, wenn er mit meiner Mutter zweistimmig zur Gitarre singen konnte. Er liebte, wie es seiner ganzen Gemütsart entsprach, vornehmlich gefühlsbetonte, einfache und zu Herzen gehende Lieder und Sätze. Es war geradezu sein Hobby, Volks-

und Scherzlieder zu sammeln. Aber er spielte mit uns ebenso auch klassische Musik, vor allem Bach.«

Zur Lieblingslektüre Pastor Stellbrinks gehörten unter anderem die *Träumereien an französischen Kaminen* von Volkmann-Leander. Am meisten hatte es ihm das Märchen »Von Himmel und Hölle« angetan. Er konnte sich einfach nicht genug daran tun und las es immer wieder im Familienkreis vor. Auch im Religionsunterricht hat er es verwandt. Es kam manchmal vor, daß er bei der Lektüre dieser Geschichte vom Armen und vom Reichen an bestimmten Stellen vor Ergriffenheit weinte.

»Er war dabei ein ausgezeichneter Kenner und glühender Verehrer großer Dichtung. Er gehörte zu jener Generation, die außer der Bibel Goethes *Faust* und Nietzsches *Zarathustra* im Tornister trugen, als sie ins Feld zogen, wobei er letzteren als eine Art Winzer ansah, der den Weinstock christlicher Wirklichkeit beschnitt, damit er bessere Früchte trage.«

»Im Charakterbild meines Vaters treten drei Züge besonders hervor, die nur auf den ersten Blick gegensätzlich erscheinen: seine Begeisterungsfähigkeit, seine Nüchternheit und die Einfalt seiner Denk- und Empfindungsweise. Mit dem Wort ›einfältig‹ ist sein Wesen tatsächlich in Ernst und Scherz am besten gekennzeichnet. Er hatte eine unbändige Freude an kindlichem Humor, während ihm hintergründige Ironie weniger lag; für Doppeldeutigkeit oder gar Spitzfindigkeiten fehlte ihm überhaupt jeglicher Sinn. Er reduzierte alles Mehrschichtige immer auf einfache Maximen, die er sich als verbindlich selbst erarbeitete, und je nachdem, welches Vorzeichen eine Wirklichkeit nach diesem Prozeß für ihn bekommen hatte, setzte er sich mit aller Kraft und unermüdlich brennender Begeisterung dafür ein.«

Bei aller »Einfachheit« war Stellbrink eine dynamische Persönlichkeit. Er war Idealist und positiver Realist zugleich. Er hatte nichts Verstiegenes, aber auch nichts Hausbackenes. Er behielt immer die Beziehung zur Lebenswirklichkeit, aber er konnte andererseits jenen selbstvergessenen Enthusiasmus aufbringen, der auch mit zunehmender Reife nicht erlahmte.

Sein großes Leitbild, auf das sich sein Sinnen und Trachten ein Leben lang ausrichtete, kann man wohl mit der Formel: »Die unzerstörbare Lebensgemeinschaft« umschreiben. Auch Stellbrink brauchte, ähnlich wie Eduard Müller, das »Wir«. Nur daß Eduard

Müller mehr zum stillen, getreuen Nachvollzug geboren war, während Stellbrink durchaus schöpferisch wirkte. Er entwarf, trieb voran und prägte. Die Gemeinschaft von Blut, Geist, Nationalität und Glauben, für viele von uns belastete Vokabeln, war ihm Stoff und Idee zugleich, die Worte hatten für ihn ganz ihren ursprünglichen, reinen Klang. Pastor Stellbrink bedurfte zu seiner Selbstverwirklichung eines großen, idealen und realen Raumes, der seinen Reichtum aufnahm und dessen Perspektiven ihn immer wieder auf höhere Möglichkeiten hinlenkten. Dieser Raum entfaltete sich ihm in drei einander übersteigenden Lebenswirklichkeiten: in seiner Familie, im deutschen Vaterland, in der christlichen Kirche.

Die Familie

»Mein Vater lebte stark aus dem Familiengedanken. Er wollte von Anfang an seine Familie ganz nach seinen Vorstellungen prägen. So hatte er auch immer viele Kinder haben wollen. Wir vier waren ihm viel zu wenig. Er hatte ohnehin ein großes Herz! Aber meine Mutter konnte keine Kinder mehr bekommen, zudem starb das zweite Kind bereits in Brasilien, und so nahm er noch zwei Neffen auf, damit wir wenigstens zu fünf wären. Später kam noch ein drittes Pflegekind hinzu, aber als er inhaftiert wurde, mußten wir es wieder abgeben, weil wir ›politisch unzuverlässig‹ waren. Bereits in Brasilien hatten wir mehrere Pflegekinder. Insgesamt sind vierzehn Kinder durch die Hände meiner Eltern gegangen. – Ebenso träumte Vater davon, einmal *das* Heim für seine Familie zu gründen. Mit Vorliebe befaßte er sich mit dem Zeichnen maßstabgerechter Baupläne, über denen er unermüdlich und begeistert ganze Stunden verbrachte.«

Obwohl ein bisweilen heftig ausbrechendes Temperament und der empfindliche und scharfe Blick für alles Unrechte keinen bequemen Ehepartner und Vater aus diesem Mann gemacht haben mögen, bietet sich das Stellbrinksche Familienleben ganz nach der Art dar, wie man es als typisch für das gute evangelische Pfarrhaus anzusehen pflegt: harmonisch, geordnet, kultiviert, mit einem deutlichen Zug ins Spartanische. »Er erzog seine Kinder in einem frisch-fröhlichen Christentum, hielt sie an zur Abhärtung, Einfachheit und Sparsamkeit und Liebe zur Wahrheit und Offenheit«[5].

Bei allem war Pastor Stellbrink bemüht, seinen Kindern wie auch seinen Konfirmanden selber Vorbild zu sein – und das war keine bequeme Verpflichtung! In der Religionsstunde ließ er immer als erstes ein Gedicht von R. Reinicke lernen, »Deutscher Rat« ist es betitelt. »Vor allem eins, mein Kind, sei treu und wahr, laß nie die Lüge deinen Mund entweihn.« Das war einer seiner Lieblingsverse[6].

Das Leben im Hause Stellbrink war ganz patriarchalisch. Der Vater beherrschte die Atmosphäre und führte ein Regiment von fast alttestamentlicher Strenge. Er verlangte von den Seinen ungemein viel und scheint keine Nachgiebigkeit gekannt zu haben. »Ich erinnere mich«, berichtet Gerhard Stellbrink, »daß es für jede ›Sünde‹ ein bestimmtes Quantum Strafe gab, von dem er nichts abstrich. Er war wirklich sehr unnachsichtig mit uns. Zwar legte er Wert darauf, daß wir uns mit seinen Meinungen und Maßstäben kritisch auseinandersetzten, forderte allerdings, wenn seine Argumente sich im Verlaufe der Diskussion als den unseren überlegen erwiesen, schließlich die vorbehaltlose Anerkennung dessen, was als ›wahr‹ erkannt werden mußte.« Ungeachtet aller Strenge und mancher Härten hätten die Kinder jedoch mit großer Liebe und Verehrung an ihrem Vater gehangen, versicherte Dr. Stellbrink. Der Vater habe ihnen immer zugleich das Bewußtsein vermittelt, daß auch Strenge und Strafe Ausdruck seiner väterlichen Liebe seien. Pastor Stellbrinks Pädagogik entsprach seiner Anschauung von der Daseinsordnung des Menschen und von der Verpflichtung, die man sich selbst und der Gemeinschaft gegenüber habe. Er hatte den Mut zu der Überzeugung, daß er auch und gerade von denen, die er am meisten liebte, das Höchste verlangen müsse und sie unter Umständen sogar gegen ihren Willen über sich selbst hinausführen dürfe. Alles aber, was er von seiner Umgebung erwartete, suchte er zuerst bei sich selbst zu verwirklichen[7].

»Deutschland braucht uns«

Als Vikar Stellbrink seine geliebte Tätigkeit in Brasilien aufgab, tat er es aus Idealismus. »Wir müssen zurück, Deutschland braucht uns.« Wie viele Auslandsdeutsche, welche die politische Entwicklung lediglich aus der Ferne miterlebten, hatte er zunächst kein richtiges Bild von dem Charakter der nationalsozialistischen Bewegung erwerben können. Als er sich im Frühjahr 1929 zur Heimkehr nach Europa einschiffte, war sein Herz voll ehrlicher Sympathie für Hitler und seine Partei. Hitler verbarg zu dieser Zeit seine Haltung gegenüber den christlichen Kirchen noch tunlichst hinter wohltönenden Zitierungen Gottes, so daß man auch in Deutschland das Kommende kaum ahnen konnte, und erst recht war es, wie gesagt, schwer, vom Ausland und gar vom südamerikanischen Kontinent aus richtige Prognosen zu stellen. Man kann daher diesem idealistischen jungen Geistlichen, der mit »brasilianischen« Vorstellungen in das Deutschland nach Versailles zurückkehrte, sicherlich keinen Vorwurf daraus machen, wenn er mittat. Aber schon während der Reise hatte ihn eine merkwürdige irrationale Anwandlung überfallen. Bei einem so zupackenden Charakter ist man zunächst wenig darauf gefaßt, jenes münsterländische Erbe des »Spökenkiekens« in ihm wiederzufinden. Gewiß war dieser Zug bei Karl Friedrich Stellbrink nicht so ausgeprägt wie bei manchen anderen seiner Landsleute, aber immerhin besaß er jene gewisse seelische »Antenne«, mit der er bisweilen Zukünftiges vorwegnehmend erspüren konnte. »Karl Friedrich Stellbrink war ein Mensch mit weiter, tiefer Schau des Lebens und der Dinge und ahnender Seele«, beschreibt ihn Propst Stoldt[8]. »Es gibt Menschen«, fährt er fort, »in deren Leben Träume, Ahnungen und Visionen eine eigenartige Rolle spielen . . .«

Das Schiff lief gerade den deutschen Hafen an. Stellbrinks standen mit den anderen Passagieren an der Reling, um die Heimat zu begrüßen. Als die Küste auftauchte, wollte Frau Stellbrink sich ihrem Mann zuwenden, aber sie erblickte ihn auf einmal nicht mehr. Nach einigem Suchen fand sie ihn in der Kajüte, wie er auf dem Gepäck saß, den Kopf in beide Hände gestützt, und melancholisch vor sich hinbrütete. Auf die erstaunte Frage seiner Frau antwortete er: »Was haben wir getan, daß wir zurückgegangen sind nach Deutschland! Ich sehe ganz, ganz düster in die Zukunft.« Später erzählte er einmal morgens beim Erwachen, er werde eines unnatürlichen Todes sterben[9].

Aber diese visionären Erlebnisse scheinen dann doch wieder überdeckt worden zu sein. –

Wenn man sagt, Pastor Stellbrink sei politisch interessiert gewesen, so ist das viel zu schwach ausgedrückt. Er war vielmehr ein leidenschaftlicher Patriot. »Stellbrink war für uns das Urbild des ›deutschen Mannes‹. Er sprach immer wieder zündend davon, was man seinem Volk und Vaterland schuldig sei«, äußerte eine katholische Lübecker Frau, in deren Familie der Pastor bis zu seiner Verhaftung freundschaftlich verkehrt hatte.

Für Karl Friedrich Stellbrink war die Liebe zu Deutschland Teil seiner Weltanschauung. Er dachte und empfand betont national und ist auch Zeit seines Lebens ein Nationaler geblieben. Von daher ist es zu verstehen, daß er nach seiner Rückkehr aus Brasilien ein begeisterter Nationalsozialist wurde, denn er sah in Hitler wirklich den Wohltäter des Volkes. Die Reden der Revolutionäre von Volkstum, Nation, Ehre, Freiheit und positivem Christentum, der Schwung, mit dem sie sich daran machten, ein »neues deutsches Reich« aufzubauen, haben in diesem Mann etwas Wesentliches zum Klingen gebracht. Er war ja keineswegs der einzige im kirchlichen Raum, der von Hitler ehrlich die Beendigung der Arbeitslosigkeit und den wirtschaftlichen Aufstieg erhoffte.

Stellbrink ist nach seiner Rückkehr der NSDAP beigetreten und hat in seiner Thüringer Landgemeinde ein reges politisches Leben entfaltet.

Thüringen hatte zu der Zeit, als Stellbrink die Pfarrstelle in Steinsdorf bekam, eine linksgerichtete Landes- und Kirchenregierung, und bei beiden war er bald als »Nazipastor« verschrien. Stellbrink hat aber nicht, wie gelegentlich geäußert wurde, den Deutschen Christen angehört, sondern er war bereits vor 1932 Mitglied der sogenannten Deutschkirche, einer kleineren evangelischen Bruderschaft mit stark nationalem Charakter.

Aber es dauerte nicht allzu lange, bis ihm die Augen aufgingen. »Mein Mann war begeisterungsfähig, aber wenn er einen Weg als falsch erkannt hatte, zog er augenblicklich die Konsequenzen«[10]. Stellbrink war ein Mann, als dessen hervortretendste Eigenschaften eine allgemeine Unschuld der Denkungsweise, eine fast fanatische Wahrheitsliebe und ein leidenschaftlicher Freiheitsdrang bezeichnet werden können. Damit mußte er früher oder später notwendig mit dem nationalsozialistischen Lügen- und Terrorregime in Konflikt kommen. »Nichts war ihm verhaßter als die Beschneidung der Freiheit in Wort und Tat, wie sie im Dritten Reich je länger desto mehr geschah und sich schließlich auswuchs zu einer Tyrannei des Geistes und zu einer Knechtschaft der Seelen, wie sie raffinierter und widerwärtiger kaum denkbar ist ... Er war ein ausgesprochener Wahrheitsfanatiker, der es liebte, möglichst den

Nagel auf den Kopf zu treffen und geradeheraus zu sagen, was er meinte. Er war wohl ein praktischer Mann, der überall hinpaßte und sich in alles hineinfinden konnte, nur nicht in das Dritte Reich. Deswegen mußten auch seine anfänglichen Versuche, sich diesem Reich anzupassen oder es gar zu unterstützen und zu fördern, kläglich scheitern«[11].

Während sein Wirken in der Thüringer Landgemeinde im ganzen ohne besondere Komplikationen verlief, denn auf den Dörfern gab nach wie vor der Pfarrer den Ton an, machten sich in den Städten ziemlich bald deutliche antikirchliche Affekte bemerkbar. Zuerst mit Befremden und dann mit wachsender Erbitterung beobachtete Stellbrink nach seiner Versetzung an die Lübecker Lutherkirche, wie zum Beispiel die Hitlerjugend mit Fleiß ihren Dienst genau in die Zeit des sonntäglichen Kirchgangs legte, obwohl die Abmachung bestand, daß mindestens jeder zweite und vierte Sonntag im Monat dienstfrei sein sollte. »Das duldete mein Vater nicht. Er schrieb uns in der Folgezeit jedesmal eine Entschuldigung, und wir nahmen am Gottesdienst und nicht am HJ-Treffen teil. Es dauerte nicht lange, so wurde mein Pflegebruder aus der Hitlerjugend ausgeschlossen, und bald danach trat ich auch aus. Unsere Familie wurde rasch, aber vollständig ernüchtert«[12].

Ungefähr um das Jahr 1936 wird Pastor Stellbrink ebenfalls aus der Partei ausgestoßen. Es hatte inzwischen erhebliche Differenzen gegeben, weil der neue Pastor der Luthergemeinde absolut kein Hehl aus seiner »Enttäuschung« über die neuen Machthaber machte. Einmal wurde er sogar vor ein internes Parteigericht geladen, weil er offene Beziehungen zu einem Juden unterhielt, der schräg gegenüber vom Pfarrhaus wohnte. Pastor Stellbrink war zudem auch anderer Meinung als sein damaliges kirchliches Oberhaupt, der Lübeckische Landesbischof, der gleichzeitig höherer Würdenträger der NSDAP war.

1939 hat Karl Friedrich Stellbrink innerlich feste Position bezogen, die er nun unerschütterlich hielt, um den Preis seines Lebens. »Bei Kriegsbeginn war mein Vater bereits ausgemachter Gegner des Regimes. Er hielt schon damals mehrere ›gesalzene‹ Predigten. Dreimal bekam er daraufhin eine Verwarnung von der Gestapo, aber er hat unerschrocken weitergeredet«[13].

1941, beim Beginn des Rußlandfeldzuges, stellte er nur noch schlechteste Prognosen. »Ihn blendeten nicht, wie so viele andere, die Anfangserfolge des glänzend ausgerüsteten und vorbereiteten deutschen Heeres. Stellbrink ließ sich durch keine Phrasen von der Wirklichkeit des Lebens bringen und den klaren Blick in die Zukunft trüben«[14]. – »Er sah gewöhnlich weiter als andere. Dazu verhalfen ihm sein Instinkt und die Geradheit seines geistigen Urteils«[15]. Gerhard Stellbrink erinnert sich, wie sein Vater die negative Entwicklung des Krieges mehr und mehr mit einer leidvollen, zornigen und bitteren Genugtuung verfolgt habe. »Er war unsentimental. Er sah ein unglückliches Ende der Machenschaften Hitlers auf jeden Fall als zuträglicher für die ›Seele‹ des deutschen Volkes an als den ›Gewinn der ganzen Welt‹. Er war denn auch über die Verpflichtungen seines Amtes hinaus bereit, tatkräftig am Widerstand zu arbeiten. Wir hatten zum Beispiel ganze Säcke voller Kupfermünzen auf dem Kirchenboden stehen, die er aus dem Geldverkehr gezogen hatte, damit sie nicht der Rüstungsindustrie zugute kämen. Kupfer wurde dringend gebraucht für die Führungsringe der Granaten und die Geschoßhülsen der Infanteriemunition. Mein Vater hat die damals stattfindende Sammlungsaktion zu boykottieren versucht und auf diese und andere Weise eine Art wirtschaftlicher Sabotage betrieben.«

»Ja, er war ein Feuerkopf«, fährt Gerhard Stellbrink fort. »Er *konnte* einfach nicht schweigen! Er mußte Auslandssender hören um jeden Preis, weil er es einfach nicht ertrug, ohne Wahrheit und Klarheit zu sein. Die politische Situation hat ihn in schreckliche seelische Not hineingepeitscht. Er wurde zusehends bedrückter. Er rauchte zu jener Zeit auffallend viel und war nervös und unausgeglichen.«

So suchte Pastor Stellbrink denn mit einem hartnäckigen Eifer Informationen zu erlangen und gab sie an andere weiter. Er horchte, las, diskutierte, unterstützt von seinem Freund Stoldt, und stieg immer wieder auf die Kanzel, um das Kirchenvolk aufzurütteln. Im Sommer 1941 bahnte sich dann beinahe wie von selbst das »Besuchsverhältnis« mit der katholischen Geistlichkeit der Lübecker Herz-Jesu-Kirche an. Vornehmlich mit Kaplan Prassek – einem ähnlichen »Feuerkopf« – tauschte er Nachrichten und Schriften aus. Die Hauptrolle spielten dabei die Hirtenbriefe des katholischen Bischofs von Münster, dessen kraftvolle Kritik einem Mann wie Stellbrink förmlich aus der Seele gesprochen sein mußte. Pastor Stellbrink verkehrte zu der Zeit auch, wie bereits angedeutet, regelmäßig bei einer katholischen Familie in Lübeck und machte mit dem Herrn des Hauses, einem regen Mitarbeiter in der Katholischen Aktion, gemeinsame Sache.

»Prediger in der Wüste«

Den eigentlichen Anlaß zu Pastor Stellbrinks Verhaftung bildete die Predigt, die er am Palmsonntag 1942, unmittelbar nach dem großen Fliegerangriff auf Lübeck, seiner zur Konfirmation versammelten Gemeinde hielt. »Übernächtigt, aufgewühlt von dem erschütternden Erleben, mit überwachen Nerven, sprach er von der Kanzel herab zu den Menschen, die sich trotz dieser Nacht im Gotteshause eingefunden hatten, und wies sie auf Gott hin, der in mächtiger Sprache zu uns Menschen geredet hatte. Wie ein Lauffeuer verbreitete sich das Wort ›Gottesgericht‹ und wurde Anlaß zur Gefangennahme meines Vaters. Er selbst hat das Wort ›Gottesgericht‹ nicht ausgesprochen, wie er uns später sagte, doch die Menge faßte den Sinn seiner Rede in diesem einen Wort zusammen und trug es fort von Mensch zu Mensch«[16].

Pastor Stellbrink hatte sich in der schrecklichen Bombennacht mit größter Hingabe in der Gemeinde eingesetzt. Seine Tochter schreibt über die Haltung ihres Vaters: »Ich sah den Morgen aufdämmern aus Dunst, Rauch und Asche; noch brannte unsere Stadt, unser geliebtes, schönes Lübeck. Mein Vater war stark und ruhig geblieben die ganze Nacht hindurch. Der Schein des Feuers hatte sich widergespiegelt in seinen entschlossenen und zuversichtlich blickenden Augen. Als unser Nachbarhaus lichterloh brannte, sprang er hinein und entriß den Flammen, wonach die jammernden Menschen schrien, ihr Hab und Gut. Ich weiß noch, daß alle ihn um seines großen Mutes willen bewunderten.«

Wenige Tage später erschien die Gestapo im Pfarrhaus. »Meiner Mutter drohten die Knie zu versagen und das Herz stillzustehen, als sie das gefürchtete und verhaßte Wort ›Gestapo‹ hörte und gleichzeitig die Ankündigung, daß man ihren Mann abholen wolle.« Es war am Karfreitag. Stellbrink lag mit hoher Temperatur im Bett – die Reaktion auf die Bombennacht. Die Beamten gingen wieder fort, wie Jäger, die ihrer Beute sicher sind. Kaum daß Stellbrink wieder aufstehen konnte, begab er sich aus freien Stücken zur Behörde, um zu erfahren, was man von ihm wollte.

Er sollte sein Haus nie mehr betreten.

»Lange noch saßen wir am 7. April mit bangen, ahnungsschweren Herzen am Fenster und warteten auf unseres Vaters Rückkehr, jedoch vergeblich. Es wurde Nacht und wieder Tag. Er kehrte nicht heim. Es war gut, daß wir damals noch nicht wußten, wie lange wir so auf ihn warten sollten, immer noch Hoffnung im Herzen tragend auf ein glückliches Ende . . .«

Pastor Stellbrink wurde von der Gestapo nicht mehr freigegeben. Es ist anzunehmen, daß der Verhaftung ein eingehendes Verhör voraufgegangen ist, bei dem er gewiß nicht mit seiner Meinung hinterm Berg hielt. Karl Friedrich Stellbrink eignete die Furchtlosigkeit eines Johannes des Täufers und auch dessen Fähigkeit, zu hassen. Man glaubt die Szene genau vor sich zu sehen, wie er hochaufgerichtet dasteht vor den Feinden seines Volkes, wie ihm der Zorn in die Stirn steigt und wie er schließlich nicht mehr anders kann, als ihnen ins Gesicht hineinzuschreien, was er denkt und fühlt.

Die Familie erhielt später die Nachricht, daß man ihn ins Lauerhofgefängnis gebracht habe.

Niemand wird sich je eine genaue Vorstellung davon machen können, was diese ersten Monate der Gefangenschaft für einen Mann wie Karl Friedrich Stellbrink bedeutet haben. Die strenge Einzelhaft, die würdelosen Verhöre, das plötzliche Abgeschnittensein von der Familie ohne Abschied und Erklärung, die Unkenntnis der politischen Weiterentwicklung draußen . . . Auch Karl Friedrich Stellbrink wurde alles, was er war und wollte, zum Anlaß tiefsten Leidens: seine Freiheitsliebe, sein Gerechtigkeitssinn, sein Tätigkeitsdrang, sein geistiger Hunger. In den ersten Wochen der Haft kamen zu den beinahe unerträglichen seelischen Qualen auch noch körperliche: starke Abmagerung und Wasser in den Gliedern, als Folge der Hungerkost. Es hat sich dabei offenbar um Symptome gehandelt, wie sie der junge Dr. Stellbrink später während der russischen Gefangenschaft kennenlernte; um die zu dieser Zeit in der mitteleuropäischen Medizin noch kaum bekannte Hungerdystrophie.

Gisela Stellbrink, die Tochter, hat, obwohl sie damals noch ein junges Mädchen war, das Ausmaß des Leidens zumindest ahnend erfaßt. Sie schreibt über ihr Wiedersehen mit dem Vater nach sechs Monaten der Trennung:

»Erschütternd waren für uns Kinder die Besuche im Gefängnis. Nur einer von uns durfte immer mitkommen. Ich denke an meinen ersten Besuch im Lauerhof zu Lübeck. Langes Warten mit klopfendem Herzen und bitterer Wiedersehensfreude. Dann endlich war es soweit. Man führte uns durch lange Gänge. Dumpfe, modrige Kerkerluft schlug uns entgegen. Schaurig überlief es mich, ein eiskalter Ring legte sich um meine Brust, fest und immer fester werdend. Hier mußte mein Vater leben! Mein Vater, dieser freiheitsdürstende, lichthungrige Mensch! Kerkerluft atmen, sich sehnen nach Sonne hinter Gittern, in einer winzigen Zelle von zwei zu drei Metern, allein, Tag und Nacht preisgegeben der zermürbenden Macht und Gewalt der Gedanken, die sich doch in übermenschlicher Sehnsucht und Raserei verlieren mußten! Und dann sah ich ihn im dunklen Gang. Der Schein seines bleichen Gesichtes durchdrang das Dunkel, seine Augen blitzten sekundenlang auf vor Freude, uns zu sehen nach der langen Trennungszeit in einsamer Verlassenheit. Aber wie erschrak ich über sein Aussehen! Elend, bleich, abgemagert und verhärmt, mit geschwollenen Augenlidern und tiefen, schwarzen Schatten darunter. Das Leid hatte an ihm gefressen und fraß weiter, unbarmherzig seine Beute fordernd. Nicht das äußere Leid vernichtete ihn, dazu war er innerlich zu stark und gefestigt, nein, das Wissen um die verlorengegangene Ehre und Freiheit drohte ihn umzuwerfen. Und nicht zuletzt war es die tiefe Trauer um sein Volk, das er rettungslos dem Abgrund entgegensteuern sah. Das war nun mein Vater! Im gestreiften Sträflingsanzug und schweren Holzpantoffeln saß er vor uns, den Kopf in beide Hände gestützt, düster, ja beinahe mit schwarzdunklem Blick vor sich hinstarrend. ›Fragt mich nicht nach meinem Ergehen‹, war sein erstes Wort an uns.«

In der Frage, die der Gefangene an seine Tochter stellt, kaum daß der Wärter sie in der Besuchszelle für einen Augenblick alleingelassen hat, klingt das echte, große Pathos einer Seele, der das allgemeine Schicksal immer wichtiger ist als das eigene. »Wie steht es mit Deutschland? Hat es sich noch nicht erhoben, um die Fesseln der Knechtschaft von sich zu werfen?!« – »Was hätte ich darum geben mögen, ihm antworten zu können: ›Ja, Deutschland ist erwacht, es wird sich und damit dich befreien!‹ So aber mußte ich verneinend den Kopf schütteln. Da erschrak ich vor der abgrundtiefen Trauer und Enttäuschung in seinem verdüsterten Auge. Und

zum erstenmal in meinem Leben tauchte in mir die Frage auf: War es dies Volk überhaupt wert, daß sich das geliebte Leben meines Vaters dafür zugrunde richtete? In meiner Not wollte ich ihm zureden: Leugne doch und widerrufe! Doch da kam der Beamte zurück, und mein Mund schloß sich wieder. Es war gut so, denn später schämte ich mich dieser feigen Gedanken.«

Karl Friedrich Stellbrink leugnete nicht und widerrief nicht. Er blieb sich treu. Wir haben einige Aussagen von katholischen Mitgefangenen, die den Eindruck wiedergeben, den dieser evangelische Pastor im Gefängnis auf seine andersgläubigen Mitgefangenen gemacht hat. Einer aus Adjunkt Müllers Männergruppe berichtete zum Beispiel: »Während meiner fast einjährigen Haftzeit war ich viel mit Pastor Stellbrink zusammen. Ich hatte durch meinen Kalfaktorposten öfter Gelegenheit, mit ihm zu sprechen. Dabei habe ich nie ein Wort der Klage aus seinem Mund gehört. Er war temperamentvoll und zeigte auch im Gefängnis ein sehr lebhaftes politisches Interesse. Er machte auf uns im ganzen den Eindruck besonderer Standhaftigkeit. Als der Senat von ihm verlangte, er sollte seine Predigt vom Palmsonntag widerrufen, hat er sich geweigert. Einmal unterhielten wir uns über den möglichen Ausgang des Prozesses. Ich habe es heute noch im Ohr, wie er mit der ihm eigenen Heftigkeit sagte: ›Sie sollen mich nur verurteilen, die Volksrichter. Ich werde ihnen darauf nichts anderes erwidern als: Machen Sie ruhig die Messer scharf, meine Herren!‹ – Ich kann nur sagen, Pastor Stellbrink war ein außergewöhnlicher Charakter . . .«

Auch der Rendant der katholischen Gemeinde von Herz-Jesu, Mitangeklagter Adolf Ehrtmann, hatte hin und wieder Gelegenheit, in einem unbewachten Augenblick ein paar Sätze mit dem evangelischen Schicksalsgenossen zu wechseln. »Ich erinnere mich«, berichtet Ehrtmann, »wie ich einmal einen über mehrere Tage gehenden ›Disput‹[17] mit Pastor Stellbrink hatte über die Frage, wie weit man als Christ beim Verhör durch Vertreter eines Gewaltregimes zur Offenheit verpflichtet sei. Ich versuchte Pastor Stellbrink klarzumachen, daß es moralisch durchaus zulässig, wenn nicht sogar geboten sei, ausweichend zu antworten. Aber Stellbrink schüttelte abwehrend den Kopf und raunte mir mit glühenden Augen zu: ›Die Wahrheit, nichts als die Wahrheit!‹«

Es ist Pastor Stellbrink von gewisser Seite der Vorwurf gemacht worden, er habe mit seiner Wahrheitsliebe die Kapläne kompromittiert. Dem widerspricht aber einfach die Tatsache, daß sowohl Propst Stoldt als auch die katholische Familie, in der Stellbrink verkehrt hatte, unbehelligt geblieben sind. Wenn Stellbrink offen um jeden Preis gewesen wäre, auch um den der Gefährdung anderer, dann hätte es seine Freunde ganz sicher auch getroffen. Propst Stoldt stellt ihm ausdrücklich das Zeugnis aus: »Trotz zahlloser Verhöre hat er in seiner grenzenlosen Treue den Freund nicht verraten und ist den Weg zum Schafott allein gegangen.« Was seine katholischen Mitbrüder betrifft, so ist erwiesen, daß sie alle drei bereits ein Jahr vor der Verhaftungswelle unter Gestapoaufsicht standen, und sie haben sich durch ihr Verhalten und ihre eigenen Aussagen selber hinreichend belastet. Von einer Gefährdung anderer – und sei sie noch so »moralisch« intendiert gewesen – kann offenbar bei Pastor Stellbrink nicht die Rede sein.

Die »volle Gemeinde«

»Als Geistlicher war Pastor Stellbrink Feuer und Flamme für seinen Beruf, und ich habe mich oft an seinem Glaubensgeist erbaut«, bezeugt ein katholischer Mitgefangener.

»Mein Vater war ein evangelischer Christ, wie er heute vielleicht nicht mehr gern gesehen und kaum mehr ganz ernst genommen würde. Seine Frömmigkeit war sehr gefühlsbetont, aber aufrichtig und unbedingt. Seine religiöse Haltung hatte einen stark pietistischen Einschlag, etwa nach Art der Herrnhuter. Aber er war bewußter Lutheraner, und wir sind ganz lutherisch erzogen worden. Seine Gottesdienste gestaltete er so schmucklos wie möglich, damit im Mittelpunkt ganz das Predigtwort stehe und der Gesang. Mein Vater hat einfach, klar und volkstümlich gepredigt. Auch die Kirchenlieder lagen ihm sehr am Herzen. Damit das Volk sich ihren Gehalt besser zu eigen mache, dichtete er das damals bei uns übliche Gesangbuch weitgehend um, und zwar entfernte er alle Hebraismen aus den Texten und übertrug sie sauber in sein geliebtes Deutsch. Mein Vater war ausgesprochener Neutestamentler, und er hat auch nur Neues Testament gepredigt, soweit ich mich erinnere. Er fand nur schwer Zugang zum Alten Testament, anfangs hat er es zu großen Teilen abgelehnt«[18].

Man kann wohl sagen, daß Pastor Stellbrink eine typisch protestantische Gestalt war, sehr eigenständig im Denken, zu subjektiver Frömmigkeit neigend, ein »faustischer Sucher«, vielleicht ein Nachfahre der deutschen Mystiker, die der weitgehend »römisch« geprägten Spiritualität der katholischen Kirche den fruchtbaren Spannungspol »germanischer« Frömmigkeit entgegensetzten.

Im Raum seiner Kirche war Pastor Stellbrink fast eine tragische Gestalt. Er war zutiefst evangelischer Christ und wollte dies auch zuerst und vor allem sein, aber seine absolut eigenständige Auffassung von »Kirche« machte ihn einsam, weil sie sich nicht mit der Wirklichkeit deckte. Zu den »Deutschen Christen« fand er keinen Zugang, weil er sehr frühzeitig erkannte, daß deren weltanschauliche Inkonsequenz, wie sie sich in dem paradoxen Anpassungsversuch an eine christentumsfeindliche Ideologie dokumentierte, zum Untergang der Gemeinde Christi führen mußte, was Hitler ja auch tatsächlich intendierte. Zur Bekennenden Kirche konnte er aber auch nicht gehören, weil ihm deren strenge geistige Einheitlichkeit, die ihren Sinn in der Sammlung des Zerbröckelnden und der Abwehr gegen den ideologischen Einbruch hatte, zu »dogmatisch« schien. Da er nach keiner Seite hin mit seinen Ansichten zurückhielt und seinen Platz zwischen den beiden Stühlen behauptete, galt er als das »enfant terrible« in der Lübeckischen Landeskirche. Propst Stoldt spielt in seiner Charakteristik auf diese Situation an, wenn er schreibt: »Er gehörte ... nicht zu jenen Pfarrern, die es darauf absehen, sich bei Gemeinde und Kirchenbehörde beliebt zu machen, jedermann freundlich und liebenswürdig nach dem Munde zu reden und weder nach oben noch nach unten auffallen zu wollen«[19]. – »Mein Mann war wirklich keine bequeme Persönlichkeit für die Kirchenbehörden«, bestätigt Frau Stellbrink. »Er war nämlich ein unruhiger Geist, der im Religiösen wie im Politischen verschiedene Wandlungen durchmachen mußte, ehe er sich fand. Vielleicht hat von seinen Amtsbrüdern überhaupt nur Propst Stoldt meinen Mann in seinen eigentlichen Anliegen verstanden. Eben weil er sich zutiefst als evangelischer Christ fühlte, wußte er sich verpflichtet, seinen ihm vom eigenen Gewissen vorgezeichneten Weg zu verfolgen. Das Entscheidende ist doch wohl, daß er dann im Kampf gegen den Nationalsozialismus über seine persönlichen Auseinandersetzungen hinausgegangen ist, um nur noch die große Linie einzuhalten. Er trat am Ende einfach und selbstvergessen für die Sache seiner Kirche ein, nein, für das Christentum schlechthin, denn nur so ist wohl seine vorbehaltlose Zusammenarbeit mit den Katholiken zu deuten.«

Karl Friedrich Stellbrink ist verschiedentlich als »glühender Wahrheitssucher« hingestellt worden. Was seinen Geist aber ein Leben lang antrieb, war nicht so sehr das Ringen mit dem theologischen Lehrgehalt als vielmehr die Sehnsucht nach der lebensvollen Wirklichkeit der *Ecclesia,* so wie er sie sich vorstellte. »Die Leere in unseren Gottesdiensten brachte ihn fast zur Verzweiflung. Von Anfang an hat er sich brennend nach einer Gemeinde gesehnt, in der ein aufgeschlossenes religiöses Leben herrschte. Er hat verschiedentlich in anderen ›Kirchen‹ nach dieser ›vollen Gemeinde‹ Ausschau gehalten. Ich glaube, es war in der Hauptsache dieses Suchen, das ihn in Kontakt mit der katholischen Gemeinde in Lübeck gebracht hat. Er hat des öfteren die Gottesdienste in Herz-Jesu besucht, einfach, weil es dort so lebendig zuging«[20].

Karl Friedrich Stellbrink ist gerade an diesem Verlangen nach *dem* großen geistig-seelischen, religiösen Raum, in dem er sich verausgaben könnte, gescheitert. Er fand keine Wirklichkeit, die ihm groß genug gewesen wäre. Es war die Tragik dieses Mannes, das, was er am meisten liebte, jedesmal wieder »verraten« zu müssen, weil er immer schon wieder im Aufbruch zur höheren Wahrheit, zur drängenderen Gewissensverantwortung war.

Wie war nun Stellbrinks Verhältnis zur katholischen Kirche? Alle Berichte aus den letzten Jahren seines Lebens deuten darauf hin, daß er dem katholischen Menschen sehr nahegestanden hat, daß aber sein Verhältnis zur anderen Konfession im ganzen eben ein »Besuchsverhältnis« war und bis zum Ende blieb. Er kam aus herzlicher Sympathie, aber er verließ den Raum seiner Kirche nicht. Seine Zuneigung zu Prassek und den anderen katholischen Priestern, etwa auch zu Gefängnispfarrer Behnen, wuchs beständig, bis er mit seinen Freunden den Weg zum Schafott antrat. Und dieses Ereignis ist als Ereignis in seinem Zeugnischarakter bedeutsam und geschichtsmächtig, hat doch das gemeinsam bewältigte Schicksal den evangelischen Pfarrer in die größte Nähe zu seinen katholischen Glaubensbrüdern geführt, die man sich denken kann – durch die Lebenshingabe für Christus und den Bestand seiner Kirche. Der unerbittliche Ernst dieser – »Konfession des Todes« und die Selbstverständlichkeit, mit der sie vollzogen wurde, ist uns Vermächtnis und Auftrag für die Begegnung der Konfessionen heute. Frau Stellbrink äußerte einmal, sie denke immer wieder mit großer Dankbarkeit daran, wie ihr Mann im Gefängnis von katholischer Seite »betreut« worden sei. Das gute Einvernehmen muß tatsächlich sprichwörtlich gewesen sein, denn selbst der alte pensionierte Wachtmeister Bachmann erinnerte sich nach all den Jahren noch daran, obwohl er gar nicht im Lauerhof Dienst getan hatte, sondern im Marstall. Es hatte sich offenbar herumgesprochen, daß die »Konfessionen« auf Gedeih und Verderb zusammenhielten.

Kronzeuge dieses Verhältnisses ist vor allem der Hamburger Gefängnispfarrer Behnen, der den vier Todeskandidaten die letzten Monate hindurch beigestanden hat. Er berichtet, wie tief und wesentlich Pastor Stellbrink mit den katholischen Priestern verbunden war. Eine Zeitlang hat Vikar Lange mit Stellbrink die Zelle geteilt. In einem Brief an seine Eltern äußerte Lange sich über die »anregenden Gespräche«, die sie zusammen führten. In anderem Zusammenhang bemerkte Lange einmal: »Wir sind wie Brüder«[21]. Und man mag sich fragen, ob es mehr für Pastor Stellbrink oder für Lange spricht, wenn letzterer unmittelbar vor dem Gang zur Hinrichtung noch Grüße an den evangelischen Schicksalsgefährten bestellt[22].

Pfarrer Behnen hat Pastor Stellbrink regelmäßig in seiner Zelle besucht. Stellbrink hatte gleich zu Anfang ausdrücklich darum gebeten, weil ihm sehr an religiösen Gesprächen mit einem katholischen »Mitbruder« gelegen sei. Behnen ist dieser Bitte mit Rücksicht auf den evangelischen Gefängnispfarrer Eske zuerst nur zögernd nachgekommen. Aber es scheint, daß da keinerlei Vorbehalte bestanden. Eske hat sich seinerseits den katholischen Priestern gegenüber wohl ebenso brüderlich verhalten, vor allem in der Todesstunde[23].

Wie stark Behnen von der Persönlichkeit Karl Friedrich Stellbrinks beeindruckt war, kommt in seiner Gedächtnisansprache in Leer zum Ausdruck. Hier an Langes Grab gedenkt der alte Gefängnispfarrer seiner Begegnungen mit dem »andersgläubigen« Bruder in schlichten, aber bewegten Worten. »Es ist meine heiligste Pflicht, in diesem Zusammenhang auch des Pastors der evangelischen Kirche, des lieben Mit- und Amtsbruders Stellbrink zu gedenken. Obwohl er nicht zu uns gehörte und ich ihn nicht zu betreuen hatte, baten mich der Kaplan, der Vikar und der Adjunkt sogleich bei unserem ersten Zusammentreffen aus einem weiten, echt priesterlichen Herzen, ich möchte doch auch Stellbrink besuchen. Ich habe ihn besucht, und je öfter ich ihn besuchte, um so näher ist er mir gekommen«[24].

Behnen hat sich ausgezeichnet mit Pastor Stellbrink verstanden. Bei einem der letzten Gespräche vor der Hinrichtung bedankte Stellbrink sich bei Behnen für seine Treue und bat ihn inständig um seine Fürbitte und Sorge für die trauernde Familie, denn er halte viel vom Gebet eines katholischen Priesters. »Seine Bewunderung war groß, wenn er sich über die tiefe Religiosität in der katholischen Kirche und über die Einheit des kirchlichen Lebens äußerte. Er war immer ergriffen, wenn er sah, daß die Lübecker Katholiken so unerschütterlich zu ihren Seelsorgern hielten, auch in den Tagen und Wochen, als ihre Priester so verächtlich gemacht wurden«[25].

Dr. Gerhard Stellbrink hat sich zur Frage einer möglichen Konversion seines Vaters ziemlich ausführlich geäußert. »Mein Vater hat, solange ich ihn überhaupt kenne, also bis zur Verhaftung beziehungsweise meiner Einberufung zum Arbeitsdienst, niemals den Gedanken eines Übertritts zur katholischen Kirche erwogen. Er hat ganz gewiß die Schwächen unseres kirchlichen Lebens gesehen, er hat persönlich zudem eine große Bereitschaft zur Annäherung in sich getragen und eine Einheit von Herzen herbeigesehnt, allerdings in der Erwartung, daß die Haltung der katholischen Kirche eine ebenso bereitwillige sei. Ich kann bestätigen, daß er die Folgen von Luthers Tat persönlich tief bedauerte, aber er ist im Grunde fest davon überzeugt gewesen, daß die Tat Luthers selbst eine notwendige und große gewesen ist und nicht rückgängig zu machen sei. Er hat allerdings, da er unvoreingenommener war als viele seiner Amtsbrüder, auch um so besser erkannt, daß die katholische Kirche nicht mehr die gleiche geblieben ist wie 1519 und erst recht die evangelische Kirche nicht mehr die gleiche ist wie etwa um 1530. Soweit ich es übersehen kann, ist seine Annäherung an die katholische Kirche überwiegend eine gefühlsmäßige gewesen, sie resultierte zum Teil aus einer gewissen Einsamkeit im Raum der eigenen Landeskirche, umschloß aber auch den bewußten Wunsch zu einer Art ökumenischer ›Conféderation‹, in welcher jeder unter Bewahrung seiner Eigenart brüderlich mit dem anderen zusammenleben könnte, das heißt eine Konfession mit der anderen.

Ich möchte sagen, mein Vater ist zuerst und vor allem Christ gewesen, und dann erst Christ in der protestantischen Form. Trotzdem träfe man an der Haltung meines Vaters vorbei, wenn man meint, er habe einen persönlichen Übertritt erwogen. Er hat nicht einmal an den Übertritt der ganzen Religionsgemeinschaft gedacht, weil sich so, auf eine so einfache Art, die Spaltung ja auch gewiß nicht überwinden läßt. So sehr mein Vater sich eine Vereinigung gewünscht hat, eine Patentlösung hat er nicht gewußt! Doch hat er einer brüderlichen Annäherung das Wort geredet und sie ja auch selber geübt. Das ist, meine ich, doch schon sehr viel, nicht wahr? Wenn mein Vater auch einmal im Impuls gesagt hat: ›Wenn Luther gewußt hätte, was er tat!‹, so war er doch im Grunde überzeugt, *daß* Luther es sehr wohl wußte. Luther hatte ja gar nicht die Absicht, eine zweite christliche Kirche zu gründen, sondern die bestehende zu reformieren. Daß ihm die Dinge, in erster Linie durch die politischen Verhältnisse, durch den Egoismus der Fürsten, die das Geschehen der Reformation in erwünschte politische Münze des kleinstaatlichen Partikularismus gegen den Kaiser des Heiligen Römischen Reiches umfälschten, aus den Fingern geglitten sind, ist doch das Bedauerliche und Schreckliche! Ich glaube, man wird meinem Vater und der ganzen interkonfessionellen Lage gerechter, wenn man seine Gestalt im Raum der evangelischen Kirche beläßt und seine Haltung als eine Vorwegnahme dessen sieht, was sich heute allenthalben anbahnt und auch wohl schon gefestigt hat . . .«[26]

Wem Zeit ist wie Ewigkeit

Pastor Stellbrink hat sich, ähnlich wie Kaplan Prassek, von Anfang an keinerlei Illusionen über den Ausgang der Lübecker Affäre gemacht. »Pastor Stellbrink bereitete sich innerlich klar auf seinen Tod auf dem Schafott vor«, berichtet ein Augenzeuge. Und Frau Stellbrink: »Ich habe ziemlich bis zuletzt noch auf Freilassung gehofft, aber mein Mann nicht. Er war ganz gefaßt und bereit. Seine Hauptsorge richtete sich allein auf meine Zukunft und die unserer Kinder. ›Sterben ist nicht schwer, aber daß ich euch zurücklassen muß, das ist schwer‹, sagte er einmal bei einem meiner Besuche.«

Wenn man Pastor Stellbrinks Haltung während der letzten Monate seines Lebens und sein Sterben betrachtet, wird man mit tiefer Bewunderung erfüllt. Unsere Zeit hat im allgemeinen kein rechtes Organ mehr für die große Geste und eine Religiosität, die sich buchstäblich in »Psalmen, Lobliedern und geistlichen Gesängen« kundtat. Aber an der Gestalt dieses evangelischen Pastors wird deutlich, was christliches Heldentum ist und daß echtes Pathos eben doch zu allen Zeiten seine Überzeugungskraft behält. An der reinen und schönen Begeisterung dieses Menschen, seiner unreflektierten, strömenden Frömmigkeit mußten die ideologischen Phrasen, das Propagandageschrei und die zynischen Possen derer, die ihn verurteilten, abgleiten. Karl Friedrich Stellbrink hat sein Schicksal wirklich auf eine imponierende Weise bestanden. Seine Haltung ist um so bewundernswerter, als sie nicht mehr dem natürlichen Enthusiasmus der Jugend entstammte, die im Grunde noch gar nicht weiß, was sie so begeistert hingeben will. Stellbrink hatte immerhin fünf Jahrzehnte gelebt, er hatte Frau und Kinder und den Wert der Welt und des menschlichen Daseins erfahren. Er war gereift und wußte, was er verließ.

»Ich muß gestehen«, sagt Dr. Gerhard Stellbrink, »daß selbst ich als Sohn nachher einige Zeit brauchte, um das richtige Bild von meinem Vater zu gewinnen. In der russischen Gefangenschaft war mir in Anschauung all der vielen, die in ähnlicher Lage, ihrer Freiheit beraubt, ausgehungert, bedroht und entehrt, ihre Würde und Kraft verloren und dem Zweck der Heimkehr opferten, der Glaube weitgehend abhandengekommen, daß der Mensch unter Erniedrigungen solcher Art zu einem Heldentum fähig sei, wie es mir von meinem Vater berichtet wurde. Als ich zurückkam, fing ich an, ganz neu über ihn nachzudenken. Ich bin meine eigenen Erinnerungen durchgegangen und habe die Eindrücke und Aussagen anderer dazugehalten, vor allem die der Gefängnisgeistlichen. Und am Ende der kritischen Prüfung konnte ich staunend erkennen: Es stimmte alles, er war wirklich ›so‹. – Ja, mein Vater hat einen bedeutenden Charakter gehabt. Es gab wohl auch ausgeprägte negative Züge an ihm. Aber seine Haltung während der Gefangenschaft hat etwas Klassisch-Heroisches, und sein Sterben war einmalig und großartig.«

Pastor Stellbrink ist nicht nur »klassisch« in den Tod gegangen, sondern man kann wohl ruhig das dem katholischen Sprachgebrauch entstammende Wort des »heiligmäßigen« Sterbens auf ihn anwenden. Er entfaltete am Ende eine Religiosität, die im besten

Sinne lutherisch, aber auch im besten Sinne »überkonfessionell« war. Die Besuchsstunden im Gefängnis gestalteten sich für die Familie zu immer eindrücklicheren religiösen Erlebnissen. »Die Worte meines Mannes an mich wurden zu Ansprachen, ganz vom Glauben an Gott und die bevorstehende Gottesschau erfüllt. Immer wieder tauchte in unseren Gesprächen die Vorstellung auf, die er mit Prälat Behnen des öfteren zu betrachten pflegte: ›Welch eine Herrlichkeit wird für uns sichtbar werden, wenn sich uns die Tore der Ewigkeit öffnen!‹«[27]

Frau Stellbrink bedauert es heute noch, daß sie keinen von den Kassibern aufbewahren konnte, die ihr Mann ihr illegal aus dem Gefängnis zukommen ließ. Unschätzbare Gedanken hätten auf diesen Zetteln gestanden.

Es sind uns überhaupt nur wenige Zeilen von Pastor Stellbrinks Hand erhalten. Den beiden ältesten Kindern, die zum Militär und Arbeitsdienst einrücken müssen, schreibt er:

> »Nicht grübeln! – glauben!
> Hoch über Hadern und Hassen, hoch über allem Geschehen,
> Sonnenhoch über dem, was wir leben und sehen,
> Unsere Gedanken nicht fassen,
> Sonnensicher bleibt eines bestehen!
> Gott ist gut!
> Freund, das darf keiner uns rauben!«

Seine Gattin sucht er zu trösten, indem er sie auf das Leiden anderer hinweist:

> »Willst Du, eignes Leid zu tragen,
> Dir Dein Herze kräftigen,
> Lerne mit der andern Klagen edel Dich beschäftigen!
> Wie Dein Blick dadurch erweitert,
> So wird auch Dein Herz erheitert.«

Und er »grüßt« seine Familie »mit 2 Kor 1, 3–12 und Mk 5, 36«[28]. In einem anderen Brief an die Frau klingt noch einmal an, was ihn ein Leben lang bedrängt und bewegt hat:

Und ich bin mit 48 Jahren noch zu jung? Der Heiland starb mit 33 Jahren als »Verbrecher«, Ewald mit nur 20 Jahren, unsere erste Gisela mit 7 Monaten. –

Wahrlich: keiner kann seines Lebens Grenze bestimmen. Gott aber sei Dank, daß unser Leben in Seiner Hand stehen darf: »Er hat's gesagt, und darauf wagt mein Herz es froh und unverzagt, und läßt sich gar nicht grauen!« Vergleiche dazu 1. Kor. 15, 19 und Joh. 1, 25.26.

Mir aber gönne nach all den Kämpfen meines Lebens Ruhe! Keiner kennt ja meine Kämpfe und Sorgen mehr als Du. Wenn aber die Rätselworte Raum und Zeit ihr Rätselwesen für mich verlieren in der heiligen Wandlung, dann werde ich allezeit um Euch sein, werde dann meine größte Sorge loswerden, wenn ich sehe, was aus unserem geliebten deutschen Volke wird in diesem Kriege; werde meine Aufgabe wie meine Freude haben an Eurer Gemeinschaft! –

Nochmals, hab heißen Dank für Deine Liebe, Treue und Vergebung! Gott segne Dich dafür und lasse Dich weiterhin zum Segen werden für unsre Kinder!! –

Grüße unsre Kinder! Grüße alle Lieben in Lübeck, Detmold, Köln usw. –   *Dein dankbarer Fritz*

Die Angehörigen haben bei ihren Besuchen immer deutlicher den Eindruck, als seien alle menschlichen Fehler und Mängel vom Vater abgefallen und er lebe bereits ganz in der Erwartung des Gottesreiches. »Feierstunden« waren die Minuten in der Besuchszelle, »in denen nur Worte des Trostes und der Liebe gesprochen wurden«. War ihm am Anfang der Haft das Wiedersehen mit den Seinen mehr Qual als Freude gewesen, so gewann gegen Ende eine immer größere und gelöstere Heiterkeit in ihm Raum, die bereits in der Schau einer höheren Form menschlichen Gemeinschaftslebens wurzelte.

Pastor Stellbrink hat ein Leben lang mit seinem Bild von der »unzerstörbaren Gemeinschaft« gerungen. Und am Ende geht ihm in der unentrinnbaren Einsamkeit seiner Gefängniszelle die eigentliche Erkenntnis auf.

Ich hörte von Mutter mit Freuden von Euer aller Ergehen und daß ihr der Mutter so lieb und treu zur Seite steht und die Hoffnungen erfüllen wollt, die wir Eltern auf euch in solchen Zeiten setzen können. Glaubt mir, diese Freude ist meine Kraft und stärkste Hilfe jetzt, weiß ich doch, daß meine Worte bei euch nicht vergeblich gewesen sind . . .

Und dann die jubelnde Erfahrung:

Wahrlich, es gibt nichts Höheres auf Erden als eine Gemeinschaft des Blutes, die zugleich Gemeinschaft des Glaubens, der Treue und der Liebe ist. Notzeiten aber können erst die Probe bringen. Nun ist sie erbracht. Dafür danke ich Gott[29].

Die Hoffnung, sein Wort und seine Tat seien nicht vergeblich gewesen und jede wirkliche Gemeinsamkeit dränge dahin, sich zu transzendieren in eine letzte, den Tod überdauernde Wirklichkeit, wirkt wie ein Versprechen auch für die Bereiche von Volk und Kirche.

Karl Friedrich Stellbrink gehört zu den Männern, deren Opfer eine ausgesprochene Ehrenrettung für unser Volk und unsere schmachvolle jüngste Vergangenheit bedeutet. Bereits zwei Jahre nach der Hinrichtung wurde das Lübecker Geschehen auch in der ausländischen Presse aufgegriffen. Und wenn der Name des evangelischen Blutzeugen zusammen mit denen seiner drei katholischen Gefährten jedes Jahr am Todestag vor einer »vollen Gemeinde« feierlich verlesen wird, so ist das ein kirchengeschichtliches Ereignis von besonderer Tragweite.

Wir möchten unser Kapitel über den evangelischen Martyrer Karl Friedrich Stellbrink beschließen mit dem Erinnerungsbericht, den die Tochter des Hingerichteten über ihren Abschied vom Vater niedergeschrieben hat. In ihren Worten zeichnet sich das Antlitz eines Menschen ab, dem die Ewigkeit bereits alle Fragen beantwortet hat. »Wem Zeit ist wie Ewigkeit, und Ewigkeit wie Zeit, der ist befreit von allem Leid...«[30]

»Einen Tag, bevor mein Vater nach Hamburg ›abtransportiert‹ wurde, durfte ich ihn noch einmal besuchen. Ich sollte Abschied nehmen für immer, doch war es mir, als könnte dies der letzte Abschied noch nicht sein. Ich fand meinen Vater ruhig und gefaßt, wie immer, wenn eins von uns Kindern mitkam. Ab und zu rieb er sich sein linkes, vom ersten Weltkrieg her verstümmeltes Handgelenk, das gerötet war von den Fesseln, die er seit seinem Todesurteil tragen mußte. Schon der bloße Gedanke daran schmerzte uns gewiß ebensosehr, wie ihn die Fesseln schmerzen mußten. Er spürte den leisen Vorwurf in meinen Augen und die brennende, jedoch unausgesprochene Frage: Mußte das alles sein?! ›Ja, Kind, ich konnte nicht anders, verzeiht mir, wenn ich euch solchen Kummer bereite.‹ Und dann erinnerte er mich an das Lied Paul Gerhardts: ›Befiehl du deine Wege, und was dein Herze kränkt, der allertreusten Pflege des, der den Himmel lenkt...‹, und ließ mich davon die 7. Strophe aufsagen:

›Auf, auf, gib deinem Schmerze und Sorgen gute Nacht, laß fahren, was das Herze betrübt und traurig macht; bist du doch nicht Regente, der alles führen soll, Gott sitzt im Regimente und führet alles wohl.‹

In den wenigen Minuten, die uns noch übrigblieben, ließ mein Vater uns einen Blick in seine Welt tun, und wir standen erschüttert. Ich hörte ihn von Gott sprechen, hörte ihn eine Reihe der schönsten Bibelstellen sagen und Worte aus Goethes *Faust*, den er von Anfang bis Ende auswendig konnte! – Das war seine Welt, in der er lebte und die ihn hielt und stärkte. Jesus mußte wohl bei ihm in seiner Zelle gewohnt haben all die Zeit über und ihn getröstet und bewahrt haben vor dem Wahnsinn in seiner Einsamkeit. Im Oktober 1943 wurde ich vom Arbeitsdienst entlassen. Mein erster Gang galt meinem Vater in Hamburg. Dort traf ich mich mit meiner Mutter. Es war Vaters 49. Geburtstag, der 28. Oktober 1943. Nach langer Zeit sah ich meinen Vater wieder. Diesmal erschrak ich nicht vor seinem Aussehen. Eine tiefe Ruhe senkte sich, von ihm ausgehend, in mein Herz, vermischt mit ehrfürchtigem Staunen und Wundern. Während ich erzählte, ruhten meines Vaters Augen mit warmem Glanz auf mir, so daß sein Blick ganz allmählich die Eisesstarre der Not und Angst um ihn zum Schmelzen brachte und zum erstenmal wieder nach langer Zeit Tränen der Erlösung und Entspannung hervorriefen. Immer wieder betrachtete er mein Bild, das ich ihm zum Geburtstag geschenkt hatte, und Stolz klang aus seinen Worten, mit denen er meine Mutter zu trösten versuchte:

Wie eine Mauer müßt ihr um eure Mutter stehen und sie schützen und lieb haben, wenn ich nicht mehr sein werde. Im Geiste bin ich immer bei euch, bitte für euch bei meinem Vater, blicke auf euch herab und sehe euch allezeit.

Es gibt keine Trennung, ein ewiges, heiliges Band umschlingt uns alle.

Die Tränen versiegten, und als ich meinem Vater ins Gesicht schaute, blendete mich beinahe das verhaltene, aber sieghafte Leuchten in seinen Augen, und mir war, als sähe ich durch sie den Anfang der Ewigkeit. Alles Fragen nach dem unergründlichen ›Warum‹ verstummte, und nur noch eines erfüllte mich ganz: die Größe der Stunde ...

Da kam es wie ein Schwur über meine Lippen: ›Vater, ich werde mich Deiner niemals zu schämen haben, und Du sollst auch Dich meiner nicht schämen.‹

Ich fühlte meines Vaters Hände über mir: Er segnete mich zum letzten Male. – Dann schloß er mich noch einmal in die Arme, sein Blick umfaßte mich mit ganzer, väterlicher Liebe. –

Die Tür fiel hinter mir ins Schloß, ich stand wieder draußen in der Welt, der irdischen Welt, die mit neuen Anforderungen und Aufgaben an mich herantrat. Ein innerer Friede aber war über mich gekommen und gab mir Kraft, die mir gestellten Aufgaben zu meistern.«

Frau Stellbrink sagte einmal, als sie an die Lieblingslektüre ihres Mannes, das Märchen vom armen und vom reichen Mann, erinnerte: »Heute muß *ich* jedesmal weinen, wenn ich an die Stelle gelange, wie der arme Mann dasitzt und für eine Ewigkeit in Gottes herrliches Antlitz schauen darf. Aber eigentlich sollte ich das nicht, denn es ist ja nun alles Wirklichkeit geworden.«

ANMERKUNGEN

Die Verhaftung

[1] Nach dem Originalbericht der ehemaligen Religionsschülerin von Kaplan Prassek, ergänzt durch mündliche Aussagen anderer Augenzeugen.

[2] Zit. nach A. LEBER, *Das Gewissen entscheidet*, Berlin – Frankfurt/M., 1957, S. 144.

[3] Gemeint ist Regierungsrat Dr. Korselt aus Rostock, der wegen einer antinazistischen Äußerung, die er in der Straßenbahn tat, von Freisler zum Tode verurteilt wurde; vgl. die Prozeßakten über die Verurteilung von Korselt bei G. WEISENBORN, *Der lautlose Aufstand*, Hamburg 1953, S. 265.

[4] E. ZELLER, *Geist der Freiheit*, München 1953, S. 128.

[5] Unveröffentlichter, stilistisch leicht überarbeiteter Erinnerungsbericht im Pfarrarchiv von Herz-Jesu zu Lübeck.

Die Gefangenschaft

[1] Unveröffentlicht, im Pfarrarchiv.

[2] A. a. O.

[3] Exz. Berning hat sich verschiedentlich um Erleichterungen für die Häftlinge einschließlich Stellbrink bemüht und ihnen ausdrücklich seine Grüße übermitteln lassen, wie aus einem Briefwechsel mit Dechant Bültel vom März 1943 hervorgeht.

[4] Generalabsolution: Unter besonders schwierigen Umständen, in Kriegszeiten, bei sehr großem Priestermangel, in Todesgefahr und anderen Situationen, in denen es fast oder ganz unmöglich ist, eine Ohrenbeichte abzulegen, kann statt dessen die Generalabsolution erteilt werden, die *ex opere operato* als Sakrament wirkt. Bedingung ist 1. daß die Empfangenden sichtbar ihrer Reue Ausdruck geben, 2. daß sie den Willen haben, etwaige schwere Sünden zu gegebener Zeit im Einzelbekenntnis der Schlüsselgewalt der Kirche zu unterwerfen (vgl. *Corpus Juris Canonici*, c. 903).

[5] J. SCHÄFER, *Wo Seine Zeugen sterben, ist Sein Reich*, Hamburg 1946, S. 34.

[6] Ebd., S. 49, und mündliche Aussagen der Haushälterin sowie anderer Augenzeugen.

[7] A. a. O.

[8] Unveröffentlichter Erinnerungsbericht im Pfarrarchiv.

[9] Mündliche Erzählung eines Mitgefangenen (Bruno Nürnberg), den P. Pfürtner im Sommer 1953 in Lübeck aufsuchte.

[10] *Der Apostel* 6 (1953) 166 (Dominikanische Zeitschrift, Ilanz / Schweiz).

[11] Ansprache bei der Überführung der Urne Langes nach Leer am 23. Juni 1946. Vgl. J. Schäfer, S. 54 und 101; wörtliche Nachschrift der Predigt im Pfarrarchiv.

[12] Vgl. *Der Apostel* 6 (1953) 166 ff., 7/8, 201/2 und Festschrift von 1955.

[13] Vgl. *Der Apostel* 6 (1953) 166; 7/8, 201 f. und Festschrift.

[14] Vgl. *Der Apostel* 4, 112.

[15] Authentischer Bericht P. Pfürtners; vgl. auch Festschrift.

[16] Gemeint ist Pastor Moschner von Rahlstedt, jetzt Pfarrer von Heiligkreuz in Mölln/Lauenberg; vgl. *Lebensbild »Johannes Prassek«*, S. 84 und dazu Anm. 5 S. 267.

[17] *Der Apostel* 9 (1953) 231 ff.

[18] Vgl. *Der Apostel* 10 (1953) 258/59.

[19] A. a. O. S. 259.

[20] Frau Ehrtmann ist mit ihrer Tochter Elisabeth bei der Urteilsverkündung zugelassen gewesen, außerdem ein Pfarrkind von Prassek.

[21] Authentischer Bericht von Frau Ehrtmann bei meinem Besuch in Lübeck.

Der Prozeß

[1] Vgl. dazu die dokumentarischen Berichte über den 20. Juli 1944 (geänderte und vervollständigte Bearbeitung der Sonderausgabe der Wochenzeitung *Das Parlament*: *Die Wahrheit über den 20. Juli 1944*). Nach den aufgefundenen Prozeßakten über Verhandlungen gegen die Widerstandskämpfer des 20. Juli geht hervor, daß drei Tage vor der Hauptverhandlung gegen Goerdeler, von Hassell, Leuschner und andere die Todesurteile bereits feststanden und die Staatspolizei die Hinrichtungsvorbereitungen bereits als vollzogen gemeldet hatte (*Der 20. Juli 1944*, Bonn 1953, S. 175).

[2] Ehrtmann und Köster als kirchliche Angestellte und offizielle Mitarbeiter der Kapläne wurden mit diesen zusammen verhandelt, während die übrigen Laien einen eigenen Termin hatten.

[3] J. Schäfer, S. 50. – Der Bischof von Osnabrück schreibt in einem Brief vom 3. Dezember 1942:

Lieber Herr Lange!

Es freut mich, daß Sie endlich mein Schreiben vom 27. 8. erhalten haben, wie ich aus Ihrem Schreiben vom 7. November, das ich vor einigen Tagen erhielt, ersehe. Es ist nun schon lange Zeit her, daß Sie aus Ihrer seelsorglichen Tätigkeit heraus sind. Hoffentlich kommt bald eine Entscheidung, wie sich Ihre weitere Zukunft gestaltet. Wir sind jetzt in der Adventszeit, die ja eine Zeit ernster Besinnung, eine Zeit des Gebetes und des starken Gottvertrauens, eine Zeit der Sehnsucht nach dem Erlöser ist. Je mehr wir uns Gott überlassen, um so reicher wird Gott uns seine Gnade geben, in der wir alles vermögen. Die Verbundenheit mit Gott gibt uns auch den Frieden, den die Engel am Weihnachtstage verkündigten und den ich Ihnen von ganzem Herzen wünsche.

Ich habe vor kurzem auf der Rückkehr von Mecklenburg, wo ich zur Firmung in Rostock und Umgebung weilte, mit Herrn Dechanten

Bültel eingehend gesprochen. Alles, was für Sie getan werden kann, soll geschehen. Ich bete täglich für Sie, daß Sie mutig und stark bleiben und daß die jetzige Zeit für Sie eine Zeit reicher Gnade für die Zukunft werde.

Mit Gruß und Segen
Ihr ergebenster
+ Wilhelm
Bischof von Osnabrück

Aus einem Brief, den Kaplan Prassek aus dem Gefängnis an eine katholische Familie in Lübeck richtete, ist zu ersehen, wieviel Leid und Qual ihm aus den verleumderischen Gerüchten, die die Gestapo verbreitet hatte, erwachsen ist. Man hatte ihm bei den Verhören gesagt, auch sein Bischof dächte »so« über ihn. In großer Niedergeschlagenheit fragte er den Adressaten, ob das denn wirklich wahr sei. Jener Brief wurde von dem Wachsoldaten mitgenommen, der eine Zeitlang morgens Verpflegung und Rauchwaren für die Geistlichen bei der Familie holte. Nachdem Prassek (illegal) eine positive Antwort bekommen hatte, beruhigte er sich etwas (Aussage zweier Mitglieder der Familie bei meinem Besuch). – Die Bischöfliche Kurie in Osnabrück hat an Dechant Bültel wiederholt Geldmittel zur Unterstützung der Angehörigen der Gefangenen überwiesen (Ehrtmann).
[4] Im Pfarrarchiv.
[5] Aussage von Herrn und Frau Ehrtmann bei meinem Besuch. – Ehrtmann wußte auch, daß Köster genau beobachtet hat, wie seine Protokolle gefälscht wurden, die er unterschreiben mußte.
[6] Ein Pfarrkind: »Dr. Dix hatte eine lange und sorgfältige Verteidigungsrede ausgearbeitet, aber das Gericht hörte sich seine Ausführungen derart gelangweilt und unaufmerksam an, daß man allein daraus den Eindruck gewinnen mußte, daß das Urteil bereits feststand und die ganze Verteidigung nur eine Farce war.« (Augenzeugenbericht) – Justizrat Dr. Dix hatte wohl auf einen günstigeren Ausgang der Affäre gehofft, da er seit zehn Jahren persönlich mit Freisler bekannt war und diesem Umstand seine beschleunigte Zulassung als Verteidiger zuschrieb (diesbezügl. Briefwechsel im Pfarrarchiv).
[7] W. Hofer, *Der Nationalsozialismus,* Frankfurt/M. 1959, S. 77, 101 ff.
[8] A. a. O.
[9] Aussage der Haushälterin im Gespräch mit P. Pfürtner im Sommer 1953.
[10] P. Pfürtner. – Der 2. Senat des Volksgerichtshofes setzte sich zusammen aus dem Vizepräsidenten Dr. Crohne, dem Landgerichtsdirektor Preußner als Vorsitzendem, SA-Brigadeführer Hauer, Gaugerichtsvorsitzenden Kapeller und Kreisamtsleiter Diestel. Als Vertreter des Oberreichsanwaltes fungierte Erster Staatsanwalt Dr. Drullmann. Urteilsschrift (beglaubigte Abschrift im Pfarrarchiv von Herz-Jesu).
[11] Urteilsschrift.
[12] Gedenkfeier für die Lübecker Geistlichen in Lübeck am 10. November 1946, dem dritten Todestag. Wörtliche Nachschrift im Pfarrarchiv.

¹³ Urteilsschrift.
¹⁴ Dr. BÖTTCHER im Gespräch mit P. Schäfer SJ, dem Verfasser von *Wo seine Zeugen sterben*.
¹⁵ M. BOVERI, »*Der Verrat im 20. Jahrhundert*«, Bd. 2, Hamburg 1956, S. 9 ff.
¹⁶ Vgl. *Lebensbild* S. 94.
¹⁷ W. HOFER, a. a. O. S. 122.
¹⁸ Urteilsschrift.
¹⁹ Authentischer Bericht von Adolf Ehrtmann.
²⁰ Gedenkrede von 1946.

Die Hinrichtung

¹ Es handelt sich um einen »Brief«, den Johannes Prassek wenige Tage nach der Verurteilung im Hamburger Gefängnis an ein Lübecker Pfarrkind richtete. Die Empfängerin schrieb mir bei der Übersendung der Abschrift am 12. Mai 1959 folgendes: »Ein Zufall ließ diese wunderbaren Zeilen vor drei Jahren erst in meine Hände gelangen, 13 Jahre, nachdem sie geschrieben wurden! Sie waren auf die leeren Blätter eines winzigen Gedichtbändchens geschrieben, das ich Kaplan Prassek einmal ins Gefängnis geschickt hatte. Vorn stand klein von Prasseks Hand eingetragen meine Adresse. Ein Geistlicher fand das Büchlein nach dem Tode des ehemaligen Gefängnisgeistlichen in dessen Nachlaß und schickte es mir zu . . .«

»Es ist wirklich eine Fügung, daß sich auf diese Weise ein ›Abschiedsbrief‹ erhalten hat, ein wirklicher, mit allen Zeichen eines ›letzten‹ Briefes, in dem die Rede davon ist, daß man sich später soviel besser unterhalten könne, frei von den diesseitigen Ablenkungen, und doch gehört er nicht zu *den* Abschiedsbriefen, nämlich denen, die ganz zuletzt geschrieben wurden und, wie bekannt, ihr Ziel nicht erreichten. Dieser hat sein Ziel erreicht, *weil* er nicht abgeschickt wurde, sondern weil er statt auf Briefpapier in ein handtellergroßes Pappbändchen aufgeschrieben ist, auf dem vorn Vergißmeinnicht gemalt sind und innen fromme Strophen verschiedener Dichter, wie man sie damals gern mochte (Eichendorff, Goethe, Hermann Hesse, Hermann Claudius, Morgenstern usw.), aber nur rechts, damit es hübsch aussieht. Auf den winzigen linken Seiten hat Johannes Prassek zart mit Bleistift fortlaufend das geschrieben, was zu einem großen, großartigen Brief wurde, der, weil in seiner Aufmachung so ungewollt komisch, bzw. nichtssagend und jungmädchenhaft, so sicher seinen Weg zum Empfänger fand – an vielen Argusaugen vorbei, ohne Eile und mit Vergißmeinnichtlächeln . . .« (Aus dem Brief von Gisela Thoemmes, die mich seinerzeit bei meinem Besuch in Lübeck auf das kostbare Briefzeugnis hinwies und bewirkte, daß ich die Abschrift bekam.)

² am 8. Juli 1943 von Hamburg aus.
³ Drei Tage später, am 11. Juli 1943 (J. SCHÄFER, S. 40).
⁴ ebenfalls am 11. Juli 1943, an Schwester Guda (J. SCHÄFER, S. 69).

[5] J. Schäfer, S. 84.

[6] A. a. O.

[7] am 6. Juli 1943, Abschrift im Pfarrarchiv von Herz-Jesu in Lübeck.

[8] Behnen in seiner Ansprache am Grabe Langes in Leer am 23. 6. 1946; aus der wörtlichen Nachschrift im Pfarrarchiv.

[9] A. a. O.; vgl. auch J. Schäfer, S. 55 und 106.

[10] vom 6. Juli 1943.

[11] Behnen in seiner Ansprache in Leer. Originalwortlaut; vgl. auch Schäfer S. 107 ff.

[12] J. Schäfer, S. 71.

[13] J. Schäfer, S. 72.

[14] Thomas Mann schreibt in seinem Vorwort zu der Sammlung letzter Briefe von Verurteilten aus dem europäischen Widerstand von Piero Malvezzi und Giovanni Pirelli: »*Und die Flamme soll euch nicht versengen*« (Zürich 1955, S. 126): »Im Grunde ist es ihr Glaube, auf den sie stolz sind, der die Quelle ihrer Standhaftigkeit ist und der nicht religiöser Art im eigentlichen, engeren Sinne zu sein braucht. Einige sind fromm. Sie sind es zuweilen auf halb scherzhafte Weise, etwa indem sie versprechen, den Ihren im Himmel ein gutes Plätzchen zu besorgen. Zuweilen scheinen sie die Religion als ein gutes Trostmittel für andre zu schätzen, ohne ihrer selbst zu bedürfen, und raten den Hinterbliebenen: ›Betet für uns, das wird *euch* wohltun.‹ An anderer Stelle ist vom Himmel und vom Wiedersehn dort mit schlichter Überzeugung die Rede. Nous nous retrouverons tous les quatre, bientôt, au ciel! *Und das schönste Zeugnis für die Gabe christkatholischen Glaubens legt der deutsche Kaplan Hermann Lange vor seiner Hinrichtung in dem Brief an seine Eltern ab: ›Wenn Ihr mich fragt ...‹*« Langes Abschiedsbrief ist übrigens erst zwei Jahre nach der Hinrichtung an die Eltern gekommen. Der Vater Christian Lange schreibt in einem Brief an seine Tochter drei Monate nach der Hinrichtung: »Sonntag bekam ich ein Schreiben des Oberreichsanwaltes beim Volksgerichtshof, worin er mir auf meinen nach Hamburg am 4. 1. gerichteten Brief hin mitteilte, daß H. am 10. November gestorben sei. ›Seinen an Sie gerichteten Brief vom selben Tage habe ich von der Beförderung ausgeschlossen, da er zum Teil unzulässige Ausführungen enthielt‹, heißt es zum Schluß. – Ich habe mich daraufhin sofort an ihn gewandt um Aushändigung und darauf hingewiesen, daß, wenn Kriegsgefangene in Briefen ›unzulässige Ausführungen‹ machten, diese mit Tusche unleserlich gemacht würden; das möge er doch auch veranlassen und ihn (den Brief) dann herschicken. Mit der Zurückhaltung strafe er ja schließlich nicht Hermann, sondern seine Eltern ... Nun bin ich gespannt ...« (Der Brief ist nach Kriegsende unversehrt aufgefunden worden).

[15] Behnen, a. a. O. und J. Schäfer, S. 62 und 108.

[16] Behnen, a. a. O. und J. Schäfer, S. 112.

[17] Böttcher, *Gedenkrede*.

[18] Vgl. J. Schäfer, S. 95.

[19] J. Schäfer, S. 95 ff.
[20] J. Schäfer, S. 109.
[21] Eske bei J. Schäfer, S. 95.
[22] Vgl. J. Schäfer, S. 111.
[23] Vgl. J. Schäfer, S. 63 und 109.
[24] J. Schäfer, S. 95 ff.
[25] Sterbeurkunden (Photokopien im Pfarrarchiv).
[26] Im allgemeinen kamen die Leichen von Hingerichteten in das Anatomische Institut zur medizinischen Verwendung und wurden anschließend verbrannt. Da aber zu der Zeit kein Mangel an anatomischen Präparaten bestand, darf man auf Grund der Aussage des damals in der Hamburger Anatomie amtierenden Arztes Dr. Zekert, dem bekannt wurde, daß es sich um die Leichen von Geistlichen handelte, wohl annehmen, daß die Gebeine auch von Prassek und Müller auf Veranlassung dieses Dr. Zekert unmittelbar den Weg zur Verbrennung genommen haben und nicht zur Sezierung verwendet wurden. – Senator Ehrtmann, der später über das Komitee ehemaliger politischer Gefangener Nachforschungen über den Verbleib von Prasseks und Müllers Urnen anstellte, erhielt im Sommer 1947 von Dr. Zekert folgenden amtlichen Bescheid:
»... Eine Einäscherung und Beisetzung ist in Hamburg-Ohlsdorf nicht erfolgt, da ein entsprechender Antrag der Angehörigen nicht vorlag. Die Leichen sind vielmehr am 16. 11. 43 vom Hafenkrankenhaus auf Anordnung der Gestapo nach Neuengamme in das KZ zur Einäscherung transportiert worden. Weitere Nachforschungen sind dort nicht mehr möglich, und es ist mit Sicherheit anzunehmen, daß eine Beisetzung in Neuengamme selbst nicht erfolgt ist...«

Johannes Prassek

[1] Der Apostel 2 (1953) 26.
[2] Eine ehemalige Schülerin von Prassek bei meinem Besuch in Lübeck im November 1958.
[3] Ein Pfarrkind bei meinem Besuch in Lübeck.
[4] Ein Mitglied der damaligen Pfarrjugendgruppe von Herz-Jesu in einem Brief an die Verfasserin vom 23. Juni 1960.
[5] Pastor Moschner, von 1930 bis 1938 Pfarrer in Rahlstedt, jetzt in der Diasporagemeinde Hl. Kreuz in Mölln/Lauenburg; mit Prassek sehr befreundet gewesen, der bei ihm, wie bei seinem Vorgänger regelmäßig jeden Sonntag zwei Messen ministrierte und auch in den Ferien gern im Pfarrhaus war.
[6] Kaplan Adolf Grothaus, Meppen, Propsteikirche, Studienfreund Prasseks.
[7] Aus Prasseks Testament (am 25. Juli 1942 im Marstall-Gefängnis geschrieben).
[8] Vgl. J. Schäfer, Wo Seine Zeugen sterben, S. 36/37: »Aus engen Großstadtverhältnissen stammend, nach freudenarmer Kindheit und schweren, entbehrungsreichen Jugend- und Studienjahren, hatte er

1937 das Ziel seiner heißen Wünsche und Sehnsucht erreicht...« Damit ist ein Schicksal umschrieben, das wir im Hinblick auf den verhältnismäßig frühen Zeitpunkt unserer Veröffentlichung nicht genauer darlegen können. An Prasseks Entwicklung wird jedenfalls deutlich, daß Herkunft und Heiligkeit nicht unbedingt abhängig voneinander sind und der (vielfach überschätzte!) psychologische Faktor von der Gnade einfach außer Kraft gesetzt werden kann.

[9] Amtliche Angaben in der Urteilsschrift. – Aussage einer Frau im Gespräch mit Pater Pfürtner im August 1953.

[10] Brief vom 23. Juni 1942 aus dem Marstall-Gefängnis an einen Freund.

[11] Kpl. Grothaus.

[12] In einem Gespräch mit Pater Pfürtner.

[13] Brief aus dem Gefängnis an Bischof Berning vom 13. 12. 1942, Abschrift im Pfarrarchiv von Herz-Jesu in Lübeck.

[14] Brief an einen Primizianten vom 8. Dezember 1937, Abschrift im Pfarrarchiv.

[15] Kpl. Grothaus.

[16] Cornelia Grothaus, dessen Schwester.

[17] »Du wirst nicht enttäuscht sein, wenn ich an Deinem Tage nicht bei Dir sein kann, gelt? Aber ich wohne hier etwas hinter der Welt, und da kann ich keine Vertretung bekommen«, schreibt Prassek in dem Primizbrief (vgl. Anm. 14).

[18] Primizbrief aus der Wittenburger Zeit (vgl. Anm. 14).

[19] A. a. O.

[20] A. a. O.

[21] Kpl. Grothaus.

[22] Kpl. Grothaus.

[23] Eine Lübeckerin. Aus einem Gespräch bei meinem Besuch im Nov. 1958; vgl. auch J. SCHÄFER, S. 37 f.

[24] Frau Johanna Rechtien im Gespräch mit Pater Pfürtner Aug. 1953. – Eine andere Aussage: »Die Menschen hatten großes Vertrauen zu Prassek, obwohl er doch noch so jung war. Sie erzählten ihm mit erstaunlicher Offenheit auch von ihren heikelsten Problemen« (Aus einem Gespräch bei meinem Besuch in Lübeck).

[25] Auch anderweitig verschiedentlich bezeugt. Vgl. J. SCHÄFER, S. 37. »Die Tat« vom 6. 11. 1954 – Einmal, als Prassek eine Messe für die Polen in Herz-Jesu hatte – bekanntlich durften keine Zivilpersonen an den Ausländergottesdiensten, die gelegentlich erlaubt wurden, teilnehmen – soll Prassek einen Gestapospitzel aus der Kirche hinausgewiesen haben. Selbst als der Beamte die Blechmarke zeigte, habe Prassek bei seiner Aufforderung beharrt.

[26] Aus einem Gespräch bei meinem Besuch in einer Lübecker Familie.

[27] Aussage der Haushälterin.

[28] Helmut Oberwinder in einem Brief an das kath. Pfarramt Herz-Jesu vom 8. April 1946.

[29] Aus Gesprächen mit P. Pfürtner und bei meinem Besuch in Lübeck.

[30] Vgl. J. SCHÄFER, S. 38.

[31] *Kirche und Leben*, Bistumsblatt Münster vom 8. Mai 1955.
[32] vom 23. Juni 1943.
[33] vom 7. März 1943.
[34] 2. Juli und 11. November 1942.
[35] »*Ama et fac quod vis* – Liebe und tue, was du willst.« Berühmter Ausspruch von Augustinus.
[36] Abschrift im Pfarrarchiv von Herz-Jesu.
[37] *Maria Magdalena*, Düsseldorf 1954, S. 250.
[38] Aus dem Bericht der Religionsschülerin Gisela Gunkel (vgl. Anm. 50).
[39] A. a. O.
[40] Primizbrief aus der Wittenburger Zeit vom 8. Dez. 1937.
[41] vom 13. Dezember 1942.
[42] Primizbrief (vgl. Anm. 40).
[43] vom Anfang Mai 1942.
[44] Ein Pfarrkind in Gesprächen mit Pater Pfürtner im Sommer 1953.
[45] Aus dem Bericht der Religionsschülerin.
[46] Prassek hat seinen Besitz zum größten Teil testamentarisch seiner Pfarrgemeinde und der Diözese (Priesterseminar) vermacht.
[47] Brief vom 23. 6. 1942 aus dem Marstall-Gefängnis an eine befreundete Familie.
[48] Brief vom 2. 7. 42.
[49] Brief vom 11. 6. 43 an Bischof Berning.
[50] Brief vom 21. 2. 43 an ein Pfarrkind.
[51] Brief vom 3. 12. 42 an einen Freund.
[52] Brief vom 11. 11. 42 an einen Freund.
[53] Brief vom 1. 12. 42 an einen Freund.
[54] Brief vom 11. 11. 42.
[55] Aus seinen Briefen.
[56] Brief vom 28. 1. 43 in J. SCHÄFER, a. a. O. S. 20 ff.
[57] Brief vom 11. 11. 42 an einen Freund.
[58] Die beiden ersten Briefe sind nicht erhalten.
[59] Brief vom 1. 12. 42 an einen Freund.
[60] Brief vom 21. 2. 43, in J. SCHÄFER, a. a. O. S. 31.
[61] Brief vom 27. 1. 43, in J. SCHÄFER, a. a. O. S. 27 ff.
[62] Brief vom 11. 11. 42.
[63] Vgl. J. SCHÄFER, a. a. O. S. 11.

Eduard Müller

[1] Im folgenden Erinnerungsbericht der ehemaligen Volksschullehrerin von Eduard Müller, Fräulein M. Meures. Geschrieben am 13. Juni 1949. Original im Pfarrarchiv von Herz-Jesu zu Lübeck.
[2] Alois Schnepper in einem Schreiben an Fräulein Meures vom 13. April 1949.
[3] Brief vom 10. Januar 1943. Der Empfänger, Franz von de Berg, jetzt Kaplan in Hamburg, hat erstmalig Abschriften von Müllers Briefen an ihn gemacht und sie mir zur Verfügung gestellt. Es wurde bisher noch nichts daraus veröffentlicht. Wo nichts besonders vermerkt, han-

delt es sich bei den im folgenden angeführten Briefen um eben diese Abschriften.

[4] Brief vom 19. Juni 1952 bei J. SCHÄFER, S. 65.

[5] Brief vom 2. Adventssonntag 1942 an Fräulein Kassmann, die Haushälterin des Dompastors Gartmann, der zu Eduard Müllers Jugendzeit in Neumünster amtierte. Eduard Müller scheint ein besonders herzliches Verhältnis zum Pfarrhaus gehabt zu haben, wie aus seinen Briefen hervorgeht.

[6] Brief vom 11. Juli 1943 an Schwester Guda, die Eduard Müller von seiner Jugendzeit her kennt. Heute ist sie in einem Kloster auf der Hamburger Großen Freiheit tätig.

[7] Aus einem Brief vom 1. Adventssonntag 1942.

[8] Brief vom 14. März 1943.

[9] 31. Oktober 1943.

[10] Vgl. J. SCHÄFER, S. 71.

[11] 1. Adventssonntag 1942.

[12] Auch andere Augenzeugen haben mir Müller als »mehr stillen« Charakter gekennzeichnet.

[13] Brief vom 31. Januar 1953.

[14] Siehe auch J. SCHÄFER, S. 74.

[15] 1. Advent 1942.

[16] J. SCHÄFER, S. 70.

Hermann Lange

[1] Die Briefe haben mir im Original vorgelegen. Sie sind im Besitz der Familie. Der alte Vater Lange ist leider kurz vor der Drucklegung des Buches gestorben.

[2] In einem kleinen Erinnerungsbericht für einen Bekannten seines Sohnes.

[3] Brief vom 4. Juli 1943.

[4] Bericht des Vaters.

[5] Aus der Ansprache des Pfarrers Große-Kreutzmann bei der Überführung von Langes Urne nach Leer am 23. 6. 1946.

[6] Ein Jungmann aus Langes Gruppe und sein Ministrant in einem Erinnerungsbericht, Pfarrarchiv von Herz-Jesu in Lübeck.

[7] Bericht im Pfarrarchiv.

[8] Brief vom 2. Weihnachtstag 1942 aus dem Gefängnis.

[9] Brief vom 20. Oktober 1942 an die Eltern.

[10] Brief vom 11. Juli 1943 ohne Anrede.

[11] Bericht des Jungmanns.

[12] Peter Kürle, einer der mitangeklagten Jugendlichen: J. SCHÄFER, S. 49.

[13] Brief vom 7. März 1943 an seine Schwester Angela.

[14] Brief vom 25. Juli aus Hamburg an die Eltern.

[15] Brief vom 17. Oktober 1943 aus Hamburg an die Eltern.

[16] Vgl. auch J. SCHÄFER, S. 59, 62, 102 und 110.

[17] Ansprache in Leer.

[18] Brief vom 22. Juli 1942 an die Eltern.

[19] Vgl. Lebensbild »*Stellbrink*« S. 202.

[20] Abschiedsbrief.

[21] Gedächtnisansprache in Leer.

[22] Abschiedsbrief.

[23] J. Schäfer, S. 63.

Karl Friedrich Stellbrink

[1] Propst Stoldt, ein Freund Stellbrinks, in seinem Nachruf bei J. Schäfer, *Wo Seine Zeugen sterben*, S. 77.

[2] Stoldt, a. a. O. S. 79.

[3] Dr. med. Gerhard Stellbrink über seinen Vater bei meinem Besuch
in Hamburg am 14. November 1958.

[4] Stoldt, a. a. O. S. 78.

[5] Stoldt, a. a. O. S. 81.

[6] Stoldt, a. a. O.

[7] Vgl. Stoldt, a. a. O.

[8] Stoldt, a. a. O. S. 79. Vgl. auch A. Leber, *Das Gewissen steht auf*,
Frankfurt/M. 1955, S. 174.

[9] Stoldt, a. a. O. S. 78.

[10] Frau Stellbrink, die Witwe des Hingerichteten, bei meinem Besuch
am 14. 11. 58.

[11] Stoldt, a. a. O. S. 80.

[12] Gerhard Stellbrink.

[13] Gerhard Stellbrink.

[14] Stoldt, a. a. O. S. 81.

[15] Gerhard Stellbrink.

[16] Gisela Stellbrink, Tochter des Hingerichteten in ihrem Erinnerungsbericht vom 14. April 1946, veröffentlicht in J. Schäfer, *Wo Seine
Zeugen sterben*, S. 88. Auch Dr. Gerhard Stellbrink, der die Predigt
selber hörte, kann sich nicht an diese Vokabel erinnern.

[17] »Disput« – das heißt: hie und da ein heimlich geflüsterter Satz im
Vorbeigehen, so daß sich solche Auseinandersetzungen manchmal
über mehrere Tage hinzogen.

[18] Gerhard Stellbrink.

[19] Stoldt, a. a. O. S. 79.

[20] Frau Stellbrink.

[21] Brief vom 14. August 1943 aus dem Hamburger Zuchthaus, in: J.
Schäfer, S. 42 – Aussage von Frau Stellbrink bei meinem Besuch.

[22] Aussage des evangelischen Anstaltsgeistlichen Pastor Eske, siehe J.
Schäfer, S. 95.

[23] Vgl. *Die Hinrichtung*, S. 70 ff.

[24] Gefängnispfarrer Behnen bei seiner Ansprache in Leer, vgl. auch
J. Schäfer, S. 112.

[25] A. a. O.

[26] Dr. Stellbrink in einem Brief an die Verfasserin vom 16. 1. 1960.

[27] Frau Stellbrink. Vgl. auch Stoldt, a. a. O. S. 85 ff.

[28] Gelobet sei Gott und der Vater unsers Herrn Jesu Christi, der Vater

der Barmherzigkeit und Gott alles Trostes, der uns tröstet in aller unsrer Trübsal, daß wir auch trösten können, die da sind in allerlei Trübsal, mit dem Trost, damit wir getröstet werden von Gott. Denn gleichwie wir des Leidens Christi viel haben, also werden wir auch reichlich getröstet durch Christum. Wir haben aber Trübsal oder Trost, so geschieht es euch zugute. Ist's Trübsal, so geschieht es euch zu Trost und Heil; welches Heil sich beweist, so ihr leidet mit Geduld, dermaßen, wie wir leiden. Ist's Trost, so geschieht auch das euch zu Trost und Heil; und unsre Hoffnung steht fest für euch, dieweil wir wissen, daß, wie ihr des Leidens teilhaftig seid, so werdet ihr auch des Trostes teilhaftig sein. Denn wir wollen euch nicht verhalten, liebe Brüder, unsre Trübsal, die uns in Asien widerfahren ist, da wir über die Maßen beschwert waren und über Macht, also daß wir auch am Leben verzagten und bei uns beschlossen hatten, wir müßten sterben. Das geschah aber darum, damit wir unser Vertrauen nicht auf uns selbst sollen stellen, sondern auf Gott, der die Toten auferweckt, welcher uns von solchem Tode erlöst hat und noch täglich erlöst; und wir hoffen auf ihn, er werde uns auch hinfort erlösen, durch Hilfe auch eurer Fürbitte für uns, auf daß über uns für die Gabe, die uns gegeben ist, durch viel Personen viel Dank geschehe. Denn unser Ruhm ist dieser: das Zeugnis unsres Gewissens, daß wir in Einfalt und göttlicher Lauterkeit, nicht in fleischlicher Weisheit, sondern in der Gnade Gottes auf der Welt gewandelt haben, allermeist aber bei euch (2 Kor 1, 3–12). Jesus aber hörte alsbald die Rede, die da gesagt ward, und sprach zu dem Obersten der Schule: Fürchte dich nicht, glaube nur! (Mk 5, 36. Texte nach der Lutherbibel) – Stoldt, a. a. O. S. 83.

[29] Stoldt, a. a. O., S. 83.

[30] Zitat aus einem Brief Stellbrinks an seine Familie (J. Schäfer, S. 83). Der Erinnerungsbericht der Tochter, a. a. O. S. 91.